道路交通安全提示信息图解

公安部道路交通安全研究中心　编

人民交通出版社股份有限公司
China Communications Press Co.,Ltd.

内 容 提 要

《道路交通安全提示信息图解》一共收录了65篇图解数读内容，以“提示道路交通安全出行”为核心，分别从权威发布提示、政策法规解读、道路安全提示、安全驾驶技巧、行车用车指南等方面进行了清晰的图片化展现，让每一个交通参与者都能轻松掌握安全出行的知识和技巧，读懂交通安全政策和法规的内涵，为保证道路交通的安全顺畅和每位出行者的安全提供重要帮助。

本书可供道路交通管理者及相关研究人员使用，也可供广大机动车驾驶人、非机动车驾驶人及行人等交通参与者阅读。

图书在版编目(CIP)数据

道路交通安全提示信息图解 / 公安部道路交通安全研究中心编. — 北京 ：人民交通出版社股份有限公司，2016. 1

ISBN 978-7-114-12998-8

Ⅰ. ①道… Ⅱ. ①公… Ⅲ. ①道路交通安全法 - 中国 - 图解 Ⅳ. ①D922. 14-64

中国版本图书馆 CIP 数据核字(2016)第 096795 号

本书所用中华人民共和国国界线来源于国家测绘地理信息局网站
审图号:GS(2008)1848 号

书　　名:道路交通安全提示信息图解
著 作 者:公安部道路交通安全研究中心
责任编辑:郭红蕊　韩亚楠
出版发行:人民交通出版社股份有限公司
地　　址:(100011)北京市朝阳区安定门外外馆斜街 3 号
网　　址:http://www. ccpress. com. cn
销售电话:(010)59757973
总 经 销:人民交通出版社股份有限公司发行部
经　　销:各地新华书店
印　　刷:北京市密东印刷有限公司
开　　本:880 × 1230　1/16
印　　张:18. 25
字　　数:300 千
版　　次:2016 年 1 月　第 1 版
印　　次:2016 年 1 月　第 1 次印刷
书　　号:ISBN 978-7-114-12998-8
定　　价:48. 00 元
(有印刷、装订质量问题的图书由本公司负责调换)

本书编委会

编委会主任：尚　炜　李晓东

主　　编：张　骞　刘　艳　丛浩哲

编写人员：乔　靖　李　君　田亚宁　刘　林　马继飙

顾　　问：张　明　李　伟　李　哲　刘雪梅　刘春雨

前 言

图片是互联网络信息传播的主流载体之一，较之单纯文字，图片信息更具可读性与影响力，能够满足当今社会大众快节奏、精简化的资讯阅读习惯。为了适应互联网络读图时代的用户需求，公安部道路交通安全研究中心（以下简称“中心”）打破原有政务网站的传统文字信息传播模式，以网民实际需求和偏好为切入点，挖掘整理、归纳对比各类交通管理和交通安全权威信息中的核心内容，然后借助图片说明、解释数据的手法，在中心承办的全国性交通宣传教育网站——122 交通网（122. cn）上开展对当下交通热点话题、交通安全事件、官方权威数据、驾驶出行技巧等信息的形象化解读分析与展示发布，将晦涩统计数字图表化、生硬安全知识手册化，让网民阅读信息、理解知识更加直观、便捷。

目前，“图解数读”栏目已制作一百余期内容，多个热门话题图片被人民网、新华网、中央电视台、公安部及各地公安交通管理部门、网络大 V 转载，传播范围覆盖全国。基于此，中心现将部分优秀内容汇总成册，期望以图册的形式实现持续宣传效果，为我国交通安全宣传教育工作贡献一份力量。

公安部道路交通安全研究中心
交通安全宣传教育研究室
2015 年 12 月

出版说明

1. 为保留“图解数读”栏目的文字风格，并方便广大读者阅读和理解相关内容，我们对书中涉及的部分名词术语的规范用法(书面用语)和不规范用法(口语、俗称)进行了列举比对(见下表)，但本书中不作严格统一。

序号	规范用法(书面用语)	不规范用法(口语、俗称)
1	驾驶人或驾驶员	司机、驾驶者、驾车人、车主
2	加速踏板	油门
3	制动踏板	刹车
4	制动距离	刹车距离
5	制动片	刹车片
6	紧急制动	急刹、急踩刹车
7	轻型客车	面包车
8	载货汽车	卡车
9	危险化学品	危化品
10	交通管理	交管
11	路缘石、路肩	马路牙子
12	刮水器	雨刷器
13	刮水片	雨刮片
14	转向盘	方向盘
15	轻型汽车	轿车、小汽车

2. 由于书中数据内容精确到小数点后两位，可能导致书中部分图表求和不是100%，特此说明。

目　录

一、春节安全出行手册

二、小长假自驾出行攻略

三、不文明交通行为要不得

四、拒绝危险驾驶行为

五、农村道路交通安全出行指南

六、必知的儿童安全出行知识

七、“两客一危”安全出行提示

八、特殊气象下安全驾驶技巧

九、和汽车相关的那些事儿

十、安全用车常识

十一、政策法规解读

一、春节安全出行手册

1 春节自驾回家：准备篇

自驾车回家不仅往返路程长、区域跨度大，而且可能会涉及多种路况和气温变化。最好在节前花上一点时间为爱车做一遍安全检查，并做好充分的准备工作。

车辆检查

刮水器检查

刮水片及玻璃清洗液也是重要的检查项目之一。清洗液除了检查液面以外，更重要的是检查冰点，以免因低温对液罐造成损伤。

发动机皮带检查

发动机皮带检查主要是检查皮带是否有裂纹。一般公里数较高的车型最好还是让专业技师进行检查。

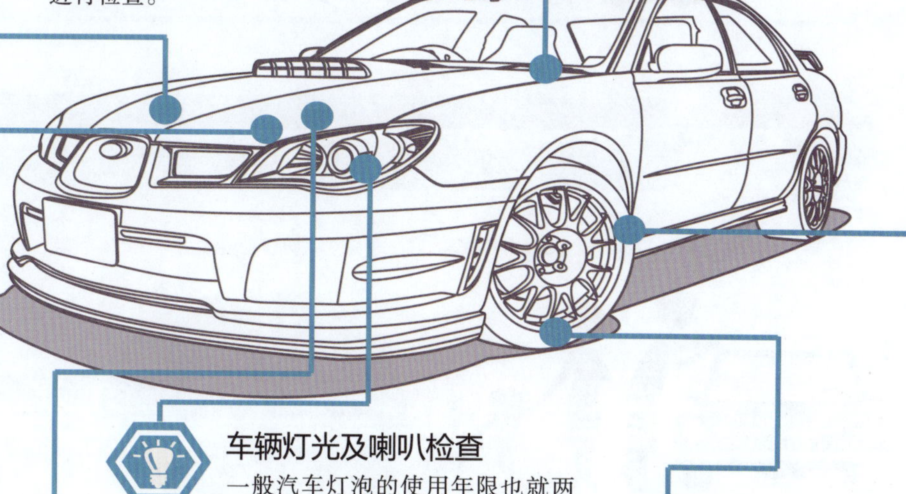

车辆灯光及喇叭检查

一般汽车灯泡的使用年限也就两三年，所以如果车灯已经使用超过两年，最好在出发前给予更换。喇叭的检查比较简单，按一下听一听就行了。

轮胎检查

首先应对轮胎进行气压检测，保持四轮同样的胎压。如果轮胎到达了使用的年限，即使轮胎的侧面没有明显的损伤、底部没有达到磨损极限位置也需要更换。

防冻液检查

如果您自驾回家是由温暖的地方驶向寒冷的地方，那就一定要去检查防冻液的冰点了。通过仪器能够读取防冻液的冰点数值。

制动踏板的检查

有经验的只需要用小手电一照就能估摸出制动片的厚度。一旦制动片磨损严重必须及时更换。

机油检查

如果是前往温差较大的地方，最好还是做一次更换机油的保养。我们可以考虑换低温流动性更好的机油。如果不需要更换机油，那就检查一下机油的液面。

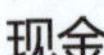

必备物品

现金

通信工具及充电器

三角架

备胎

药品

文本证件
行驶证/驾驶证/
身份证/保险单

衣服

食物和水

灭火器

备用钥匙

地图或导航

行车安全注意事项

不可吸烟、不疲劳驾驶、不打电话、不超速

孩子不坐副驾驶
不要探头出车窗外
不要单独把孩子留在车里
请使用儿童安全座椅

不可披头散发、不可带丝质手套、不要吃零食
不要穿高跟鞋、不要在中控台放杂物

2 2014图说春运

这是一场"史上规模最大的人类迁徙"，短短40天内，将有36亿多人次的人口流动，占世界人口的3/7。

2014年总客运量达36.23亿人次，相当于全国人口迁移2.6次

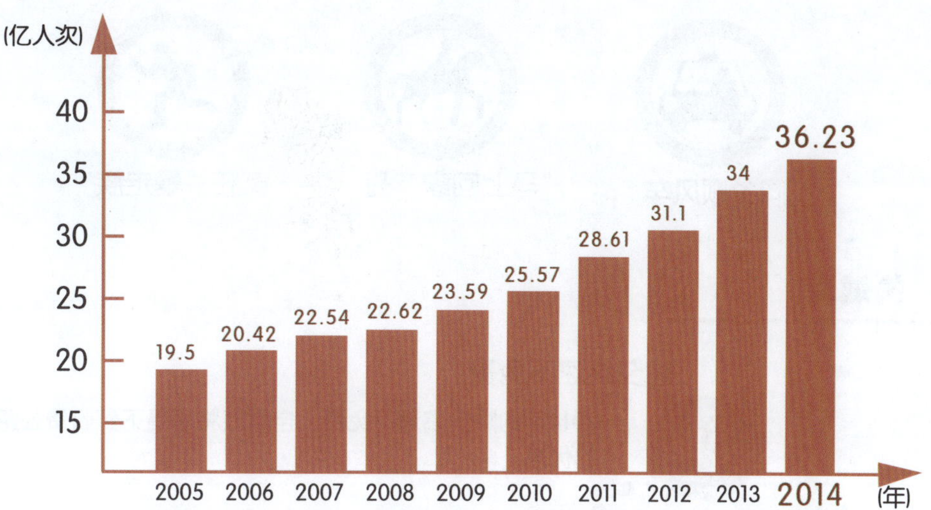

公路客运量：**32亿人次** 每天8000万人次

以一个成年人的体积算，32亿人肩并肩能绕地球**30圈**。

相当于美国全国人口搬迁**10次**，欧洲48个国家全部人口搬迁**4次**。

如此重负，小伙伴们如何回家？

客车：载客量最大

火车：一票难求

飞机：价格贵

摩托车

今年新回家方式

同乡顺风车

“马上回家”哥

疯狂“暴走族”

春运　关键词

2014

除夕高速不免费

2014年的除夕高速不免费，自驾族将享受不到收费公路免费通行的优惠。

高速免费，网络电话购票

2013年春节期间全国收费公路免收小型客车通行费，在收费道口不发卡抬杆免费放行。

2012

实名制全面开始

为打击非法倒票活动，从2012年元旦起，所有列车实行车票实名制，黄牛明显减少。

拼车回家

2011年春运拼车回家成为新潮流，但也存在一定危险。

2010

实名制试行

2010年，成都、广州铁路局试行火车票实名制。

各有绝招　看各国如何破解春运难题

3 春运安全手册　高速自驾
你必须知道的基本安全常识(上)

春节期间，很多人选择自驾出游，走高速的朋友们需要注意了，以下这些基本的高速安全行车常识你必须得知道。

高速上行车可以高速，但是别飞起来

- **记住这些限速要求，保证你是按照安全车速驾驶。**

高速公路行车，最高车速不得超过120km/h，最低车速不得低于60km/h。

高速行车时一定要严格按照所在车道规定的时速行车。

同向2车道

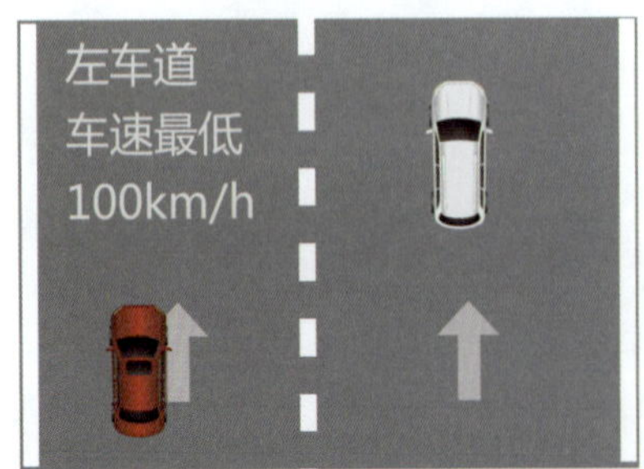

同向3车道

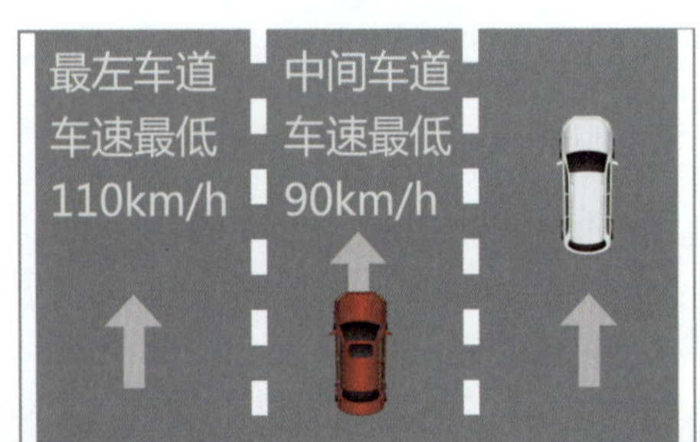

“应急车道”，不是你想用就能用的

- **应急车道不是谁都可以用的。**

《中华人民共和国道路交通安全法实施条例》第八十二条：机动车在高速公路上行驶，非紧急情况时不得在应急车道行驶或者停车。

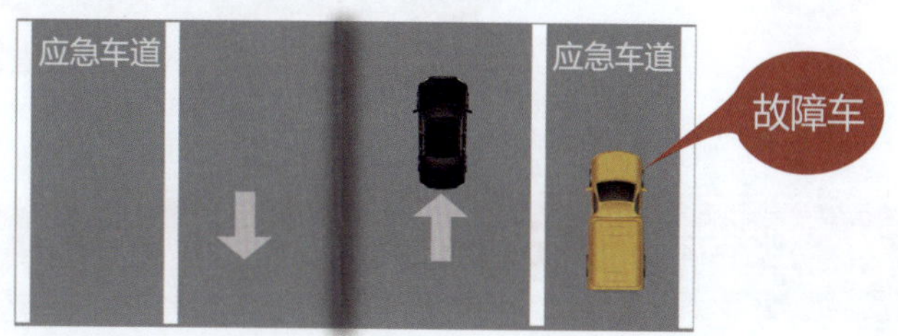

- **这些情况是绝对不允许占应急车道的。**

禁止超车

禁止应急车道上停车休息、打电话等

- **触目惊心的死亡数据，你还敢占应急车道吗？**

2013年至2014年年底，占用应急车道导致的交通事故69起，共造成43人死亡、79人受伤。

69起
占用应急车道导致的事故

43人
死亡

79人
受伤

开车上路，切勿疲劳驾驶

- **这些时间容易“犯困”，驾驶人一定要谨慎驾驶。**

有关数据统计显示，疲劳驾驶易发生交通事故的时间为中午、深夜和凌晨。

中午11时至13时

深夜24时至2时

凌晨4时至6时

- **连续开车超4个小时，必须到服务区休息。**

高速自驾，驾驶人连续驾驶不得超过4小时，困乏了就去服务区休息，每次停车休息时间不得少于20分钟。

特别提醒：

不要在车内抽烟。

抽烟开车会出现反应缓慢、视线模糊，严重影响驾驶安全。

高速行车遇事故，这些保命的办法一定要知道

- **高速公路上发生事故，千万别慌。**

若车上有人受伤，应及时拨打 120 对伤者进行救护，并拨打交通事故报警电话。

如果没有人受伤，先开启危险报警闪光灯，在来车方向150米外设置反光警示标志。

驾驶人、乘客及时转移到护栏外的安全地带，避免发生二次事故。

- **这些应急工具关键时刻能救命。**

三角警示牌

灭火器

扳手、安全锤

备胎

千斤顶

反光背心

拖车绳

- **高速上能救命的三块牌子。**

高速公路上有很多牌子，但很多人不知道它们代表啥意思。下面就给大家介绍3种能够确定车辆位置的牌子，它们能在你需要救援时，帮助你准确报出你的位置。

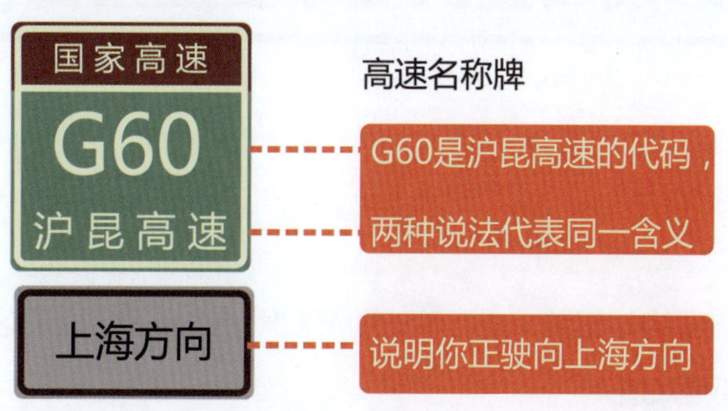

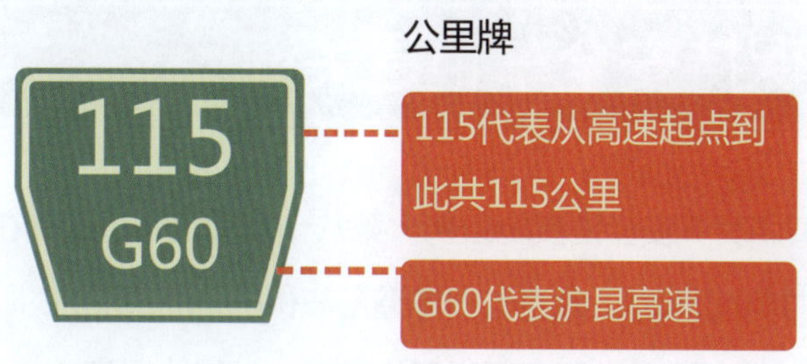

结语： 说一千道一万，不如按照这些基本的安全常识去做。122交通网提醒广大驾驶人朋友们：遵守基本的行车规则，做一个文明的驾驶人。

4 春运安全手册　高速自驾 你必须知道的基本安全常识(下)

春节期间，很多人选择自驾出游，走高速的朋友们需要注意了，以下这些基本的高速安全行车常识你必须得知道。

高速行车，保持安全车距是关键

《中华人民共和国道路交通安全法实施条例》第八十条规定：机动车在高速公路上行驶，车速超过每小时100公里时，应当与同车道前车保持100米以上的距离，车速低于每小时100公里时，与同车道前车距离可以适当缩短，但最小距离不得少于50米。

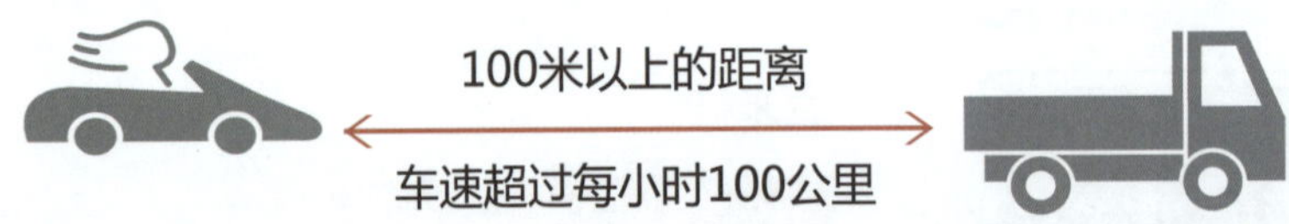

超车不简单，基本的要求必须做到

▲ **超车要注意这几点**

超车时，提前开启左转向灯，变换使用远、近光灯或者鸣喇叭。

别从“右侧”超车，别强行超车。

▲ **这些地方超车等于自杀**

向右急转弯

向左急转弯

连续弯道

下陡坡

上陡坡

隧道

《中华人民共和国道路交通安全法》第四十三条：机动车行经弯道、陡坡、隧道等没有超车条件的，不得超车。

高速行车错过出口，千万不能倒车逆行

▲ 案例：一辆越野车错过出口，在超车道上倒车 2分钟，近80辆车受阻

2014年10月7日，贵州境内贵遵高速，一辆越野车在高速上错过出口，竟直接在超车道上倒车，短短2分钟横跨3条车道致使后方近80辆车受阻。

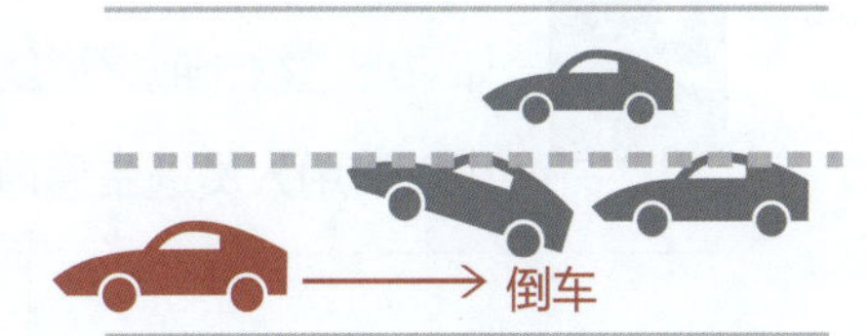

▲ 特别提醒：一旦错过出口，切勿倒车、逆行

错过出口，只要在下一个出口驶出后调头回来即可，千万不要冒险停车、倒车、逆行。

隧道中行车讲究技巧，应急处理要得当

隧道

如果您行车时看见如左图所示的标志就意味着前方有隧道，您就需要提前采取相关安全措施。

▲ 隧道行车，这些事项需格外注意

进入隧道前：距离隧道100米左右降低车速。

进入隧道内：

>100

与前车距离>100米

严禁超速

按车道行驶，不能超车

不要按喇叭

▲ **隧道中遇险，这些应急设施能救命**

逃生通道

如果隧道很长或是道路已经被堵塞，可以使用人员逃生通道撤离。

求救电话

遇紧急情况拿起电话报警，不用拨号就能接通监控中心。

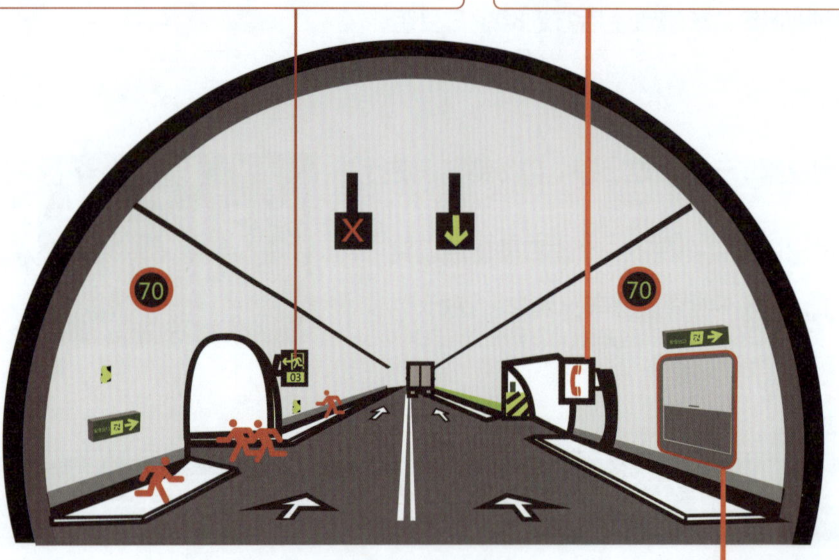

卷帘门

紧急情况时可“在卷帘门处按动开启按钮自动打开”或者“按住把手用力向上提”即可打开。

雾天行车要牢记这几点安全提示

▲ **保持比较低的车速**

雾天能见度下降，严重影响驾驶人的观察和判断。因此，高速行车遇到大雾，一定要根据能见度来及时调整车速，能见度越低，车速也应该相应降低。

能 见 度	车　速
100米 ≤ 能见度 < 200米	不得超过60km/h
50米 ≤ 能见度 < 100米	不得超过40km/h
能见度 < 50米	控制在20km/h以下

▲ **除了控制车速外，还要特别注意以下几点：**

使用雾灯，别用远光灯

不要盲目超车

使用喇叭提醒

保持安全车距

结语： 说一千道一万，不如按照这些基本的安全常识去做。122交通网提醒驾驶人朋友们：遵守基本的行车规则，做一个文明的驾驶人。

5 大学生返乡返校必须知道的安全常识

每到寒暑假，最开心的就是独自在外求学的莘莘学子了，收拾行囊、回家团聚吧。那么，在返乡返校途中，大学生该怎样保证自身安全呢？

如何乘坐长途汽车最安全？

选择正规的长途汽车站，千万别乘“黑车”

拿收据当车票

票据没班次座次

不提保险保费

不安检直接上车

深夜不歇违规跑

凌晨发车“红眼”上高速

站外拉客、行驶途中拉客

遇到检查站绕行

乘坐长途汽车还需注意什么？

落座后请系好安全带

不要和驾驶人闲聊

看管好自己的随身物品

包车返乡隐患多，切勿包租非法营运车辆

随着寒假和春节的临近，很多大学生为了图省事和方便，选择结伴包车回家。如果包车回家，要到正规的企业签订包租协议，切勿包租非法营运车辆。

非法包车潜在隐患多

可能存在无证驾驶

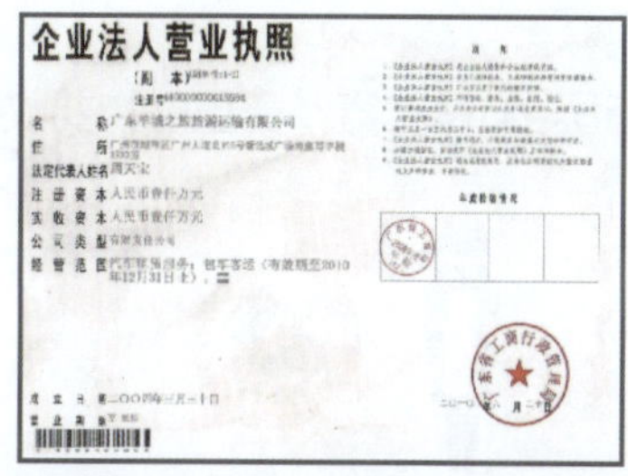

客运车辆无资质，安全性能难保障

驾驶人对车况、路况不熟悉

一旦发生意外合法权益无保障

搭乘出租车如何确保安全？

- 选择搭乘标志标识齐全、有合法经营资格的正规出租车，千万别搭乘黑车。
  下面是一辆正规出租车具备的条件：

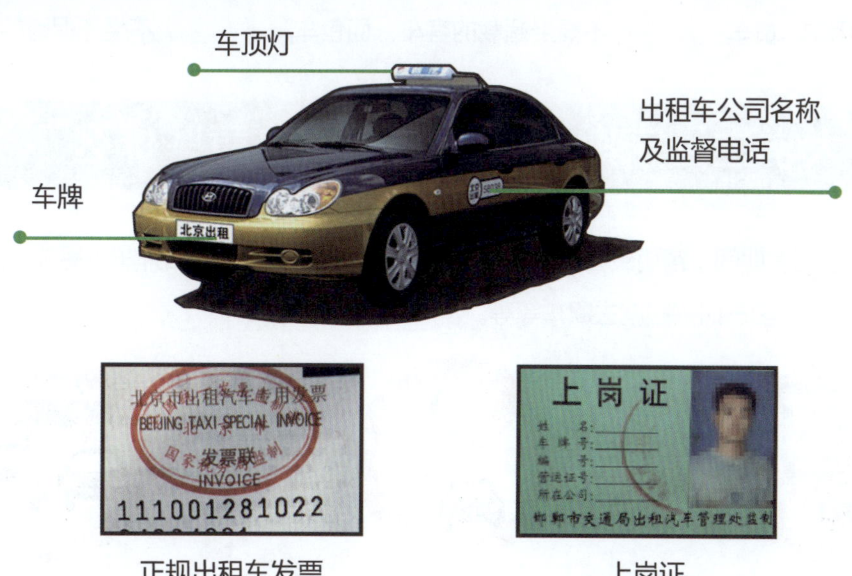

正规出租车发票

上岗证

- 尽量避免夜间乘车去偏远的地方，夜间乘车最好结伴同行或通知亲友接送。
- 上车后注意拍照，如副驾驶位上的出租车铭牌、驾驶人姓名、举报电话、投诉电话等。

出门在外，女大学生须特别注意安全

- 着装适当，忌露富，贵重财物要收好。

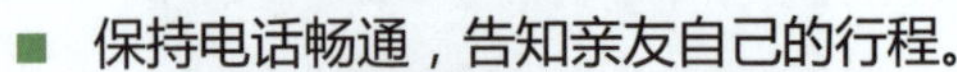

- 保持电话畅通，告知亲友自己的行程。

- 夜晚避免单独出行，别搭黑车。

- 遇陌生人搭讪要警觉。

农村及偏远地区学生如何安全出行？

不要搭乘农用车、货车

不要坐超载的客车、面包车

不坐无保险的车

大学生回家期间开车，应该注意些什么？

大学生回家期间，亲朋聚会多，喝酒在所难免，但是千万别酒后开车；另外，朋友多了在一起千万别因一时兴起就去飙车等等。

不酒驾

不开夜车

不开斗气车

结语： 虽然大学生具备独立生活能力，但是也不能因此麻痹大意，因为返乡返校途中难免遇到突发情况。122交通网提醒您：提高安全意识，返乡返校途中注意安全，平安出行最重要。

6 春节回家女性单独出行必看的安全提示

春节回家的人群中，有一部分是单独出行的女性，这就需要学会一些重要的自我保护方法，保障单独出行女性的人身安全，平安到家。

单独出行的女性驾车回家6条安全须知

近年来，涉及女性独自驾车出行遭遇抢劫的案件日益增多。因此，女性朋友们在享受自驾带来便捷的同时，一定要提高防范意识，确保独自驾车的出行安全。

出行前，告诉家人外出的路线、时间。

上车后锁好所有车门，不要贸然下车。

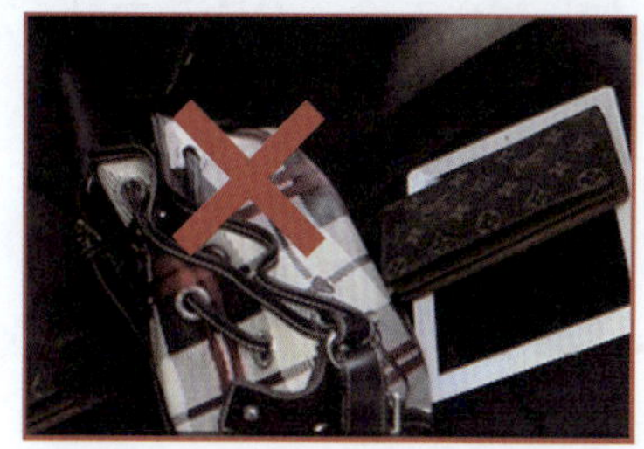

车上尽量别放贵重物品或大量现金。

尽量选择光线明亮处停车。

遇到陌生人问话，车窗只摇下1/3。

遇诈骗要及时报警，不要着急下车。

单独出行的女性搭车回家需注意的7个细节

明天和意外，你永远都不知道哪个先来。女性单独外出搭车一定要注意安全，就算是女汉子，也要懂得这些。

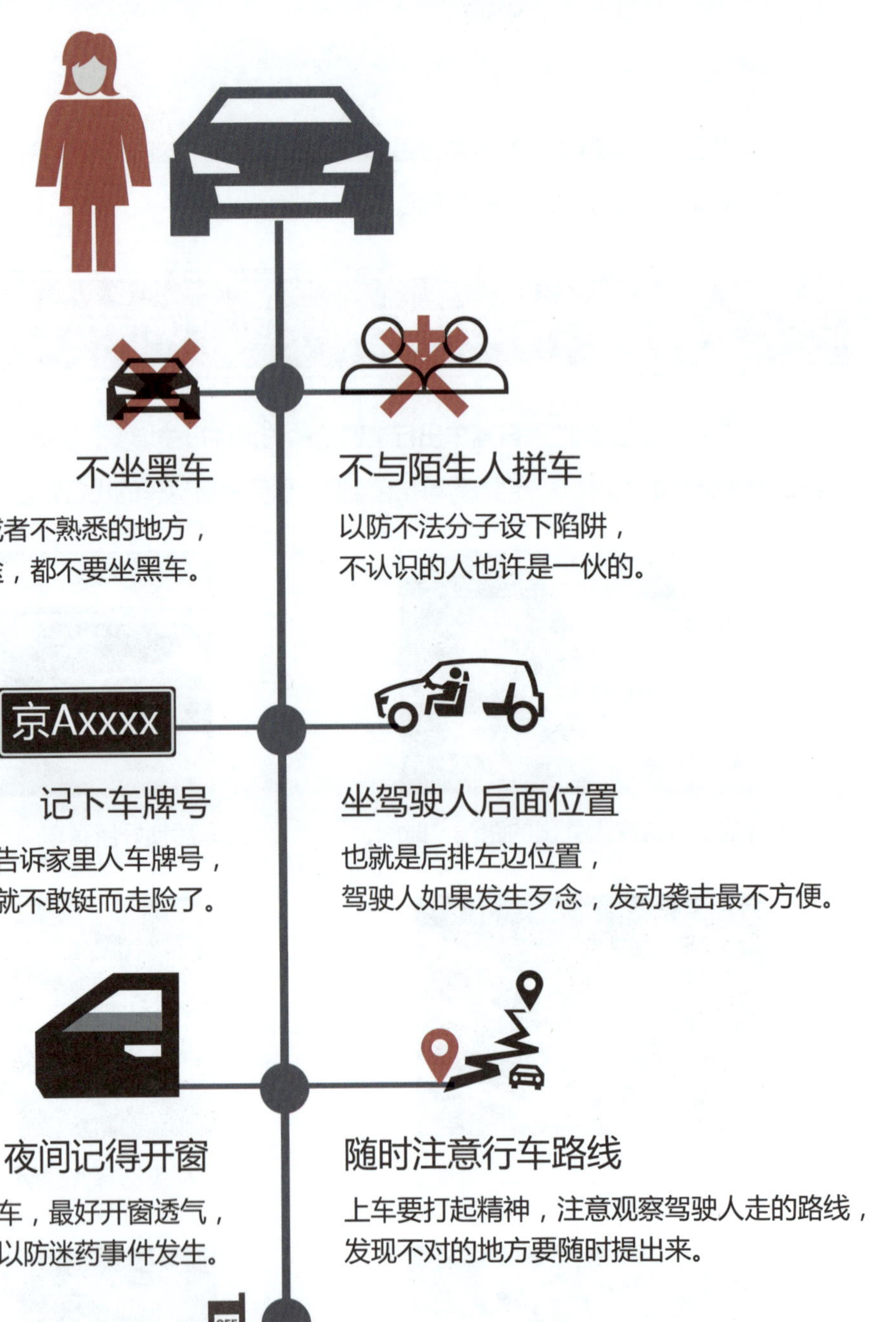

不坐黑车

不管在熟悉或者不熟悉的地方，不管是长途还是短途，都不要坐黑车。

不与陌生人拼车

以防不法分子设下陷阱，不认识的人也许是一伙的。

记下车牌号

上车后告诉家里人车牌号，驾驶人听你这么说，就不敢铤而走险了。

坐驾驶人后面位置

也就是后排左边位置，驾驶人如果发生歹念，发动袭击最不方便。

夜间记得开窗

夜间坐车，最好开窗透气，以防迷药事件发生。

随时注意行车路线

上车要打起精神，注意观察驾驶人走的路线，发现不对的地方要随时提出来。

不暴露自己手机是否有电

拿好自己的手机，不让驾驶人看到任何信息。

单独出行的女性乘坐火车回家一定要格外小心

单身女性坐火车回家，要牢记“上了火车要低调，金饰名牌尽量少戴，聊天解闷不涉己”。

贵重物品放小包，小包要随身携带。

钱财要分着放，防止被偷。

注意轻装简行，金饰名牌尽量少戴。

提前备好晕车药和塑料袋。

单独出行的女性回家路上遇危险如何处理？

如果有人找你问话：

提高警惕，不要被骗。

如果有可疑人员出现：

沉着冷静，想办法快速离开危险路段。

如果遇到抢劫：

一定要保持冷静，不要惊慌，以自己的人身安全为前提，不要与劫匪发生正面冲突，记住嫌疑人的外貌特征，及时报警。

女性单独出行最好带上这些防身器

喷雾式防身辣椒水：

如果受暴徒攻击，可以及时对准暴徒眼部喷射。

具有照明和报警功能的手电筒：

一些细节准备关键时刻也可能帮上大忙。比如，以快捷方式编写好求救短信，或利用GPS定位系统，便于警方掌握你身处的位置。

结语： 总而言之，单身女性独自一人回家要多加留心身边情况，多注意一些容易忽略的细节，增强防范意识，做到谨慎细心，不给不法分子留有可乘之机。

7 春节自驾出行　这些危险路段开车请小心!

春运期间道路交通流量剧增，是事故多发的时期。在此提醒广大自驾回家的驾驶人朋友，在行经这些危险路段时一定要格外小心。

这些危险路段事故多发

1. 山西省青银高速薛公岭路段 934公里至964公里路段

路段长度：30公里

事故多发原因：30公里长下坡弯路、落差大、车流量大

2. 福建省厦蓉高速公路和溪段 厦门方向121公里至107公里路段

路段长度：14公里

事故多发原因：14公里长下坡

3. 江西省九码快速通道 6公里至24公里路段

路段长度：18公里

事故多发原因：建筑物距路口过近、交通安全设施不足

4. 河南省郑开大道

路段长度：44.2公里

事故多发原因：道路不是封闭式道路、路中间未设隔离带

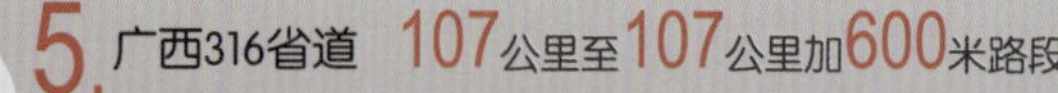

5. 广西316省道 107公里至107公里加600米路段

路段长度：600米

事故多发原因：急弯、坡道、临水、视线不良

6. 云南省嵩待公路 57公里至78公里路段

路段长度：21公里

事故多发原因：路况复杂，包含陡坡、急弯

7. 陕西省107省道长安段 91公里至131公里路段

路段长度：40公里

事故多发原因：路面开放、村口便道口多、横穿马路的人多、无红绿灯

8. 陕西省西汉高速西安段 1136公里至1158公里路段

路段长度：22公里

事故多发原因：包含17座桥梁，11处急弯

9. 甘肃省215国道 231公里至256公里路段

路段长度：25公里

事故多发原因：海拔高、地势复杂、急弯陡坡较多、终年气温偏低、车流量大

10. 青海省湟倒一级公路 48公里至98公里路段

路段长度：50公里

事故多发原因：长下坡、海拔落差大

团雾多发 路段 开车需谨慎

省(区)	团雾多发路段	编号	起点(公里)	终点(公里)	多发时段
湖北	宜凤高速	S31	16	23	2时至9时
广东	清连高速	21101	2197	2208	0时至8时
贵州	兰海高速	G75	1283	1305	19时至10时
贵州	晴兴高速	S65	15	22	22时至9时
新疆	吐乌大高速	G216	640	643	22时至10时
湖南	长张高速	G5513	225	246	0时至8时
湖南	沪昆高速	G60	1330	1339	0时至10时
广西	包茂高速	G65	2730	2760	3时至9时
贵州	沪昆高速	G60	1573	1582	5时至9时
贵州	沪昆高速	G60	1632	1639	17时至22时

二、小长假自驾出行攻略

清明假期出行必备安全手册

清明节即将来临，小长假期间祭祀扫墓，外出踏青、城市周边自驾游流量增多。特别提醒大家：驾车出行不要超速、超员、疲劳驾驶。

触目惊心：清明节平均每天1起死亡5人以上交通事故

据官方数据显示：近5年，清明节期间平均每天发生1起一次死亡5人以上交通事故。

近5年清明节

5人 75人死亡

平均每天1起死亡5人以上交通事故

所以，广大朋友注意节日出行安全，遵守道路交通安全法律法规：

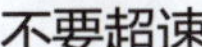

不要超速

不要疲劳驾驶

不要酒后驾驶

不要无证驾驶

“清明时节雨纷纷”，雨天行车要降低车速

据气象部门预报，清明节期间南方地区持续阴雨，在雨天或者湿滑路面行车，请降低车速，与前车保持安全车距。

打滑、制动跑偏、制动距离延长

雨天路滑，容易出现：

雨天行车要这么做：

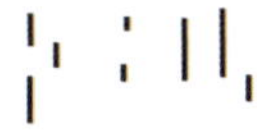

降低车速

保持与前车的安全车距

遇紧急情况，避免紧急制动和转向

自驾扫墓心态要平和，“安全行车”是第一

保持平和心态，确保行车安全

驾驶人：平复情绪，集中注意力开车。

乘车人：要保持平和心态，切勿情绪激动。

亲朋相聚酒宴多，牢记“开车不喝酒、喝酒不开车”

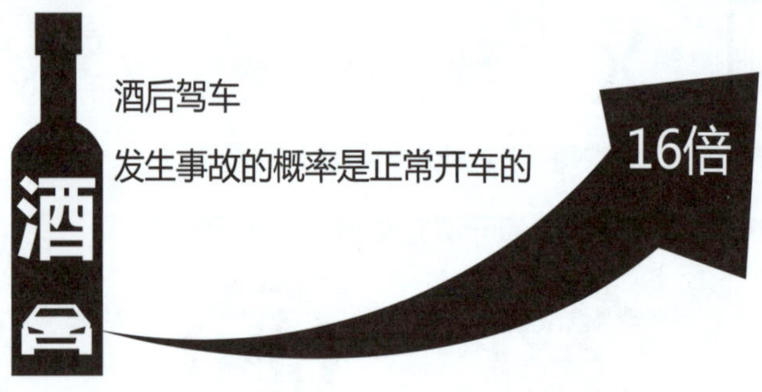

酒后驾车

发生事故的概率是正常开车的

2014年清明节期间发生的两起一次死亡5人以上交通事故，均为驾驶人酒后驾驶所致。

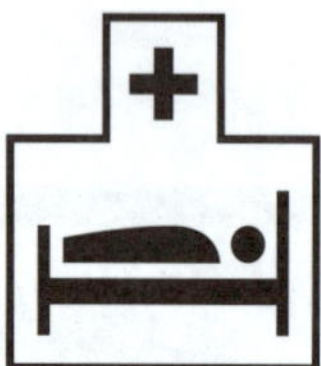

Tips: 清明节期间回乡祭祖、家人团聚时请牢记：开车莫饮酒，酒后莫开车！

墓区道路多处于山区，行车一定要注意观察路况

山区道路临水临崖、急弯陡坡路段较多，通行条件不良，且清明节期间车流密集，因此驾驶时要做到：

不要超速行驶

弯坡路段请勿违法超车

下坡时不要空挡滑行
上坡时注意控制车速

视距不良路段要及时鸣笛
做好停车避让准备

Tips: 除了上述注意事项，还要特别提醒扫墓祭祖的朋友：切勿长时间在车内存放香烛、花圈等易燃物品，以防失火。

农村祭祀活动多，切勿“超员、超载、人货混装”

切勿驾驶或乘坐超员、超载车辆

超员事故案例：2013年清明节期间，贵州毕节一辆超员面包车与对向行驶的重型货车相撞，造成面包车上6人死亡。

超员超载车辆存在的危险：

制动性能下降，行驶稳定性差，在山区道路、急弯陡坡路段行驶容易失控、翻车，导致严重事故。

切勿“人货混装”

货车载人事故案例：2014年1月9日，甘肃天水甘谷县一辆低速载货汽车货厢内违法搭载12人，在送葬返回途中车辆失控坠入山崖，造成10死3伤。

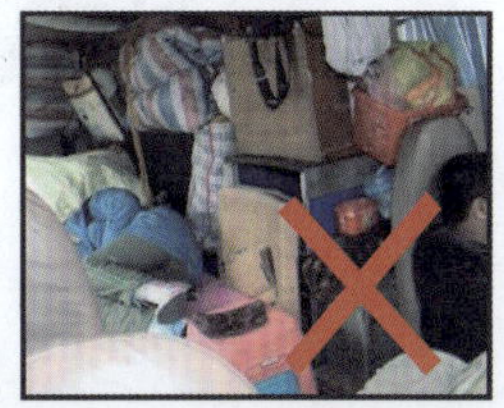

人货混装隐患多、危害大：

请农民朋友不要乘坐货车、拖拉机、超员车出行，切勿人货混装。

及早规划路线，家庭出行要为孩子配备安全座椅

清明小长假前1天及最后1天是出行高峰

清明假期继续施行高速公路小型汽车免费通行政策，短途出行增多，所以，大家要注意：

及早规划出行路线
尽量错时错峰出行

如遇交通拥堵
可提前换行其他路线

驾车时避免因争抢时间
超速行驶、强超强会

驾车去景区要安全文明驾驶

小长假期间，旅游景点及自驾游热门路线流量增加，因此，自驾游的朋友要注意：

在景区要规范停车
服从景区交通指挥

不要占用应急车道
不要借道超车

旅游景点人多
要减速慢行、避让行人

清明小长假举家出行，要为儿童选用适合的安全座椅

小长假带孩子乘车出游，要为孩子配备儿童安全座椅，千万不要抱着孩子坐在副驾驶位置。

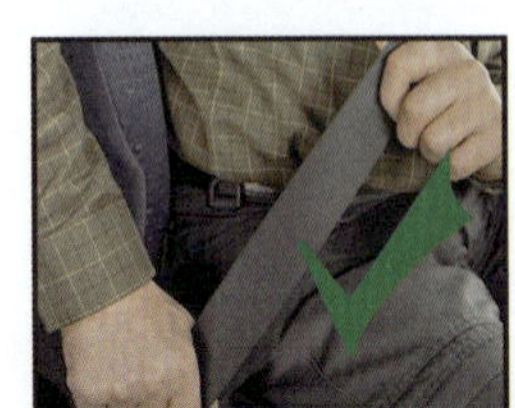

大人要系好安全带
正确使用安全带，可以在发生交通事故时减少至少40%的伤害。

为孩子选用适合的安全座椅
避免怀抱儿童乘车、让儿童乘坐或站立在副驾驶位置。

包车出游要租用“有营运资质”的车辆

春季天气转暖，春游踏青人数增多，特别是学校包车旅游出行增加，在此要特别提醒学校要做好相关的安全工作。

关于学生旅游包车，学校要做到：

租用正规单位且有营运资质的车辆

配备驾驶经验丰富、
无严重交通违法记录的驾驶人

学生春游事故案例：2014年4月10日，海南文昌一搭载学生春游的非法营运客车，驾驶人私自更改路线，在不熟悉道路的情况下，驶入正在施工路段通行，导致客车侧翻路外，造成车上学生8死24伤。

结语： 清明小长假无论是祭祖扫墓出行，还是结伴自驾游，安全出行都是第一位的。因此，大家要严格遵守交通法规，平安出门，安全回家。

“五一”旅游旺季出行安全时刻谨记

“五一”小长假在即，全国将迎中短途旅游、自驾出行高峰。同时，全国高速免费通行，预计“五一”出行量将超清明假期，道路交通压力增大，安全风险不容忽视。为此，提醒广大群众节日期间防范“五类”事故。

一、情绪焦躁导致的事故

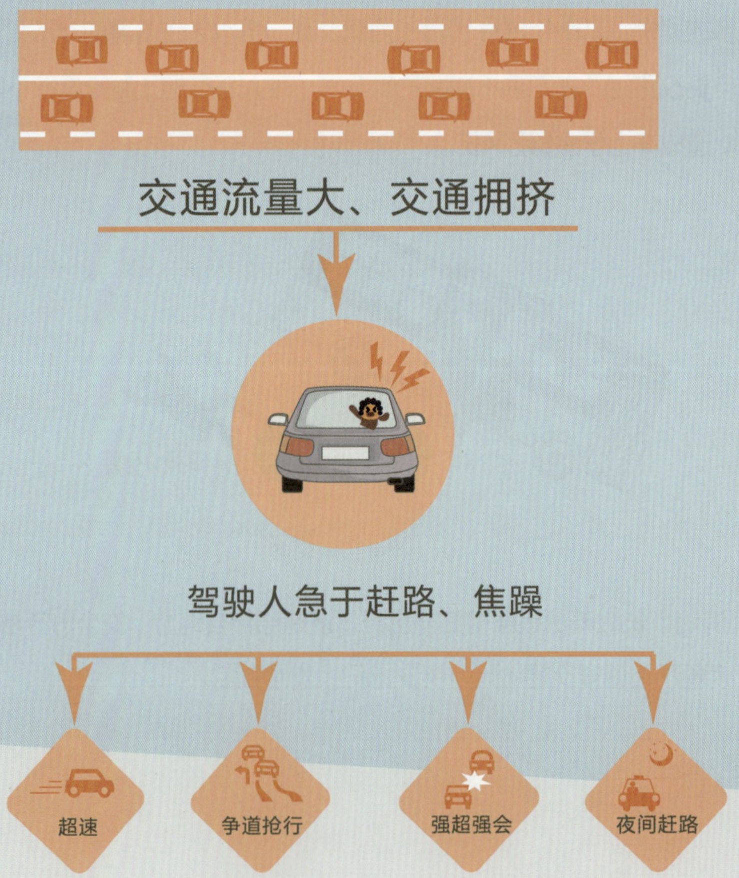

交通流量大、交通拥挤

驾驶人急于赶路、焦躁

超速

争道抢行

强超强会

夜间赶路

近五年数据显示：

“五一”假期首尾两日是交通高峰期。

5月1日交通事故死亡人数最多。

夜间19时—22时是事故高发时段。

二、不熟悉路况导致的事故

“五一”旅游，自驾车是首选，而多数景区从未去过，对路况不熟。

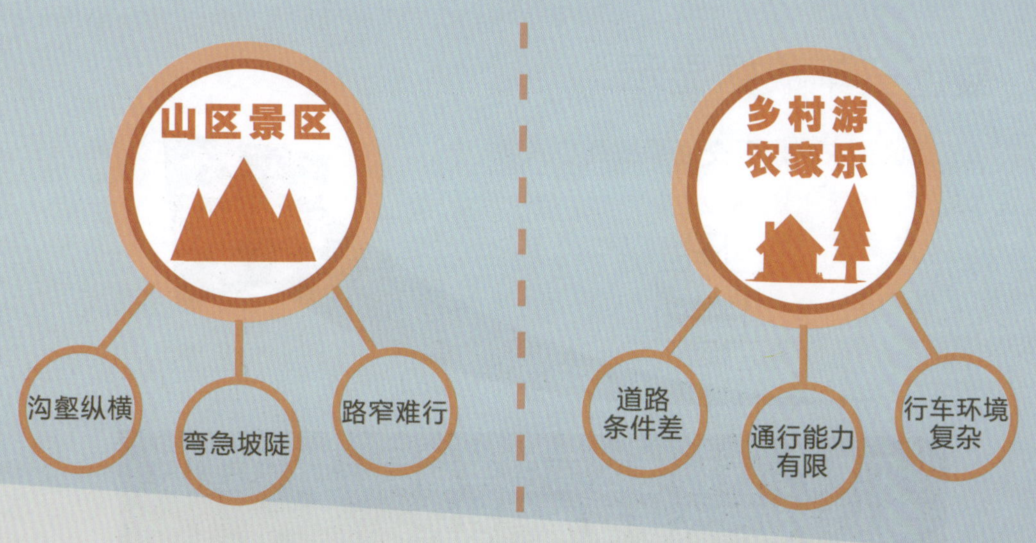

近五年数据显示：

景区和农村山区交通事故死亡人数
低等级公路的翻、坠车事故

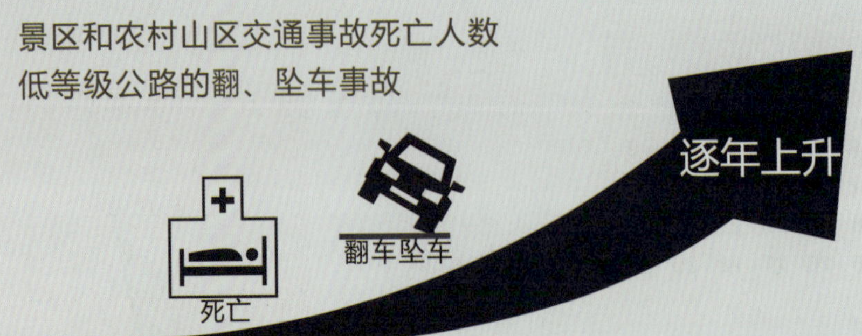

三、严重交通违法导致的事故

“五一”期间，拼车出行、亲朋聚会、婚礼庆典等活动增多，发生严重交通违法行为的概率加大。

最近三年数据显示：

景区和农村山区交通事故死亡人数

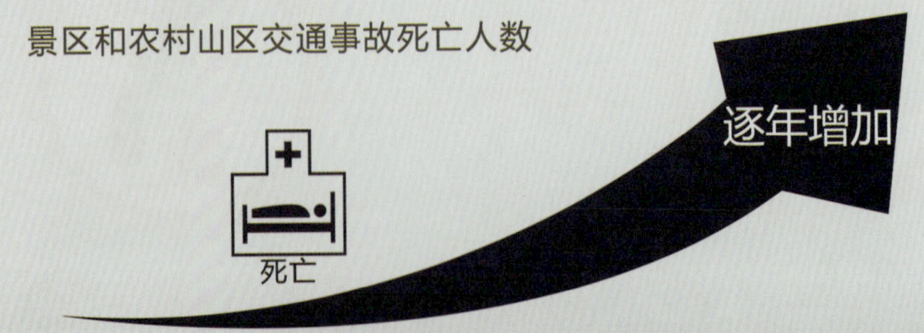

TIPS：农村地区面包车超员、货车违法载人导致的大事故屡有发生。

四、突发情况应对不当导致的事故

假期交通量骤增，各种车型、非机动车、行人交织，交通状况比平日复杂，部分驾驶人(尤其是低驾龄驾驶人)对突发状况准备不足、应对不当。

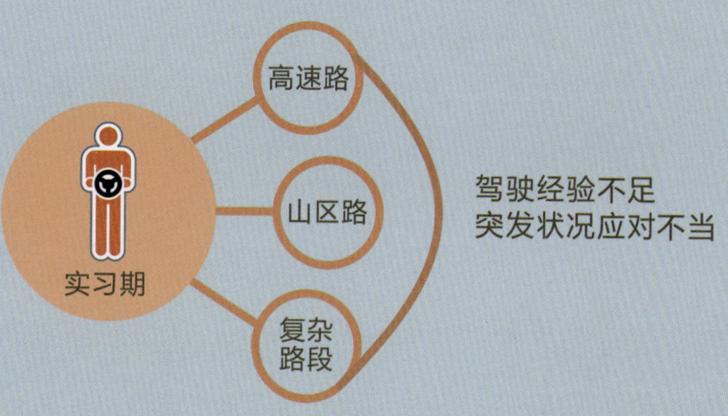

2014年数据显示：

与重型货车、摩托车碰撞导致的死亡人数占比大，且逐年上升。

五、降雨、沙尘等天气导致的事故

“五一”期间，正处于我国北方多风沙、南方多降雨时期。

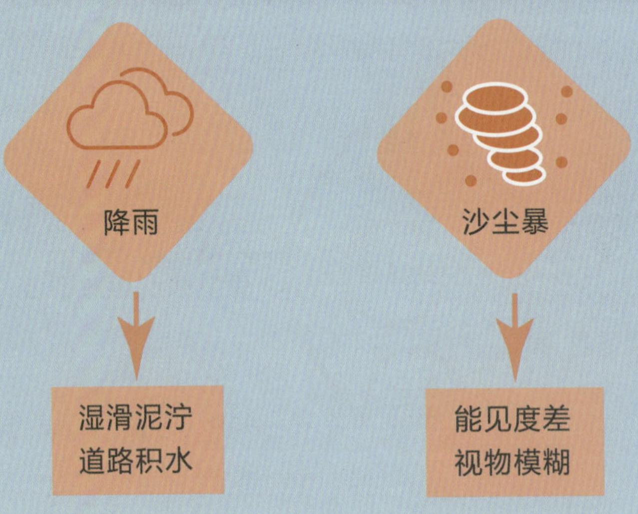

为确保节日期间道路交通安全畅通，针对不同出行人群发出“五一”安全提示。

自驾车出行

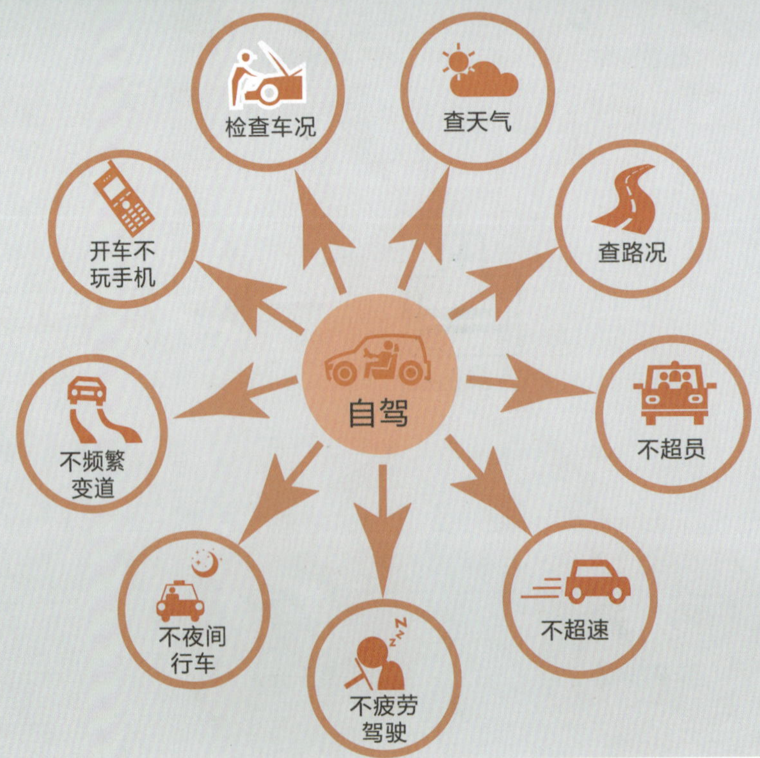

乘客车出行

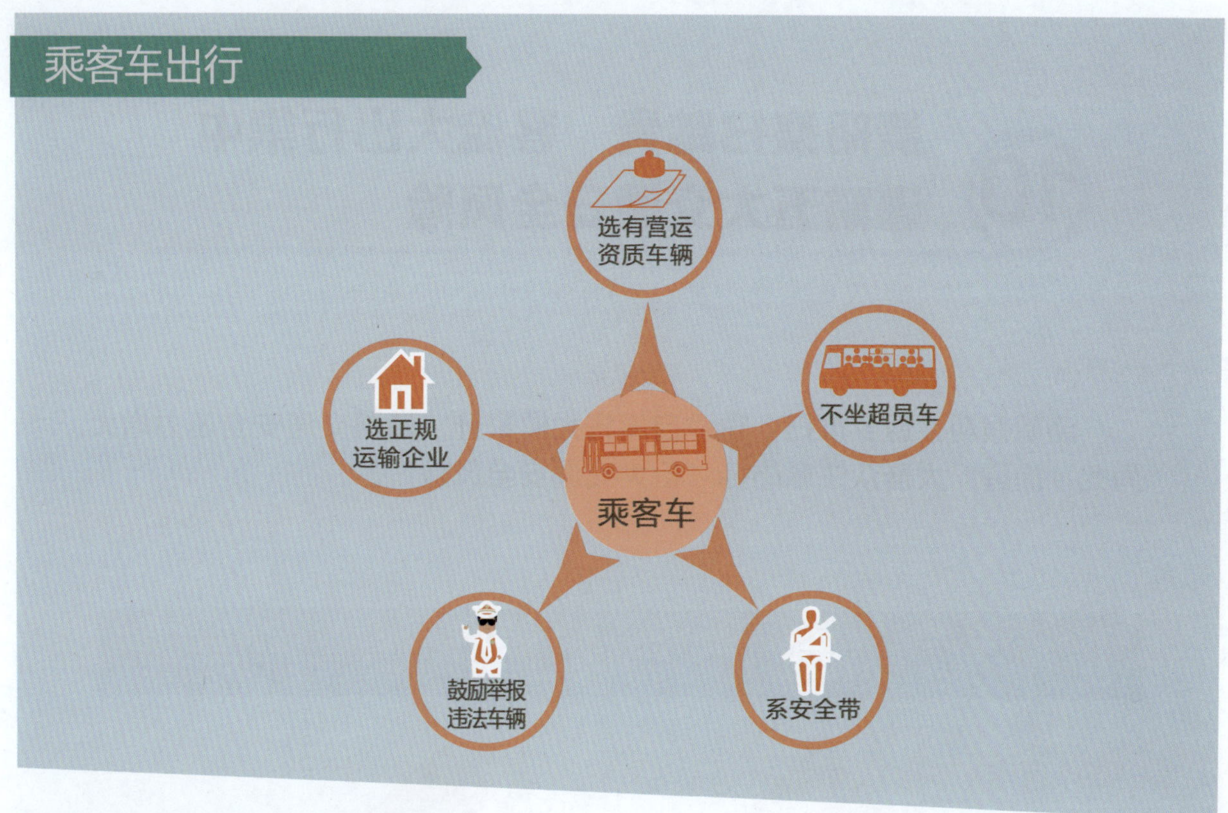

驾驶/乘坐面包车出行

数据来源：公安部交通管理局

10 清明祭扫踏青　客流大出行集中 谨防五大交通安全风险

清明假期，返乡祭扫、短途自驾将大幅攀升，道路交通安全压力增大。为此，提醒广大群众注意防范“五大交通安全风险”。

农村山区车辆翻坠风险

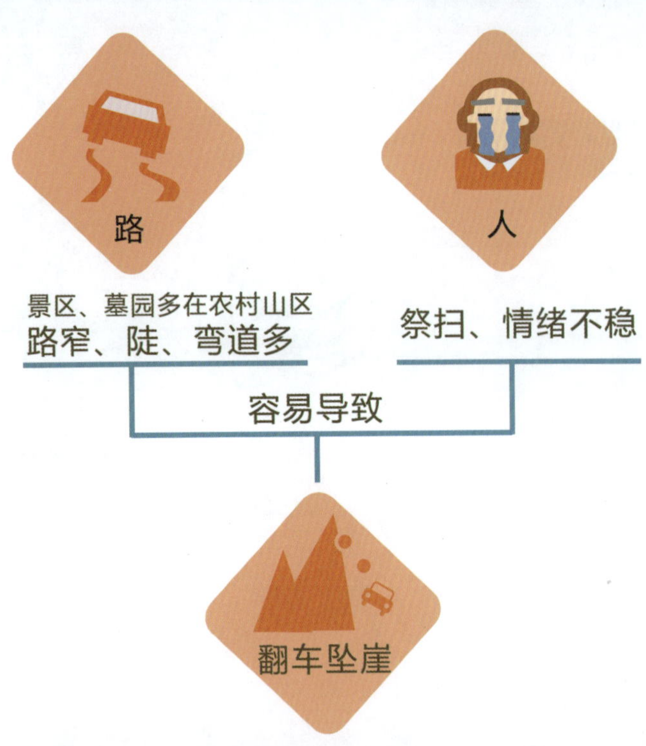

高速路、国道、省道风险

4月5日—6日，七座以下(含七座)小客车高速免费通行。届时，高速路车流量大增，事故风险随之加大。

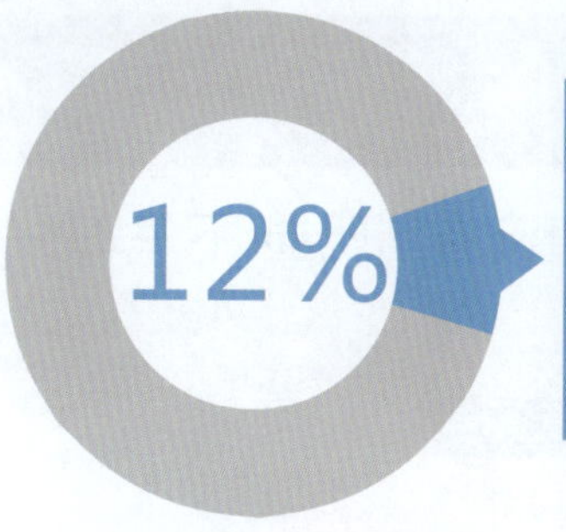

最近五年清明节，高速公路事故造成的人员死亡比重高达12%。

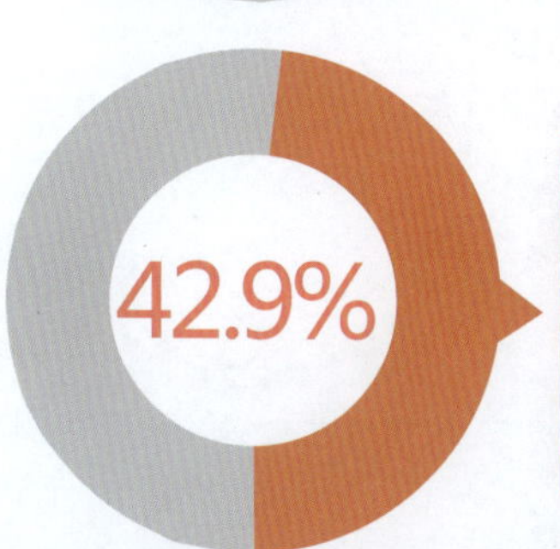

2014年清明期间，一次死亡3人以上的较大事故中，42.9%发生在高速路上。

中短途自驾安全风险

清明期间，自驾出行、返乡祭祖车流集中，赶路、拼车、亲朋聚会等易引发超速、超员、酒驾等违法行为。

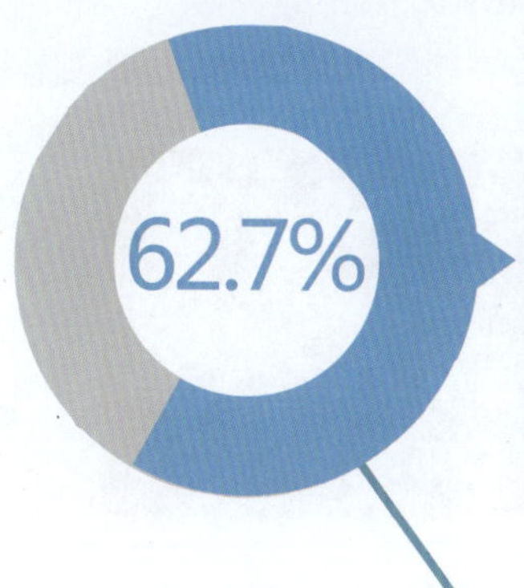

2014年清明期间，私用车肇事导致的死亡人数占比高达62.7%。

TIPS：农村地区更易出现面包车超员、货车违法载人、酒驾等违法行为。

午后、夜间事故风险

最近五年，清明首尾两日潮汐式交通流特别明显;下午2时—5时、夜间7时—9时事故较密集。

环京周边、长三角、东南沿海等地区中短途旅游、祭扫活动集中，拥堵与事故相对多发。

降雨、沙尘等天气带来的安全风险

2015年清明期间，外出自驾、祭扫注意天气对道路交通的影响。

西北地区东部
黄淮西部和南部
西南地区东部
长江中下游

南疆盆地
内蒙古西部

11 国庆出游提前看：晚6点至晚8点事故多发 高速易发侧翻、追尾事故

据往年“十一”长假期间出行及事故统计，车辆超速、未按规定让行、无证驾驶是节日期间导致交通事故的主要原因。假期开车出行，一定要遵守交通规则，安全出行。

假期首尾两日潮汐式交通流导致事故多发

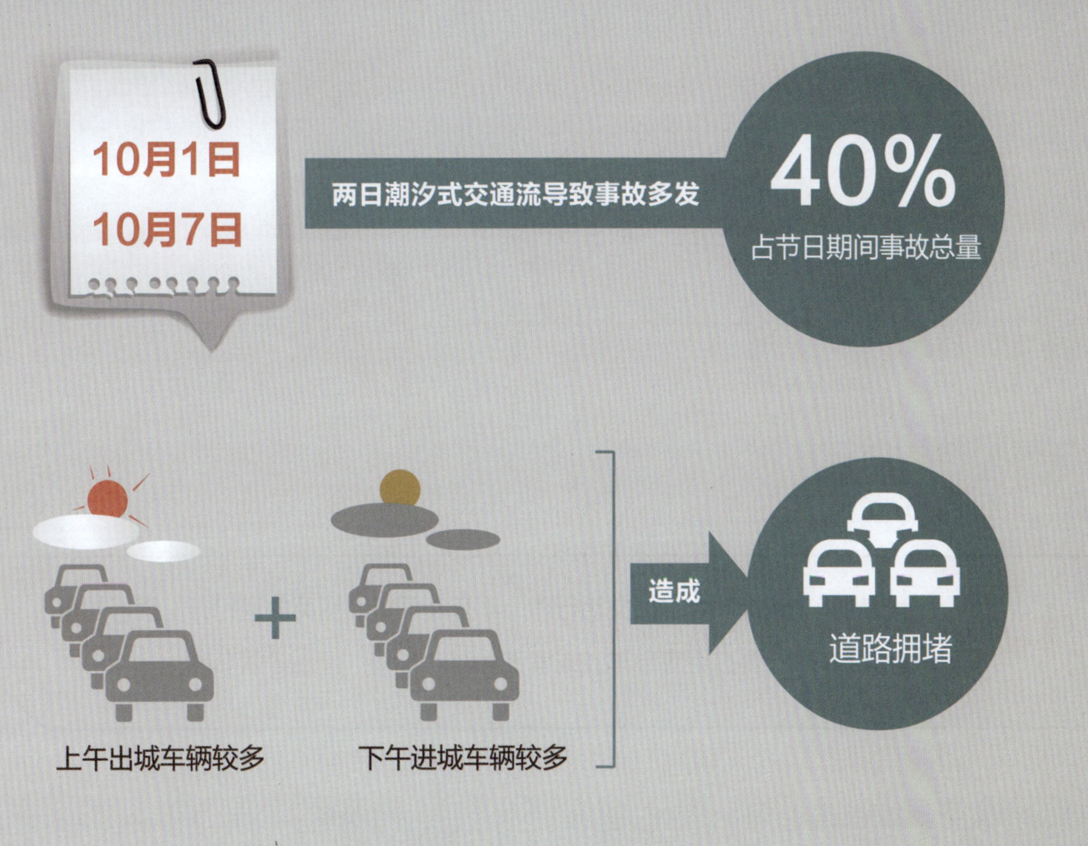

Tips

请提前规划出行时间和线路，尽量避开高峰时段出行。

行车途中关注交通提示信息，必要时调整行驶路线。

长假期间六成左右的事故是由私用车肇事导致

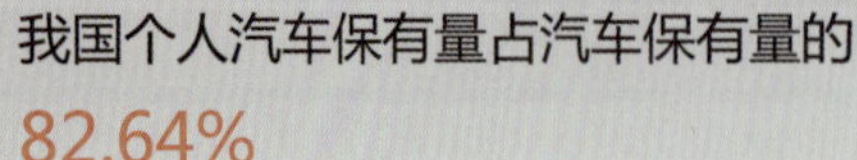

我国个人汽车保有量占汽车保有量的82.64%

汽车保有量

六成左右的事故是由私用车肇事导致

小型客车肇事导致的死亡人数占节日期间总数的32%

Tips 假日期间车流量较大，请文明行车，不开斗气车，切莫争道抢行，强行超车、强行会车。不要占用应急车道或者占用对向车道、穿插等候车辆。

长假期间驾车出行夜间18时—20时易发生交通事故

长假期间，18时—20时发生交通事故导致的死亡人数较日常同一时段高出1倍。

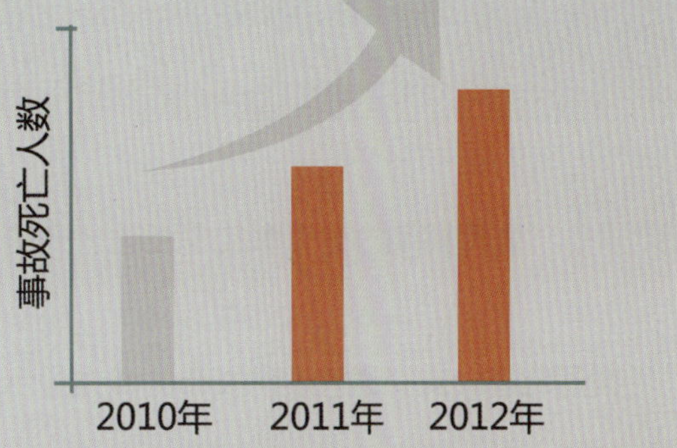

夜间18时—20时交通事故死亡人数占总数的16.1%，较日常同一时段高出1倍。

自2010年至2012年，中午11时—13时发生交通事故导致的死亡人数所占比例有所上升。

Tips 假期驾车出行，请合理安排好行程，保证充足睡眠，尽量不要夜间驾车。如需夜间驾车，请正确使用灯光。

重点旅游地区和环京周边、长三角、珠三角省区事故高发

重点旅游地区和环京周边、长三角、珠三角省区事故高发。

环京周边

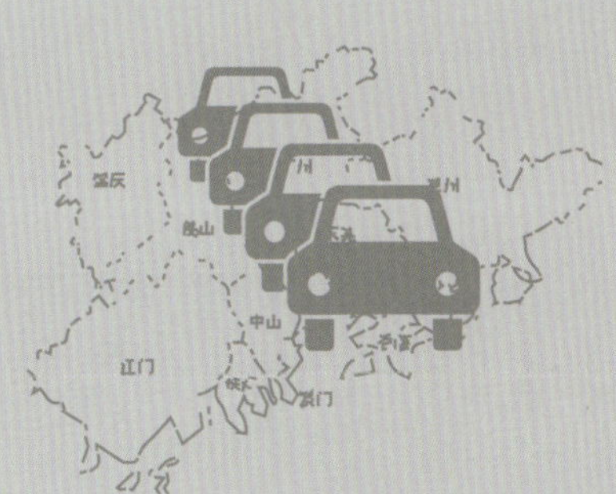

珠三角

长三角

Tips 旅游景点车多人多，请守交通信号，在没有信号灯的路口或者狭窄路段不要抢行猛拐，驾车经过人行横道或路口要注意减速。

高速公路、农村道路事故比重近年有所上升

"十一"长假期间的交通事故高发地之一在"高速公路"，且以追尾事故和侧翻事故为主。

据河北省公安交通管理局发布的数据显示，2014年"十一"长假期间，在高速公路上发生的事故中：

有85.3%为追尾和剐蹭事故，90%以上为轻微事故

Tips 高速公路行车切勿超速行驶，保持安全车距，远离大货车；系好安全带，切勿随意停车，严禁在高速路上倒车。

"十一"长假期间，农村道路事故以车辆单方翻坠事故为主。

事故案例

时间：2014年10月2日20时10分。

地点：安徽省淮南市潘集区境内。

事件：一辆轿车翻落到一座桥下，造成6人死亡。

造成6人死亡

Tips 农村道路隔离设施少，加上道路弯多狭窄，请小心谨慎驾驶，不要强行超车、强行会车。遇紧急情况，请及时制动，切莫急打方向。

超速、未按规定让行、无证驾驶是节日期间导致事故主要原因

超速会使得“制动距离延长”，很容易发生追尾事故。

80km/h　制动距离约为70米

100km/h　制动距离约为101米

140km/h　制动距离约为173米

未按规定让行已成为死亡事故“第一杀手”

有数据显示，仅在上海2014年全年十大机动车死亡事故肇事原因当中：

“未按规定让行”位于榜首，共导致93起死亡交通事故的发生

超过“酒后驾驶、违反交通信号以及无证驾驶”交通违法行为之和。

无证驾驶危害大

缺乏专业培训，
不具备安全驾驶能力

行驶中遇到突然情况，
往往会惊慌失措失当处置

严重地扰乱正常的交通秩序

Tips　假期开车出行，请严格遵守交通规则，切勿超速行驶，不要随意变道、随意停车，切勿无证驾驶。

数据来源：公安部交通管理局发布的2008年—2014年“十一”长假期间的事故数据分析

12 小长假驾车出行到底值不值？

小长假高速免费通行政策实施后，清明、五一、十一和春节期间自驾出行的人越来越多。我们选取了几条线路，以一家三口的交通成本（不包括餐饮住宿等）来算，看看自驾出行到底划不划算。

92号汽油每升
7.83元

以平均油耗
百公里8升计算

汽车每跑1公里
需油费0.63元

每公里需花费的油钱

GO 线路1：北京—天津

北京　天津

自驾　全程约140公里
开车单程需要约**2小时**

单程油费0.63元/km×140km=88.2元

往返油费需**176.4元**

火车　单程时间
半小时

票价：高铁二等座54.5元/人

3人(2成人1儿童)往返需**197元**

自驾到天津交通花费约176.4元，与乘坐火车（197元）价格差不多；
时间上是乘坐高铁的4倍，对比来看坐火车性价比更高一些。

GO 线路2：北京—青岛

北京

青岛

自驾

全程约668公里

开车单程需要约**9小时**

单程油费0.63元/km×668km=420元

往返油费需**840元**

火车

单程时间

5小时20分钟

票价：动车硬座二等座 249元/人

3人(2成人1儿童)往返需 **1245元**

自驾到青岛交通花费约840元，比乘坐火车（1245元）便宜；

时间上比高铁费时长约1倍，总体来看成本相当。

GO 线路3：北京—杭州

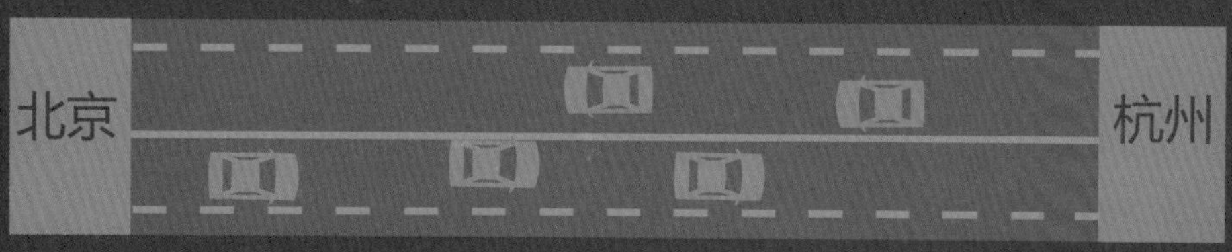

自驾

全程约1278公里

开车单程需要约**15小时**

单程油费0.63元/km×1278km=805元

往返油费需**1610元**

火车

单程时间

5小时

票价：高铁二等座538.5/人

3人(2成人1儿童)往返需**2692.5元**

自驾到杭州交通花费约1610元，比乘坐火车（2692.5元）省1千元；

时间上比乘坐高铁多10小时，不考虑时间的话开车经济实惠很多。

GO 线路4：北京—海口

自驾	火车
全程约2751公里 开车单程需要约**35小时**	单程时间 **31小时**
单程油费0.63元/km×2751km=1733元 往返油费需**3466元**	票价：硬卧(下)686.5元/人 3人(2成人1儿童)往返需 **3432.5元**

自驾到海口交通花费约3466元，与乘坐火车（3432.5元）差不多。
时间上仅差4个小时，自驾超过一天晚上还要住宿，不如坐火车舒服些。

高速免费看似省了一大笔过路费，实际上除了交通花费还要考虑很多因素。

长途驾驶中驾驶人还要保证充足的休息时间，耗时耗力考验身体和车技。

如果行车超过一天以上，还需要住宿及就餐等开销。

如果路上遇到拥堵就更悲剧了！

选择高速免费时出行其实并不划算，虽然吃到了“免费餐”，却可能经历在车内等待的煎熬，还可能浪费更多的汽油钱及就餐、买饮料等开销，并且路程越短越不划算。

三、不文明交通行为要不得

13 车窗垃圾的威力接近一颗“子弹”，你信吗？

别拿“小小的车窗垃圾”不当回事儿。以120km/h的速度在高速公路上行驶时，从车窗抛出苹果这样的物体时，其威力接近于小口径手枪的“子弹”的冲击力，相当可怕。

试验表明：时速120km/h时，从车窗抛出的苹果相当于一颗“子弹”

驾驶人或者乘客随手抛出的车窗垃圾威力到底有多大呢？看看下面的试验结果，你就知道了：

70km/h的速度，从车窗抛出的苹果可使挡风玻璃“瞬间成碎片”。

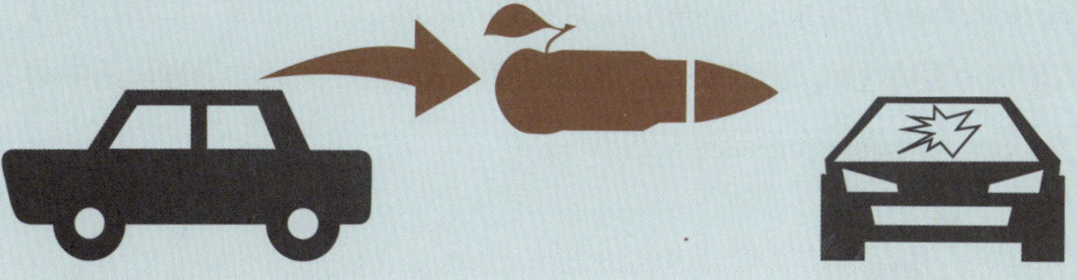

120km/h的速度，从车窗抛出的苹果的威力接近于小口径手枪“子弹”的冲击力。

数据表明：车窗垃圾很致命，温州仅一年就有117起环卫工人被撞事故

从车窗往外抛垃圾是随手的事儿，但是这“飞”到马路上的车窗垃圾，可能会给捡拾它的环卫工人们带来致命危险。从各地发布的统计数据来看，每年因为在车流中捡拾车窗垃圾而被车辆撞伤甚至失去生命的环卫工人不在少数。

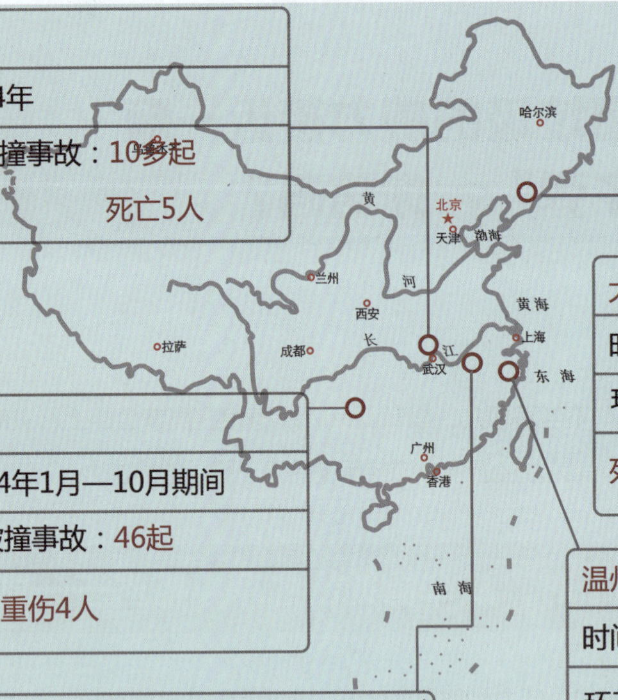

武汉

时间：2014年

环卫工人被撞事故：10多起

死亡5人

大连

时间：2011年—2014年10月

环卫工人被撞事故：107起

死亡16人　重伤50人　轻伤41人

贵阳

时间：2014年1月—10月期间

环卫工人被撞事故：46起

死亡1人　重伤4人

温州

时间：2014年

环卫工人被撞事故：117起

合肥

时间：2014年

环卫工人被撞事故：十几起

案例：车窗扔出的垃圾“谋杀”了这些人

车窗抛物虽然是随手一扔的“小事儿”，比如扔片纸屑、一个烟盒，但是它却可能让环卫工人们随时丢掉性命。近年来，媒体也报道许多环卫工人因为清理马路中间的垃圾，而被正在行驶车辆撞伤甚至身亡的事件。

武汉　李师傅　52岁

时间：2014年11月12日上午

遇难：被越野车撞飞，又遭面包车碾压，不幸当场遇难，倒地时，她手里还攥着刚刚捡起的烟盒。

武昌　刘师傅　61岁

时间：2014年4月21日晚8时左右

遇难：在快车道捡拾纸片时，被出租车撞飞，抢救无效身亡。

苏州　女环卫工人　70岁

时间：2014年11月14日上午

遇难：在快速南北干线运河大桥上清理垃圾时，被车撞下大桥落水，当场遇难。

结语： 小小的车窗垃圾，哪怕是一片纸屑都可能要了人的命。所以，希望各位驾驶人和乘车的朋友们不要随手乱扔垃圾，因为您的这个善举关乎人的生命安全。

14 开车扔个纸屑就罚几万元？新加坡就是这么任性

在国内，虽然许多城市都加强了对车窗抛物的治理，但效果并不理想。那么，面对这个棘手的问题，国外是如何解决的呢？

国外治理“车窗抛物”绝招：罚款额度高达月工资的2/3

新加坡

新加坡对乱丢垃圾的处罚让人难以承受，第一次抛垃圾最高罚款2000新元（约合9500元人民币），如果有第二次、第三次丢垃圾，会进行累计处罚。除了罚款，还会外加劳役，甚至是被判刑。

2000新元

（约合9500元人民币）

4000新元

（约合19000元人民币）

≥ 10000新元

（约合47000元人民币）

第一次

第二次

第三次

■ 第二次扔，还会受到以下处罚：

3~12小时的劳役

\+

如果因为抛垃圾导致交通事故会被判刑

美国

对于从车窗抛垃圾的行为，美国实施全民监督举报，一旦被确定为车窗抛垃圾者，将会处以高额罚款：

美国对车窗抛物行为的处罚额度：
100~1000美元
（约合人民币621~6213元）

■ 美国各地区的处罚力度也不一样：

华盛顿：

200美元

纽约：

350美元

不超过10小时强制劳动

加州：

100~1000美元

外加8小时的强制劳动

情节严重可能面临6~12个月监禁

英国

对车窗抛物处以80~100英镑
（约合人民币740~925元）的罚款

面对车窗抛物，各地纷纷“亮剑”开罚

根据我国道路交通安全法相关规定，如果向车外抛撒物品：

乘车人：将处警告或5~50元罚款

驾驶人：处20~200元罚款

结语： 总之，要杜绝“车窗抛物”除了靠公民的自觉，更要多管齐下，久久为功，这样车窗抛物才不会继续任性。

“路怒症”是病　得治

成都女驾驶人遭男驾驶人暴打，北京两车因剐蹭上演全武行，云南一奔驰车疑似因开斗气车冲撞老人……这究竟是“什么仇什么怨”？其实这些事件里还真都有一个共同因素——“路怒症”！

“路怒症”不是新事物，我国超过10%的交通事故因它而起

■ 在近年来，随着中国城市车辆的不断增多，驾车引发的情绪冲突可以说是越来越多。先来看看全国的数据：

我国超过10%的交通事故，起因都是“路怒症”。

北京、上海、广州三个城市随机选取的900名驾驶人中，35%的驾驶人称自己属于“路怒族”。

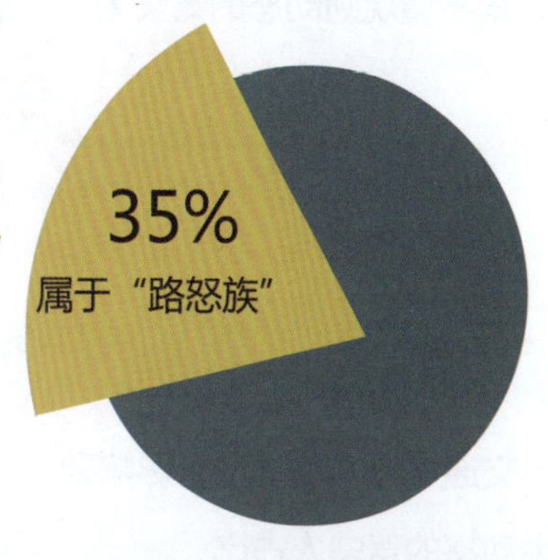

北上广随机选取的900名驾驶人中

■ “路怒症”不是中国驾驶人的“专利”，在国外也一样存在。

美国驾驶人患路怒症的达5%到7%，约1600万人。

自2009年至2013年，
美国共有1554人死于公路暴怒交通事件。

那么问题来了：“路怒症”究竟是个啥？

■ “路怒症”概念最早来自国外心理学：

“路怒”(road rage)是指在交通阻塞情况下，开车压力与挫折所导致的愤怒情绪，发作者会袭击他人的汽车，有时无辜的同车乘客也会遭殃。

■ 有多少驾驶人会因为加塞、随意变道等原因发怒呢？来看看下面调查的统计数据：

22.9%
因新手开车不懂规则动怒的驾驶人占比

48.1%
因堵车和路况不佳导致动怒的驾驶人占比

39.8%
因别人交通违法影响自己而动怒的驾驶人占比

26.6%
因别人交通违法，即使没有影响到自己也动怒的驾驶人占比

29.7%
因周边车辆加塞或者超车动怒的驾驶人占比

世界如此美妙，你为啥还这么烦躁?

■ 研究表明，相当多的驾驶人都有这些症状，但并非每个那么做的人都明白这是一种“病态”。调研指出，驾驶人们表现出来的“路躁”情绪源于驾驶中面临的各种压力：

交通拥堵

恶劣天气

找不到停车位

发生交通事故

遇见不文明驾驶行为

这些“路怒症”的常见表现，你有吗?

- □ 突然加速或制动，跟车过近
- □ 强行切入别人的车道
- □ 故意拦挡别人进入自己的车道
- □ 过分地鸣喇叭或打闪灯
- □ 破口大骂或威胁恐吓
- □ 下车来挑衅别的驾驶人

以上这些表现如果你占了2条以上，
你很可能就是一名潜在的“路怒症”患者了，
一定要警醒，控制好自己的情绪。

得了“路怒症”有解药吗?

■ 根据相关调查显示，以下这些办法可以有效地缓解开车时焦虑烦躁的情绪：

车里收听轻松的音乐或者广播节目

通过各种心理调试和治疗

保持车内合适的温度，及时通风

合理安排出行时间

目前，英国、芬兰、韩国等国家每年都会对驾驶人进行心理测评，合格者方准上路，这种做法值得我们去借鉴。

结语: 当“路怒症”发作时，手中的车辆就变成了能够夺取他人性命的武器，如果任由“路怒症”肆虐，则人人都可能是受害者。冷静一点吧，多一份忍让，世界才会美好！

16 给“中国式过马路”算笔账

各地对行人闯红灯实施处罚近一周年，然而观察发现部分行人依旧习惯“中国式过马路”，北京仅一个路口16分钟就有近180名行人“闯红灯”。与此同时，处罚难度大、执法成本高，算一算经济账还真吓人。

惊呆！治理“中国式过马路”一个路口要花掉50万元

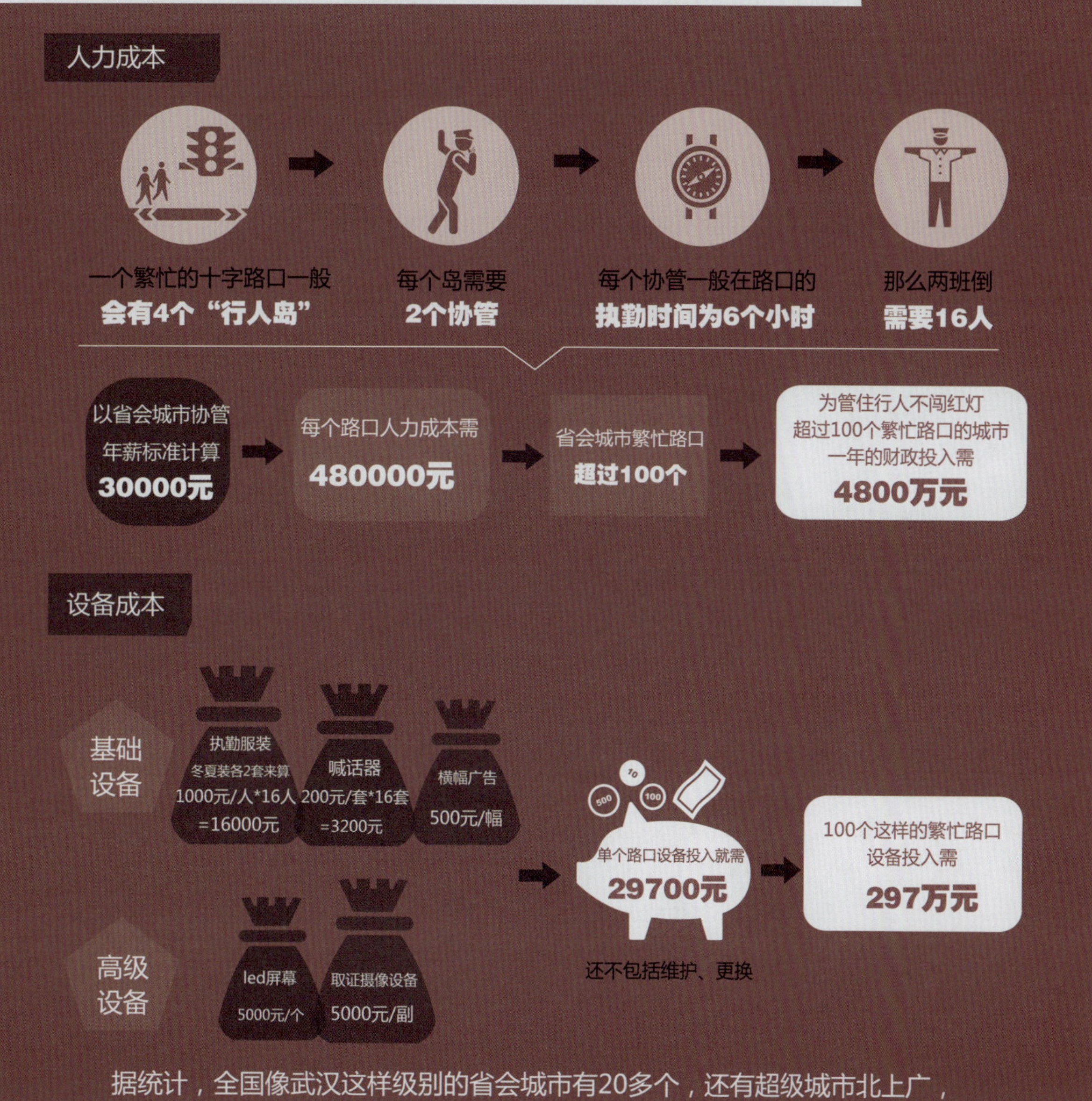

据统计，全国像武汉这样级别的省会城市有20多个，还有超级城市北上广，以及百万级人口以上城市100多个。

没错！这些隐形成本都是“中国式过马路”造成的

武汉市花费2亿元建的智能诱导被迫停摆！

听说它有个本领，可以

根据车流自动调节红绿灯的时间

让车速普遍

提升10%

平均行车时间则

下降近10%

现实尴尬： 武汉历时**10多年**、花费了**近两亿元**建立起的智能交通系统，却**被行人乱穿“拍熄”**！

在警力有限的情况下，中国式过马路加剧警力不足

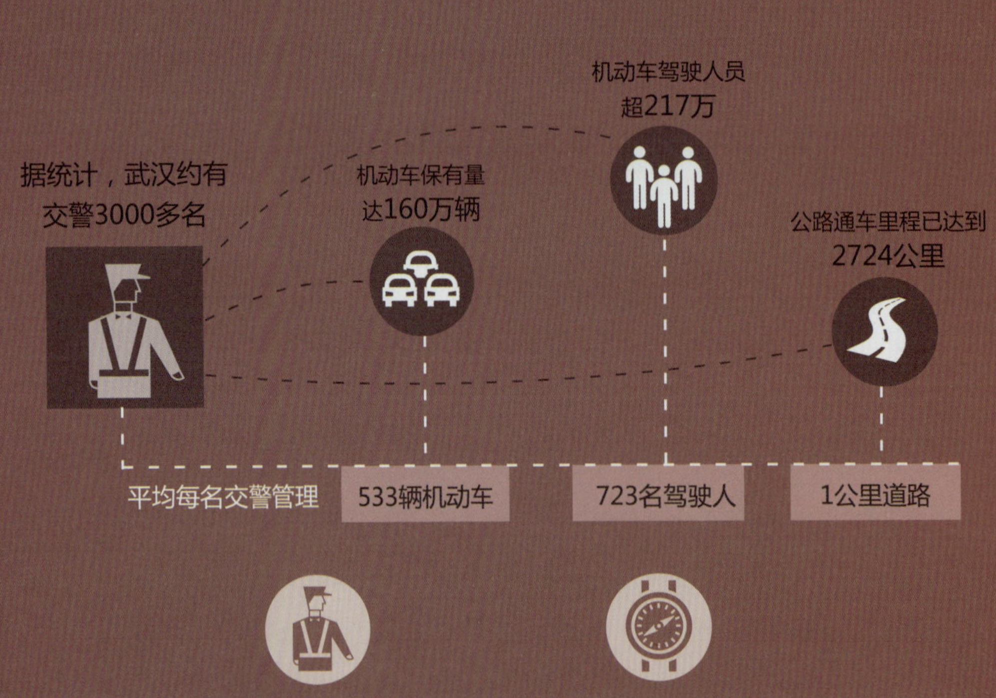

更何况并非所有交警都上路执勤，还有一部分文职岗位，人手不足可见一斑。

小伙伴们，闯红灯还可能危及生命！

乱穿马路不光影响交通畅通，更重要的是**危及生命**

湖北**七成**交通事故是行人和非机动车**乱穿马路或闯红灯**引发，背后被毁的是无数个家庭

导致**医疗资源、警力的浪费，**事故伤者来自各行各业，中国式过马路还影响到整个社会生产

什么，还有哪些无形损失？

加剧交通拥堵，让道路通行力大幅下降

武汉每辆车每天因堵车额外耗费时间30分钟

相当于每辆车每天多行驶10公里

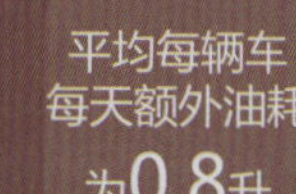

以每辆车平均油耗每百公里8升计算

以93号汽油每升7.6元计算

每辆车每天额外耗费
0.8×7.6=6.08元

市区74万辆车每天因堵车会额外耗油
74万×6.08元=
449.92万元

武汉每年堵车的油耗成本至少在
16亿元以上

注：按照2014年4月湖北省93号汽油的价格计算

"中国式过马路"背后的无奈

媒体爆出"惊人"消息，三个月内南京交警开出十万四千多张罚单。十万人闯红灯受罚到底说明了什么？难道是中国人没耐心吗？

调查：中国人闯红灯的N个理由

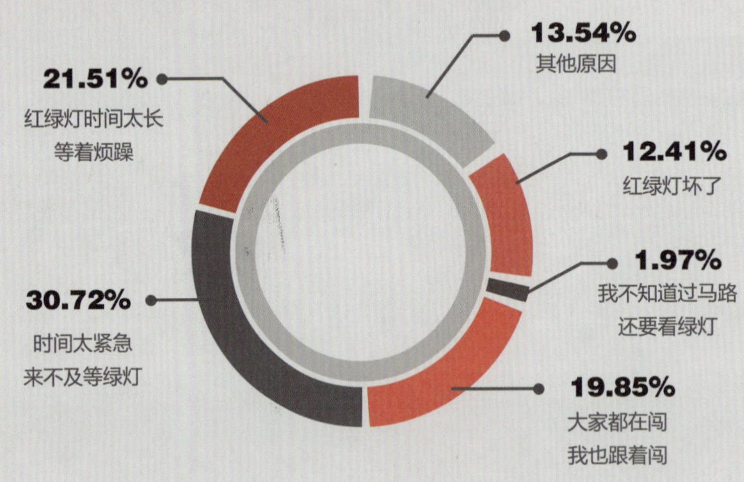

数据来源："你为什么闯红灯横穿马路？"媒体调查结果

行人闯红灯全因为素质差吗？过街成本太高！

1. 马路难过：20秒走40米斑马线还要避车

以一个双向6车道为例，行人通过的时间需40多秒

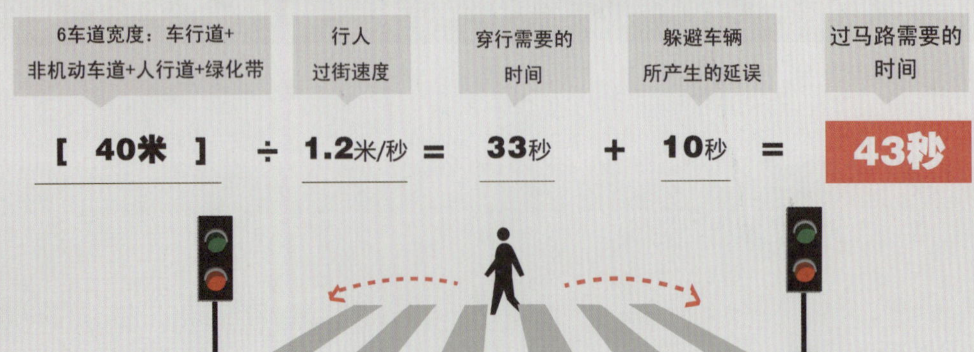

绿灯留给行人的时间大多不足,几十米宽的路面，绿灯时间却只有数秒、十几秒，很难走完斑马线

多数斑马线上的红绿灯装置没有秒数显示，行人无法直观地判断绿灯时长

2. 路口等红灯100秒以上，超过行人忍耐极限

国人过街忍耐红灯的限度是 **70秒到90秒**

- 如果行人过街等红灯时长超过90秒，红绿灯对行人的限制作用就趋向于零。
- 上海各大路口为行人设置的红灯时间是64秒～126秒。
- 在德国，行人对马路口红灯的等待时间忍耐限度是60秒，因此该国人行信号灯设计最长红灯时间都不超过60秒，英国则是45秒。

3. 过街设施间距大于行人能接受的最大绕行距离219米

国人平均能接受的最大绕行距离为 **219米**

两个过街设施之间的距离大于219米的话，走路的人大多不愿意绕行。

- 北京人行天桥只有东京的4.8%
- 北京地下人行道只有东京的5%
- 北京每公里交通标志只有东京的15%

北京在全国城市中交通管理设施算是最好的，其他城市更可见一斑。

“被闯红灯”的无奈，机动车不礼让斑马线

- 绿灯亮起，行人走在斑马线上却遭遇左右转车辆的夹击，被困在斑马线上进退不得。

- 车辆不但不减速让行人，而且猛按喇叭迫使行人停步。

要从根本上解决“中国式过马路”的陋习，除了靠民众自觉自律，还要靠更合理的设置红绿灯。其次，文明礼让与交通信号同样重要。

四、拒绝危险驾驶行为

18 马路“飙车”代价大：巨额赔款+牢狱生活

北京“大屯路隧道版”《速度与激情》引发了广泛关注，尤其是兰博基尼至少200万元的维修费和至少30万元的隧道损毁修补费，更让人惊叹不已。那么，除了这些巨额的经济损失，在马路上非法飙车还会付出哪些代价呢？

非法飙车的代价 PK 正规赛车场赛车的费用

非法飙车将会受到《刑法》处罚

- 非法飙车将会受到《刑法》的处罚

  如果一旦被判定为“飙车”行为，就属于触犯了“危险驾驶罪”，将会面临以下处罚：

拘役

罚金

如果“飙车”造成他人死亡将按照交通肇事罪处理

《刑法》第133条对交通肇事罪规定了三个不同的量刑档次：

犯交通肇事罪的
处3年以下有期徒刑或者拘役

肇事逃逸或者有其他特别恶劣情节的
处3年以上7年以下有期徒刑

因逃逸致人死亡的
处7年以上有期徒刑

- 道路和车辆的损毁则需要数万元乃至几百万元的维修费

  以北京大屯路隧道“飙车”事件为例：

隧道损毁的赔偿：预计30万元左右

车辆维修费：预计兰博基尼至少200万元维修费

去正规赛车场只需花几千元的费用

以北京某知名赛车场的收费标准为例：

车友会承包赛车场：

工作日　7万元/天

周六周日　9万元/天

赛道开放日：

1200~2000元/人+30元的保险

=全天都可使用赛道

曾经那些飙车少年，他们付出了什么代价

案例

轰动一时的飙车案

代价

他们付出的代价

北京“二环十三郎”飙车案

“二环十三郎”名叫陈震，2006年3月，他和对手张晋在北京二环路上因非法赛车被警方截获。

7天的治安拘留

杭州“胡斌飙车案”

2009年，在杭州发生一起改装三菱车因超速撞死人事件，肇事者为胡斌，受害者被跑车撞飞后送120急救中心最终不治身亡。

有期徒刑3年

北京大屯路豪车飙车事件

2015 年 4 月 11 日晚，唐某和于某分别驾驶兰博基尼、法拉利跑车，在北京市朝阳区大屯路隧道外环处道路上由东向西超速行驶，相互追逐，后发生交通事故，造成两车及护栏、防护墙等交通设施损坏，并致兰博基尼车内乘客徐女士腰椎爆裂性骨折。

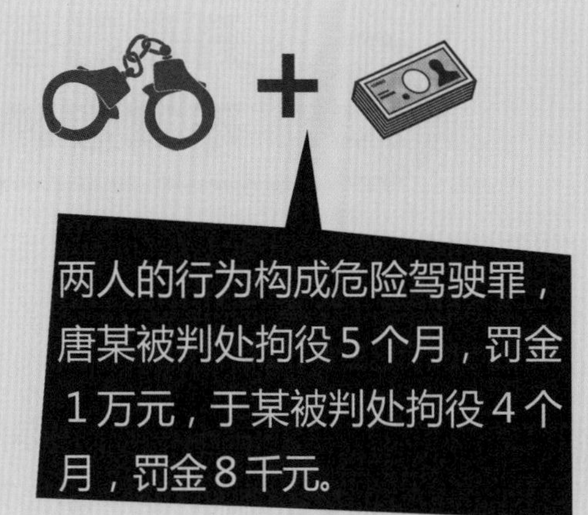

19 开车时看手机发生事故的概率是正常驾驶状态下的23倍

据一项关于“开车时你是否看手机”的调查显示：超过6成的网友在开车时看手机。据一项公开的统计数据显示：边开车边看手机，发生车祸的概率是正常驾驶状态下的23倍。

调查显示：超过6成网友开车时低头看手机

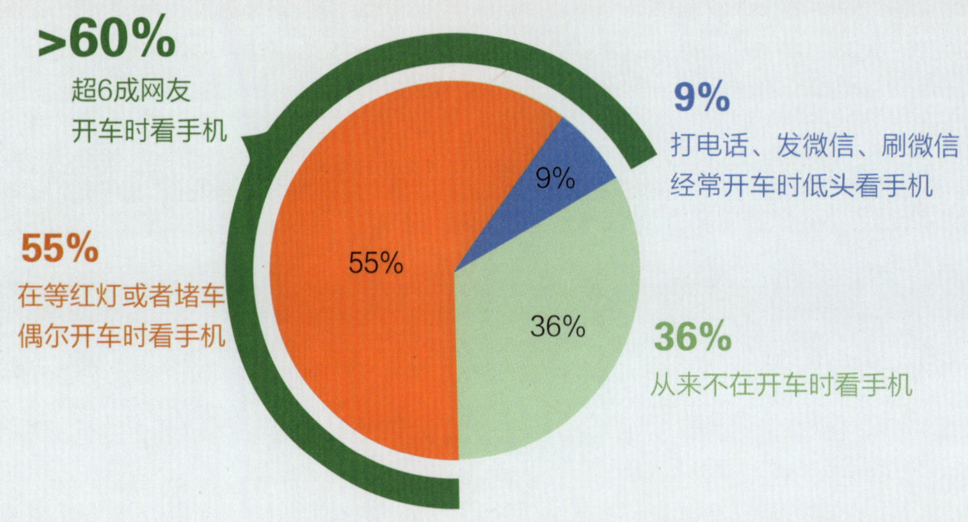

数据告诉你，开车时看一眼手机有多危险

开车时候看一眼手机最少需要3秒，假如以60km/h的速度开车，那么3秒钟就会开出50米，而这50米完全是在盲开，这是非常危险的行为。

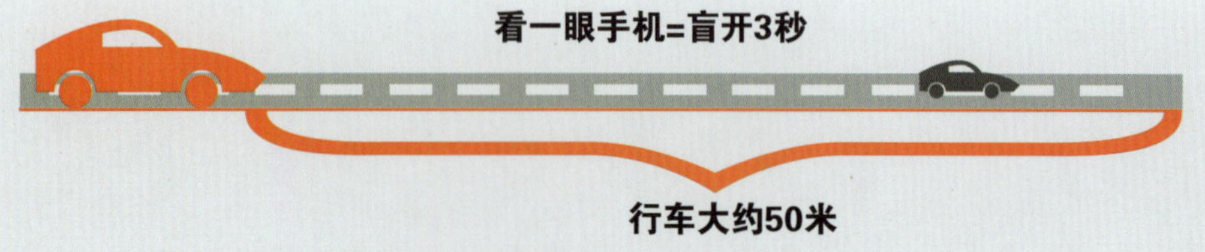

正常情况下，以60km/h的速度开车，前方一旦遇到紧急情况需要制动时，制动的距离至少是20米。如果边开车边看手机，一旦遇到紧急情况，制动距离会更大，后果将不堪设想。

数据告诉你，开车时看手机有多危险

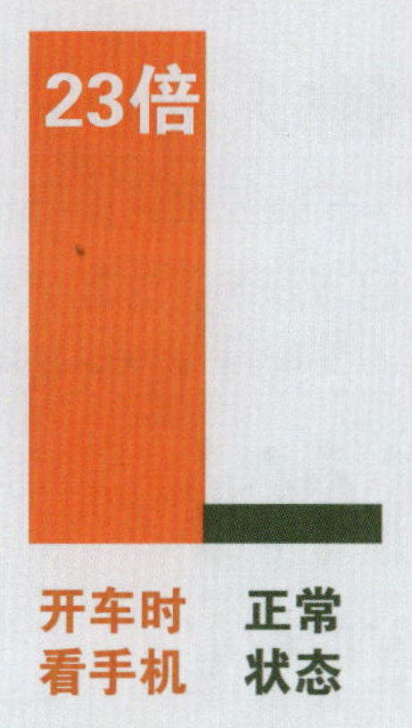

开车时看手机发生事故的概率是普通状态下的 **23倍**

开车时打手机发生事故的概率是普通状态下的 **2.8倍**

美国一项调查数据显示

开车看手机

发生事故的概率是正常驾驶时的 23倍

英国一项统计数据显示

开车时	和正常反应时间相比
开车时发短信	慢35%
酒后驾车	慢21%
吸食毒品后驾车	慢21%

事故案例告诉你，开车打手机有多危险

上海：驾驶人开车捡手机，致大巴侧翻6人死亡

2014年11月3日，一辆载着49名驾乘人员的大客车在行驶至洋山岛东海大道附近时发生侧翻，造成**6人死亡**，**43人**受伤送医院救治。从警方获悉，这起惨祸的原因系客车驾驶人在事发时弯腰捡手机，导致车辆偏离，碰擦道路侧石后最终导致车辆侧翻。

6人死亡

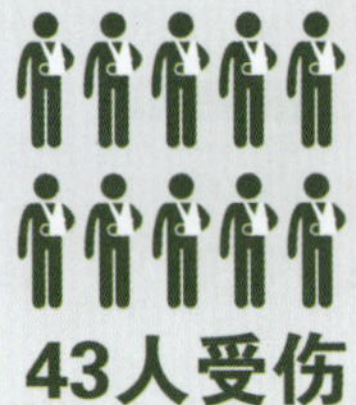

43人受伤

江苏镇江：7分钟看39次手机，驾驶人“低头”惹祸

驾驶公交车时，驾驶人**7分钟**不到，**4次**掏手机，共低头看了**39次**，结果撞死一名骑自行车的老人。发生在江苏镇江的这起悲剧提醒人们，驾车玩手机渐成新的“马路杀手”。

结语：“盲驾”一两秒，意味着车辆盲行数十米，这是十分危险的交通违法行为。为了自己和他人的安全，开车时请勿看手机。

20 喝酒看球别酒驾　且看且珍惜

2014年6月，巴西世界杯开赛以来，全国公安交通管理部门持续组织开展集中整治酒驾行动，严查酒驾、醉驾以及疲劳驾驶等违法犯罪行为。世界杯开赛11天，全国公安交通管理部门共查处酒后驾驶1.1万起，醉酒驾驶870起。

世界杯开赛11天共查处酒驾1.1万起

全国共查处酒驾1.1万起，醉酒驾驶870起。其中，对醉酒驾驶行为均按照危险驾驶刑事立案，并依法对犯罪嫌疑人采取了刑事强制措施，共刑事拘留400余人，取保候审300余人。

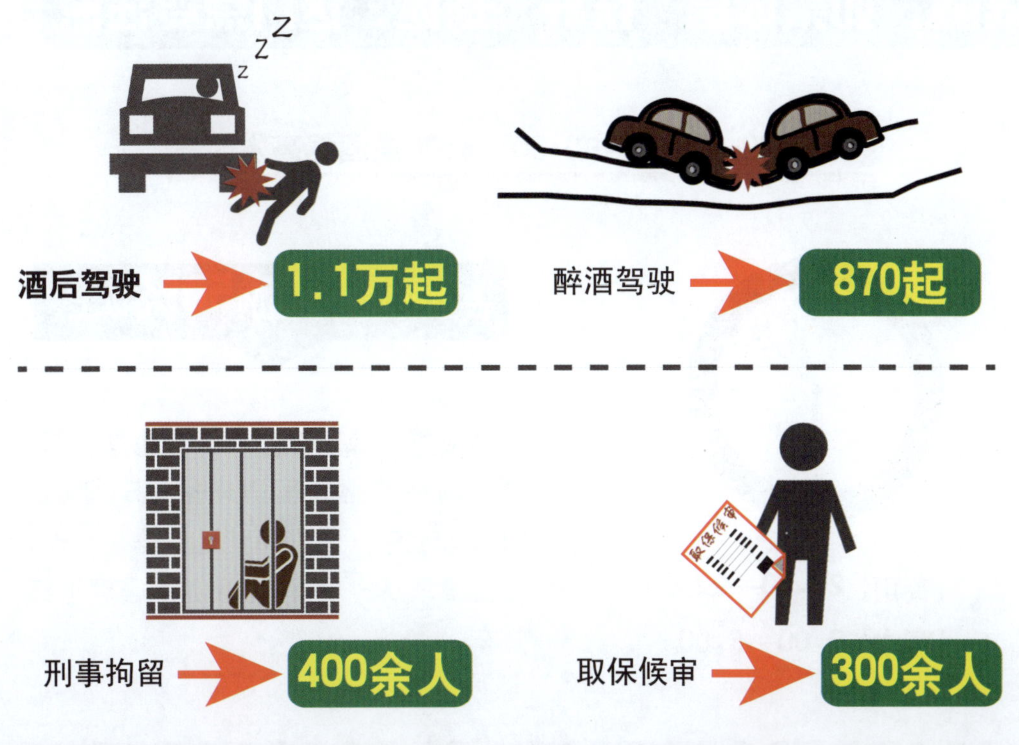

酒驾事故和死亡人数各下降10.6%和10%

世界杯期间，全国因酒驾（含醉驾）导致的道路交通事故起数和死亡人数较去年同比分别下降10.6%和10%。

酒驾（含醉驾）导致的**事故起数**

酒驾（含醉驾）导致的**死亡人数**

提醒：如果你是“铁杆”球迷，这几点要注意

20:00—22:00和0:00—6:00是酒驾高发时段

［赛前］20:00—22:00

［赛中］0:00—6:00

占查处酒驾总量的50%以上

特别提醒：“宿醉未醒”开车也是酒驾。

隔夜饮酒、宿醉未醒的驾驶人，第二天上午开车很可能还是酒后状态，各位驾驶人千万别抱着侥幸心理继续开车。

“城市道路”最容易发生酒驾

约占查处酒驾总量的74%

特别提醒：不管什么时间和道路，开车别喝酒。

交警将严查**城市中宾馆、酒吧、大排档等**球迷聚集场所，一旦有酒驾，一个都逃不掉。

注意：驾驶“小型客车、摩托车”千万别酒驾

分别占查处酒驾总量的68%和27%

特别提醒：酒后驾驶摩托车照样处罚。

摩托车与小型客车同属于机动车，酒后驾驶摩托车一样会按照《道路交通安全法》的规定来处罚。

注意：20~40岁的驾驶人更要小心别酒驾

约占查处酒驾总量的54%

特别提醒：喝酒不开车，别拿生命开玩笑。

看球喝酒图开心，切不可酒后继续开车。所以，年轻的驾驶人**别疯狂**，年老的驾驶人要**稳住**。

特别提醒：别“球，进去了；人，也进去了”

开车不喝酒，喝酒不开车；别让世界杯成为酒驾的理由，别让酒驾成为世界杯的悲伤。

四　要： 要看球、要快乐、要守法、要文明

四不要： 不要酒后驾驶、不要疲劳驾驶、不要开斗气车、不要分心驾驶

数据来源：公安部交通管理局

21 数说致命的“毒驾”

据统计，全国近十年“毒驾”案件增长迅猛。仅2013年，全国就查获“毒驾”行为2000余人次，吊销 2.4万名吸毒人员驾照。“毒驾”者吸毒后会产生精神极端亢奋甚至妄想、幻觉等症状。毫不夸张地说，当人吸毒后开车上路，就是一名“马路杀手”。

2013年以来，我国“毒驾”共导致道路交通事故16起

据统计数据显示：2013 年以来 我们“毒驾”共导致道路交通事故 16 起 造成 11 人死亡、22 人受伤。

16起

毒驾导致交通事故

11人

死亡人数

22人

受伤人数

截至2013年6月底，在册吸毒人员持有驾驶证的约63.4万人

在册吸毒人员中超过1/4持有机动车驾驶证

我国吸毒人员

222万人

有机动车驾照人员

63.4万人

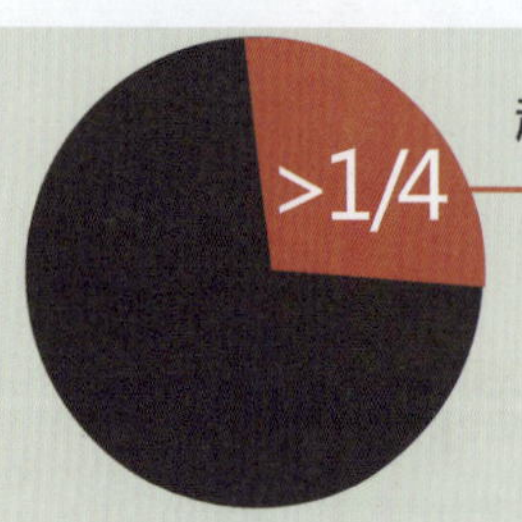

除在册吸毒驾驶人外，理论推测还有约223.3万隐性吸毒驾驶人

理论推测我国实际吸毒人员

除在册吸毒驾驶人外，隐性吸毒驾驶人员

223.3万人

(参考在册吸毒人员持有机动车驾驶证的比例进行估算的结果)

法律规定严禁“毒驾”，仅2013年就吊销了2.4万吸毒人员驾照

我国法律规定：吸毒成瘾未戒除人员不得申请机动车驾驶证

我国《机动车驾驶证申领和使用规定》明确规定：

1.“三年内有吸食、注射毒品行为，或者解除强制隔离戒毒措施未满三年，或者长期服用依赖性精神药品成瘾尚未戒除的”人员不得申请机动车驾驶证。

2.“被查获有吸食、注射毒品后驾驶机动车行为，正在执行社区戒毒、强制隔离戒毒、社区康复措施，或者长期服用依赖性精神成瘾尚未戒除的”人员，车辆管理所应当注销其机动车驾驶证。

仅2013年我国就吊销了2.4万名吸毒人员的驾驶证

据统计，全国近十年“毒驾”案件增长迅猛，仅2013年，全国就查获“毒驾”行为2000余人次，吊销 2.4万名吸毒人员驾照。

2013年查获“毒驾”行为2000余人次

吊销 2.4万名吸毒人员驾照

五、农村道路交通安全出行指南

22 2013年农村小微面包车事故近6000起

据了解：目前，我国农村小型微型面包车年增百万辆，改装、超载、超员严重。2013年，全国发生涉及小型、微型面包车交通事故1.3万起，其中近6000起事故发生在农村地区，造成近2000人死亡。

截至2014年5月

农村公路通车里程占全国公路通车总里程的86.9%

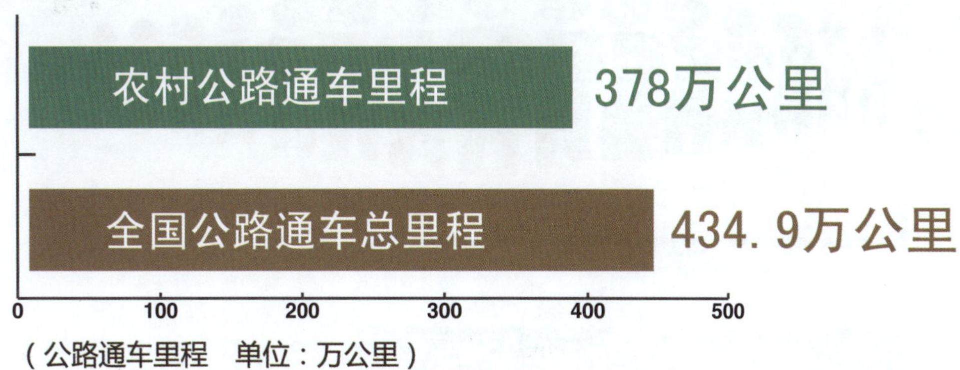

（公路通车里程 单位：万公里）

农村机动车保有量占全国机动车保有量的69.5%

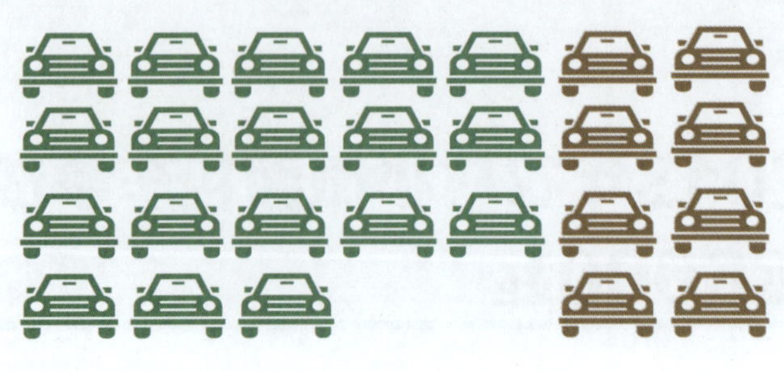

农村机动车保有量　约1.79亿辆

全国机动车保有量　约2.56亿辆

农村机动车驾驶人总量占全国机动车驾驶人总量的65.9%

农村机动车驾驶人总量　约1.89亿人

全国机动车驾驶人总量　约2.87亿人

农村出行方式变化

过去

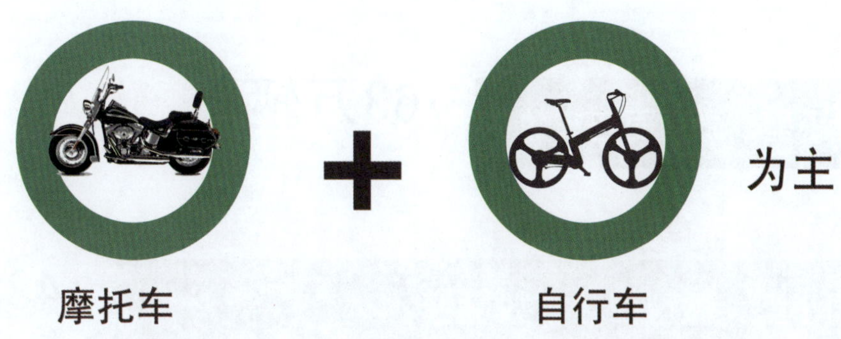

现在

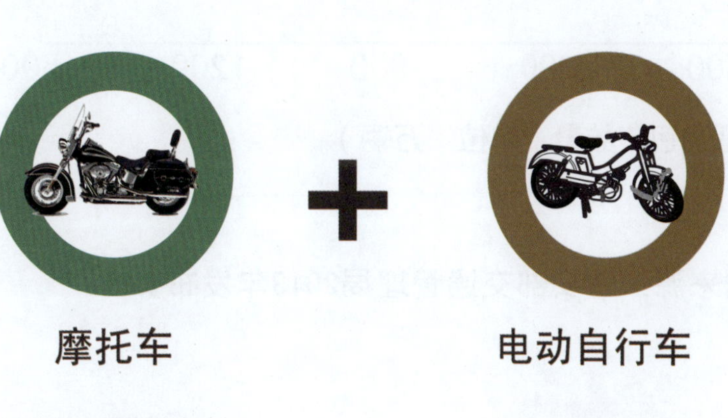

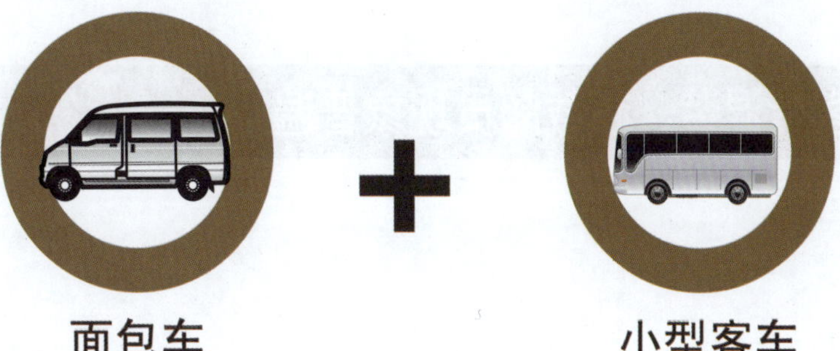

农村面包车年增百万，安全隐患大

近年来，小型、微型面包车由于其价格便宜、乘坐人数多，市场需求特别是在农村市场需求日益加大，数量增长迅速。

① 农村小型、微型面包车数占全国小型、微型面包车数的53.07%

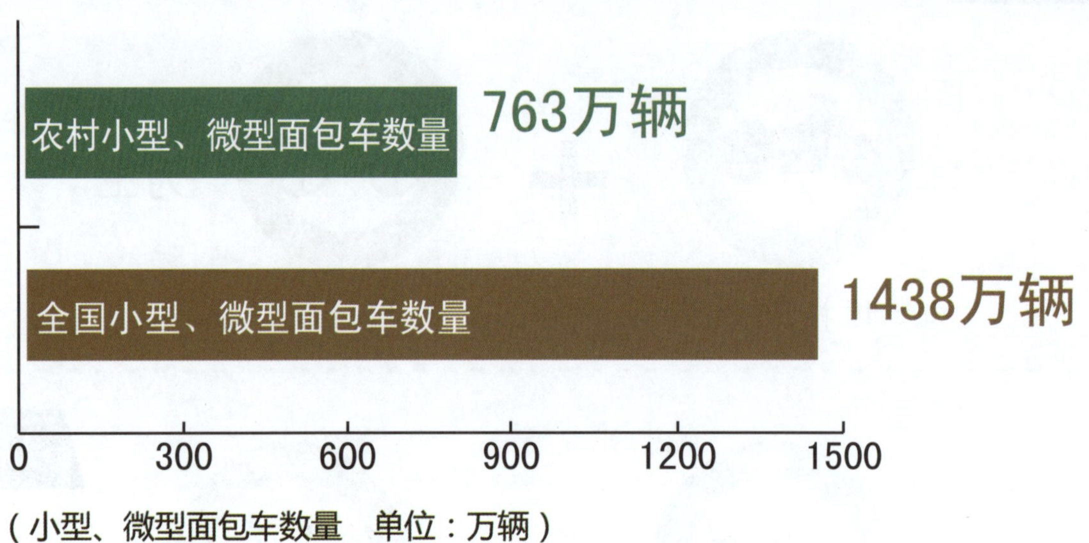

【以上数据来源：公安部交通管理局2013年发布】

② 改装、客货混装、超载超员现象普遍

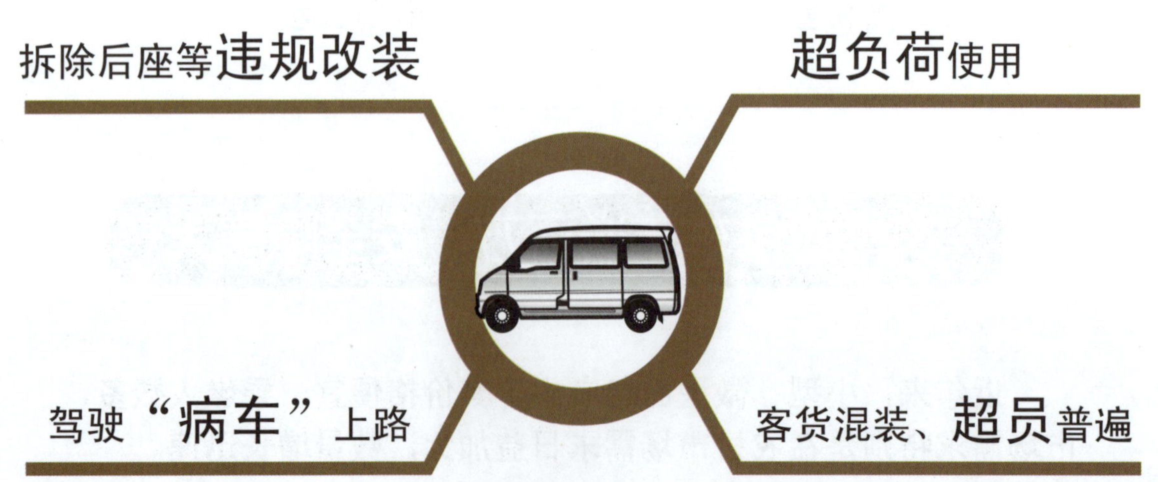

③ 2013年，农村小型、微型面包车交通事故占全国小型、微型面包车交通事故的46%

（小型、微型面包车交通事故起数　单位：起）

2013年，农村小型、微型面包车交通事故共造成近2000人死亡。

【以上数据来源：公安部交通管理局2013年发布】

由于面包车核载人数多、安全配置低、乘坐人数多，一旦发生交通事故造成的伤亡后果往往比普通轿车更严重，伤亡人数较大。2013年，小型微型面包车发生一次死亡5人以上交通事故58起。

数据来源：公安部交通管理局

23 “微面”安全行车指南

近年来，微型面包车已成为农村地区最火的交通工具，保有量迅速增长。可是，看似安全的“微面”为何惹来“人命案”？怎样才能避免危险的发生呢？我的“微面”我做主，让我们开始一段说走就走的“微面”之旅吧。

Duang！“微面”是什么？

微型面包车，俗称“微面”，是社会各界对7~9座的一厢式载客汽车的通俗说法，目前并没有专门的术语和定义。

备注：上述标准来源于《机动车类型术语和定义》(GA 802—2014)

“微面”从哪里来？

“微面”的理念来源于日本的微型客车和微型货车

1982年底

我国首辆国产ST-90样车

1993年

北京“面的”总数已达3.5万辆

20世纪90年代初

20世纪90年代初全国各地都有“微面”的身影

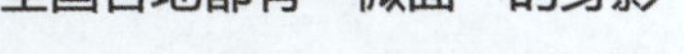

“微面”缘何人人爱？

- 政府政策支持

  “村村通”公路工程的完成，“汽车下乡”补贴优惠政策的实施。

- 高性价比

  价格低廉，保险及日常维修费用低，省油、多拉快跑。

- 用途广泛

  集家用、货用于一身，内部使用空间较大。

“微面”家族有多大？

据统计数据显示：2013年，全国小型、微型面包车数量达到1438万辆，其中，农村以763万辆占据全国比例的53.07%。

类别	数量
农村小型、微型面包车数量	763万辆
全国小型、微型面包车数量	1438万辆

0　300　600　900　1200　1500

（小型、微型面包车数量　单位：万辆）

【以上数据来源：公安部交通管理局2013年发布】

“微面”惹了多少祸？

- “微面”导致的交通事故是一般交通事故的10倍

据统计数据显示：2013年，全国涉及“微面”一次死亡5人以上交通事故58起，共造成驾乘人员338人死亡，其死伤比高达2.6:1，是一般交通事故的10倍。

- 农村地区更成为“微面”的重灾区

2013年，全国发生涉及小型、微型面包车交通事故13万起，其中近6000起事故发生在农村地区，造成近2000人死亡。

农村小型、微型面包车事故　近6000起

全国小型、微型面包车交通事故　1.3万起

0　3000　6000　9000　12000　15000

（小型、微型面包车交通事故起数　单位：起）

“微面”惹了哪些祸？

山东：接送学生的小型面包车与重型自卸货车相撞

时间：2014年11月19日8时许

经过：重型自卸货车驾驶人为避让冲上机场连接路小型面包车，向右侧翻，货车及所载沙子将面包车埋压。

伤亡：“微面”驾驶人及11名少儿死亡，3名少儿受伤。

云南：临水临崖路段微型面包车冲出路面

时间：2013年8月11日上午8时许

经过：驾驶人郭双海驾驶搭载15人的微型面包车赶集，当驾驶车辆下陡坡行驶约80米至左转急弯处，车辆失控冲出路面，坠落于该道路下一台路面上（落差22.8米）。

伤亡：11人死亡，4人受伤。

“微面”，你的硬伤在哪里？

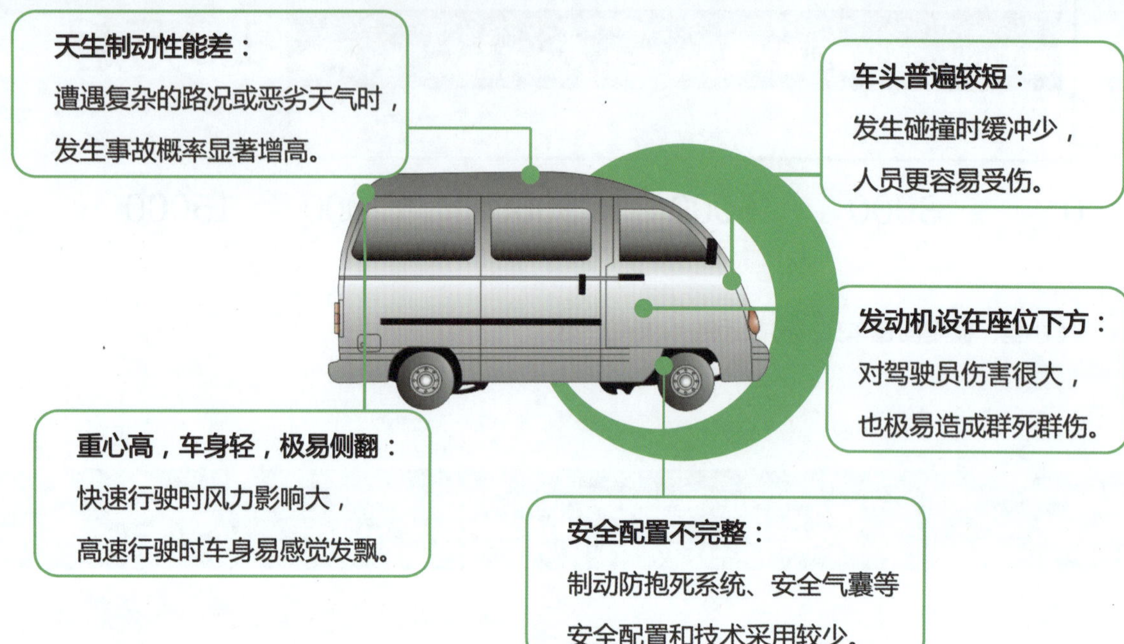

惹祸，全部都是“微面”的错？

尽管“微面”具有上述的先天不足，但不可否认的是，“微面”身上触目惊心的人命案，离不开人为、环境等复杂因素。

驾驶人交通安全意识薄弱：
超员、超速、疲劳驾驶等严重交通违法行为普遍。

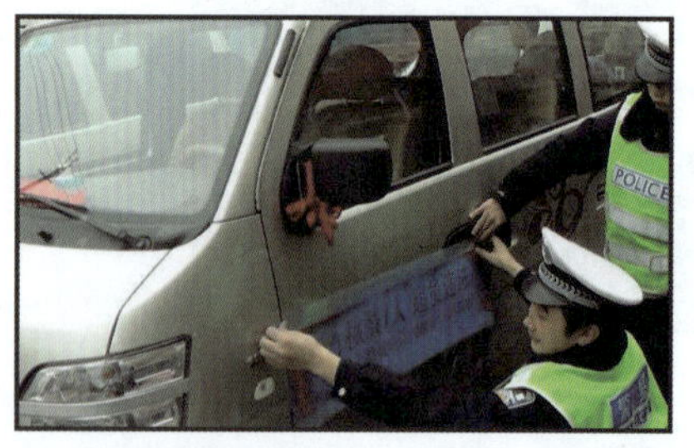

农村地区道路交通安全管理基础薄弱：
微型面包车管理难以到位。

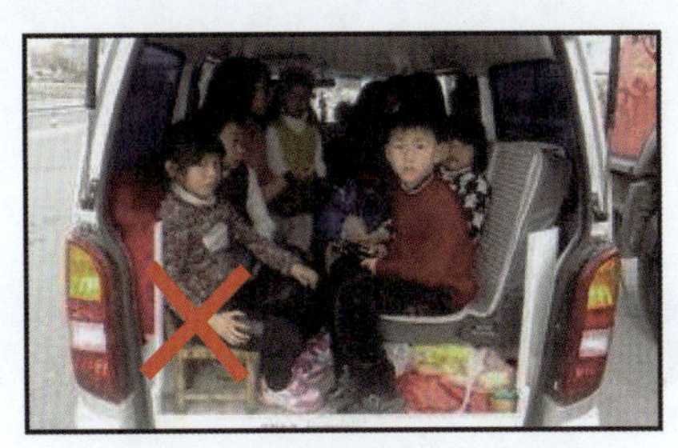

农村地区微型面包车用途多样：

私自改装、非法营运隐患大。

农村道路基础设施差，路况复杂：

道路普遍等级低，交通安全标志标线、防护墩等安全设施跟不上，急弯、陡坡、路窄等问题突出，交通安全隐患较多。

我的“微面”我做主

驾驶“微面”出行牢记八大基本点，安全出行，幸福生活。

- 车辆出行要体检
- 投保车辆交强险
- 超员超重最危险
- 无证驾驶最可怕

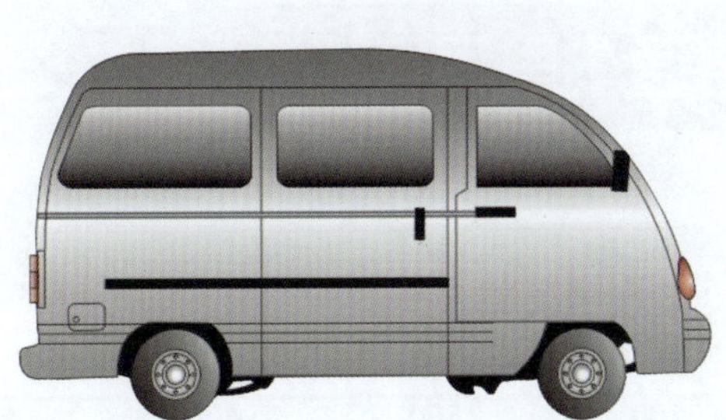

- 客货混装行不得
- 超速行驶风险高
- 疲劳驾驶使不得
- 非法营运要拒绝

近年来，我国农村机动车和驾驶人保有量迅速增长，但由于道路因素、驾驶人素质等各种原因，农村道路交通安全问题越来越突出。那么，在农村地区驾驶车辆，怎样才能保证出行安全呢？

农村道路交通安全形势严峻

全国农村公路通车里程达到378万公里，占全国公路通车总里程的86.9%

农村公路通车里程 378万公里

全国公路通车总里程 434.9万公里

0 100 200 300 400 500

（公路通车里程　单位：万公里）

农村机动车保有量达到1.79亿辆，占全国机动车保有量的69.5%

农村机动车保有量 约1.79亿辆

农村机动车驾驶人达到1.89亿人，占全国机动车驾驶人总数的65.9%

农村机动车驾驶人总量 约1.89亿人

2013年，农村地区重大事故所占比例达到了44%，为十年来最高。

（以上数据统计截止时间均为2013年年底）

在农村地区驾驶车辆，这些安全常识要记牢

不论开啥车，做到四"不要"

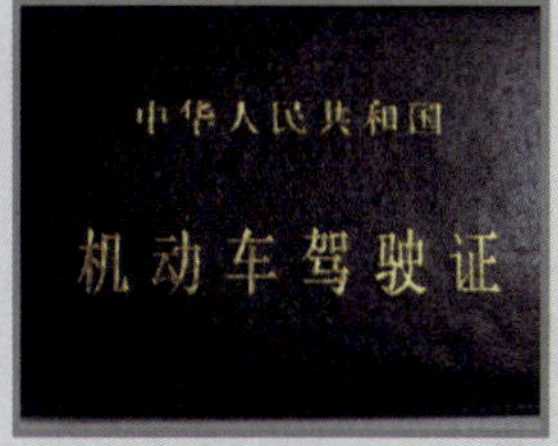

不要无证驾驶

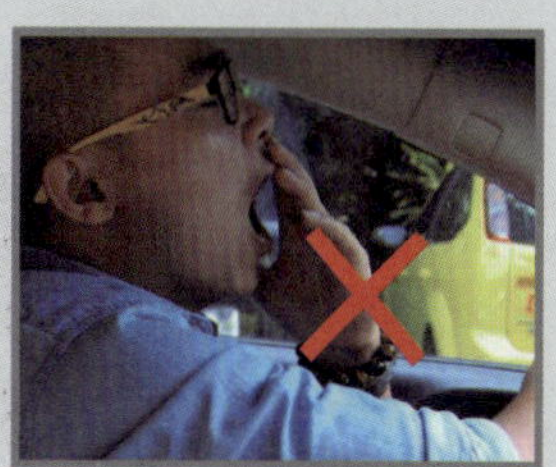

不要疲劳驾驶

不要超载超员

不要客货混装

驾驶“微面”应该注意啥？

驾驶“微面”出行，牢记八大基本点，安全出行，幸福生活。

驾驶摩托车应该注意啥？

出发前一定要检查好车况，加满油。

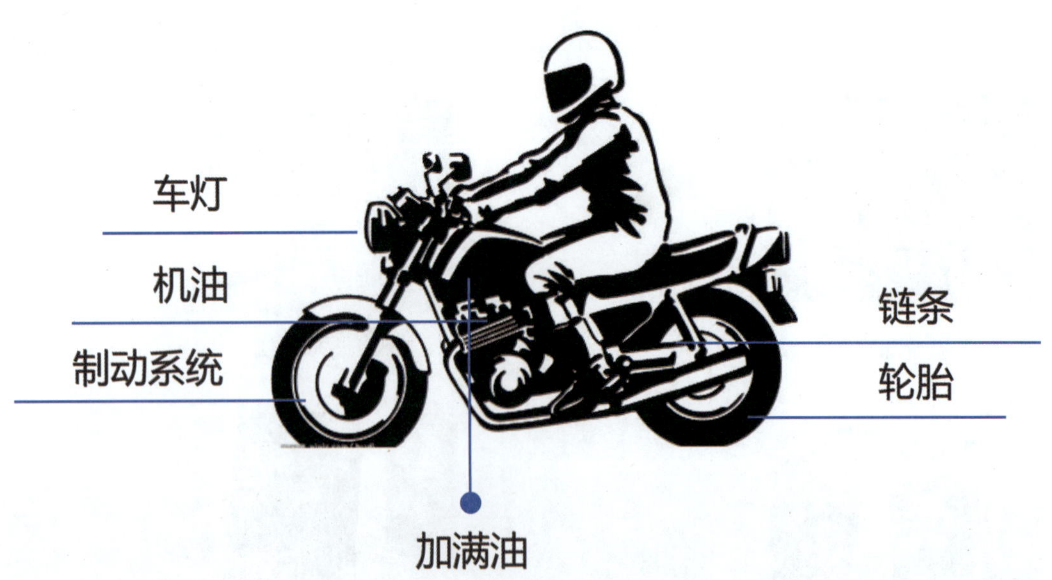

骑行中要特别注意什么？

佩戴安全帽

不要超速行驶

不超员载人

驾驶农用车应该注意啥？

不要驾驶无牌农用车上路

不要驾驶改装、报废农用车上路

驾驶农用车请勿在货箱载人、人货混装

农用车禁止上高速

在农村道路驾驶车辆都要注意什么

- 在县乡村道路和山区公路驾车，严格遵守限速规定，不要超速行驶。

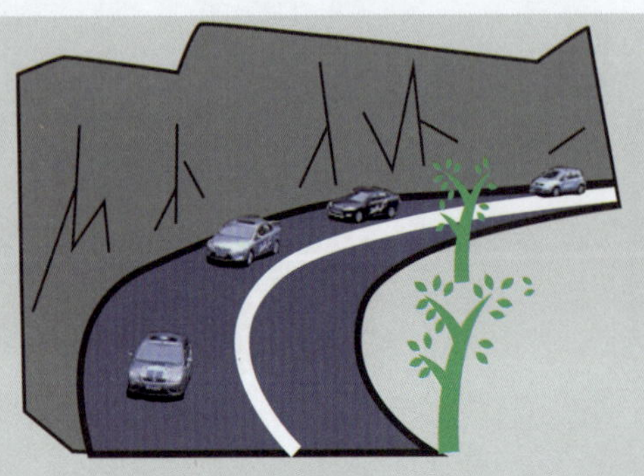

- 弯坡路段请勿违法超车、违法占用对向车道逆行，经过村庄、路口、山路转弯处要提前鸣喇叭。

- 切勿在山区道路驻车观景，随意停放车辆。

- 临水临崖、路险沟深：请减速慢行，与路侧保持必要安全距离。遇对向来车，请减速停车，礼让临水临崖的一方先行。

25 春运：你不可不知的农村交通安全常识

春节期间，农村地区走亲访友、赶集庙会、婚宴庆典以及各类民俗活动较多，易发生因超员、酒驾、无证驾驶等违法行为导致的交通安全事故。

农村道路交通安全形势严峻

全国农村公路通车里程达到378万公里，占全国公路通车总里程的86.9%。

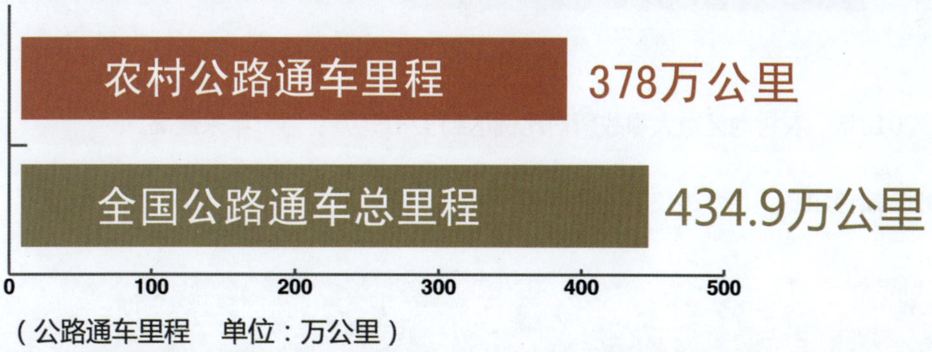

农村公路通车里程 378万公里

全国公路通车总里程 434.9万公里

0 100 200 300 400 500

（公路通车里程　单位：万公里）

农村机动车保有量达到1.79亿辆，占全国机动车保有量的69.5%。

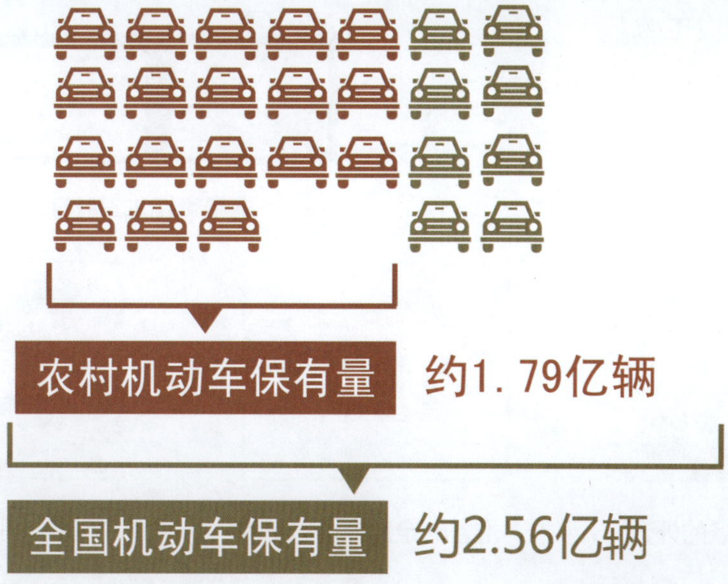

农村机动车保有量 约1.79亿辆

全国机动车保有量 约2.56亿辆

农村机动车驾驶人达到1.89亿人，占全国机动车驾驶人总数的65.9%。

农村机动车驾驶人总量　约1.89亿人

全国机动车驾驶人总量　约2.87亿人

2013年，农村地区重大事故所占比例达到了44%，为十年来最高。

（以上数据统计截止时间均为2013年年底）

骑摩托车返乡，要注意这些安全事项

出发前准备好以下物品

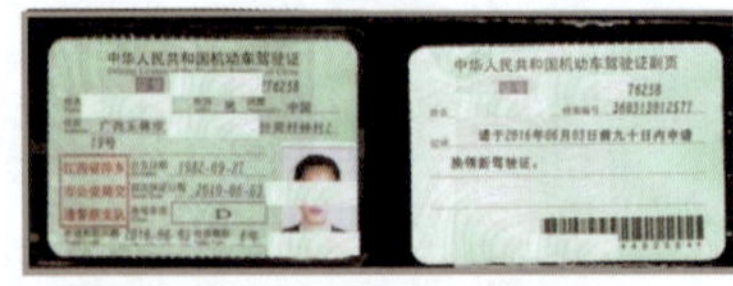

携带摩托车驾驶证

最好穿带有反光条的外套

准备一定量的食物和水

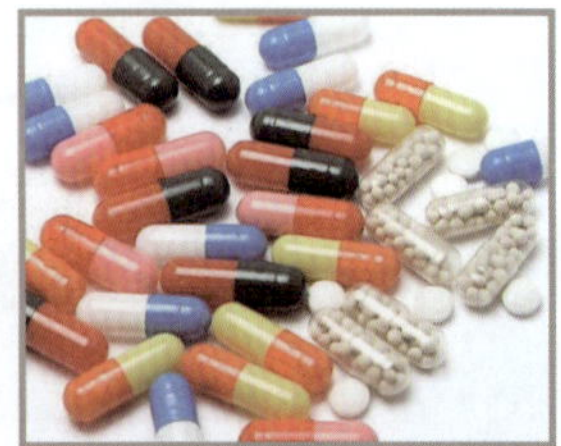

准备好一些常规药物

出发前一定要检查好车况，加满油。

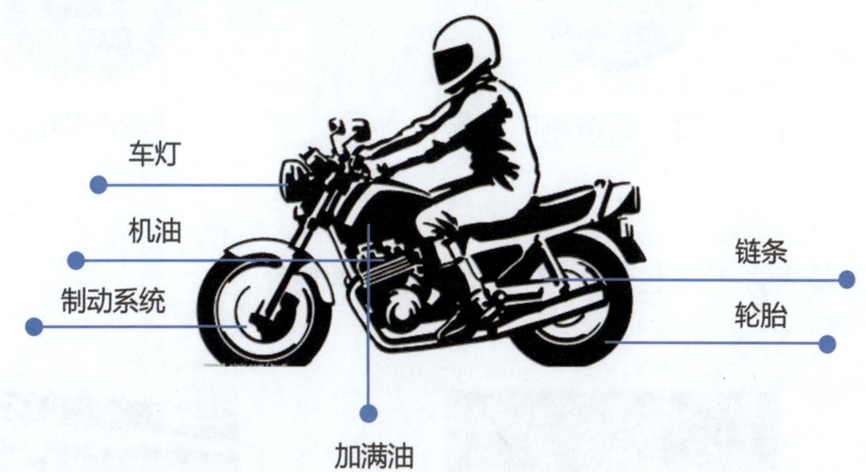

骑行中要特别注意什么？

佩戴安全帽

慎用挡风被

围巾要系好

不超员载人

注意适时休息

不要超速行驶

恶劣天气，别勉强赶路

在农村地区驾驶车辆，这些安全常识要记牢

农村道路安全行车的注意事项

禁止无牌无证驾驶

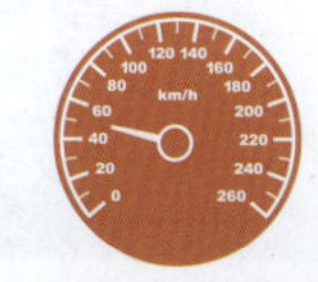

谨慎驾驶，减速慢行

经过路口，要按喇叭示警

严禁醉酒驾驶

农村道路上开轻型客车要注意啥?

不要无证驾驶

不开“病车”

请勿超载超员

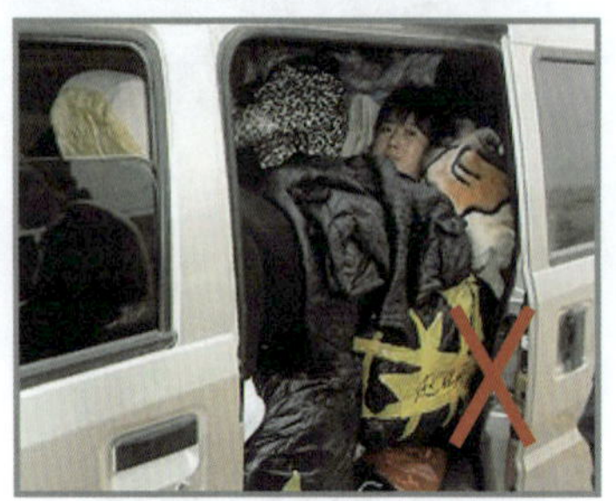

严禁客货混装

农村道路上驾驶农用车要注意什么？

不要驾驶无牌农用车上路

不要驾驶改装、报废农用车上路

驾驶农用车请勿在货箱载人、人货混装

农用车禁止上高速

农村道路特殊路段，你必须知道的安全驾驶常识

在山路上开车，要特别注意啥？

上坡时：请提前将车辆挡位减至低速挡，不要急踩加速踏板加速冲坡。

下坡时：不要空挡滑行，狭窄坡路会车时，请礼让上坡车辆先行。

遇弯路、坡道及河谷等危险路段：要低速行驶，切莫急打急回转向盘。

低速

勿急打转向盘

临水临崖、路险沟深：请减速慢行，与路侧保持必要安全距离。遇对向来车，请减速停车，礼让临水临崖一方的车辆先行。

冰雪路面上行车要注意啥？

保持车距，严禁随意紧急制动

慢转大弯，忌急打转向盘

必要时加装防滑链

定时清洁前后挡风玻璃

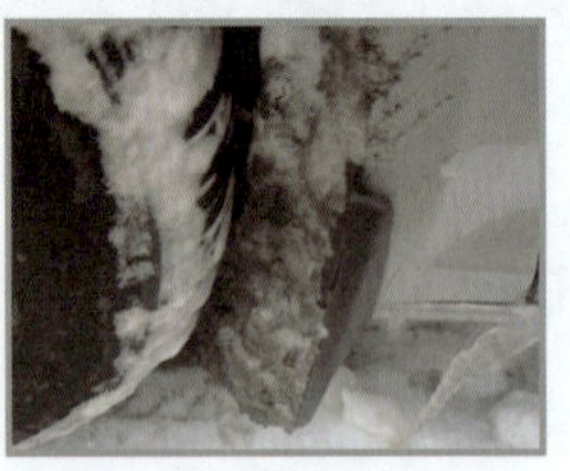

定时清理轮胎与挡泥板之间的冰雪

六、必知的儿童安全出行知识

儿童出行交通安全手册

乘车外出，我需要注意什么？

▲ 小朋友们注意了，无论是坐轿车还是公交车，都要遵守以下几点：

12岁以下的小朋友，
要坐在轿车后座的安全座椅上 。

12岁以上的大孩子，
坐在轿车的后座，并系好安全带。

等公交车时，要在站台候车，别乱跑。

乘坐公交车时，坐稳扶牢，别追逐打闹。

不要把头和手伸出车窗外。

不要向车外乱扔杂物。

▲ 不要将小朋友单独留在车内，这样很危险。

如果自己被单独锁在车内，要通过按喇叭、打开双闪灯或者拍打车窗等方式引起周围人的注意。

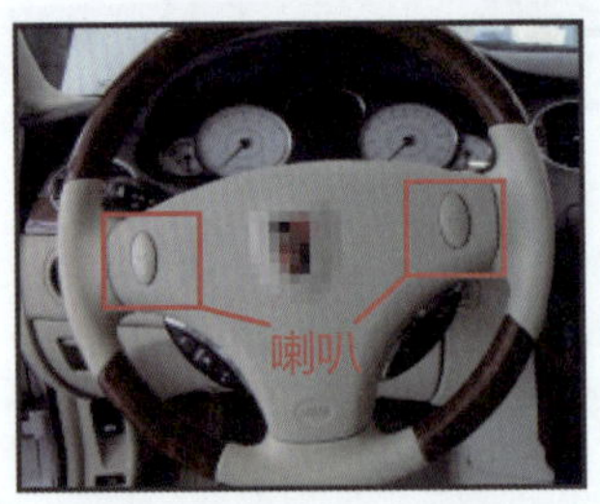

这是喇叭按钮，要按这里

这是双闪灯按钮，要按这里

拍打车窗

汽车盲区很危险，小朋友要远离

▲ 大货车、公交车在转弯内侧存在盲区，即在下图中的粉色区域和蓝色区域就是盲区。如果在这些区域停留、玩耍，驾驶人是看不到你的。

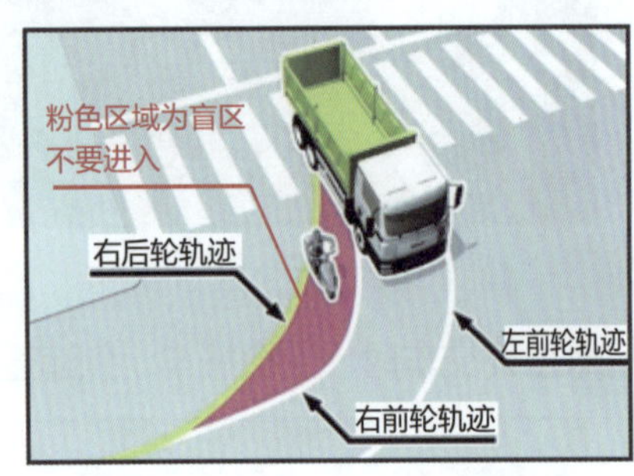

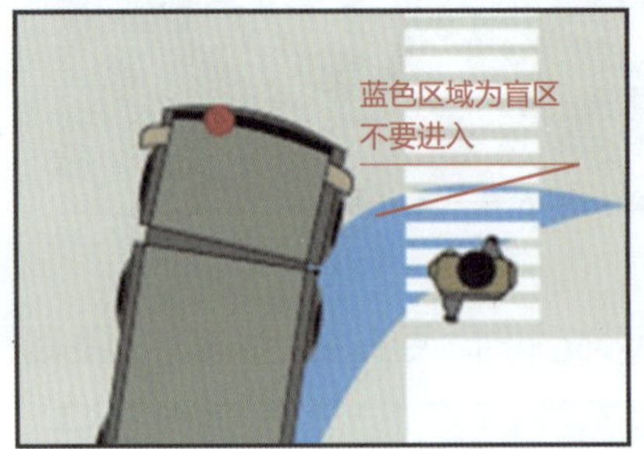

Tips:

无论是骑车还是走路，都不要在图中粉色和蓝色区域内停留。

▲ 公交车前有盲区，等车时或者过马路时要特别注意。

Tips:

等公交车时，千万不要追逐打闹。

千万别去公交车车头前面的地方。

公交车前1米是驾驶人盲区

身高低于1.5米的小朋友不要进去

▲ 小汽车周围也有盲区，很不安全，小朋友千万不要在小汽车附近逗留或玩耍。

小朋友千万不要在下图中的盲区（暗色区域）里面玩耍，因为驾驶人开车时看不见你们在那里。

小朋友你知道吗？未满12周岁不能骑自行车

▲ 《中华人民共和国道路交通安全法实施条例》第七十二条规定：驾驶自行车、三轮车必须年满12周岁，驾驶电动自行车必须年满16周岁。

0~12岁

0~16岁

▲ 满12周岁能骑自行车了，教你认识这些交通安全标志。

非机动车道标志
这里才能骑车

遇到斑马线小心
避让行人

途经路口
要注意左右车辆

▲ 骑自行车千万要注意，这样做很危险。

不要并排骑车

不要不戴安全头盔不带护膝骑车

不要飞速骑车

不要紧贴大车骑车

千万不能在马路上玩轮滑、滑板和滑板车等

▲ 《中华人民共和国道路交通安全法实施条例》第七十四条有明确规定：行人不得在道路上使用滑板、旱冰鞋等滑行工具。

▲ 小朋友要记牢，千万不要在这些场地玩耍。

马路边

小区道路

停车场

机动车旁边

▲ 小朋友玩轮滑、滑板和滑板车时，一定要戴好头盔和带好护膝等安全护具。

备注：以上部分图片来自互联网。

结语： 小朋友们，安全出行很重要。所以，无论是跟爸爸妈妈乘车出行，还是自己坐公交车或者骑车出行，都要严格按照上面说的方式做，这样才会高高兴兴出门，平平安安回家。

27 驾车出行　让孩子从安全“坐”起

驾车带孩子出行，你的孩子“坐”对了吗？你选择抱着孩子坐？让孩子坐副驾驶？还是让孩子系成人安全带呢？——你知道吗：这些方式都可能给孩子带来致命伤害！

2013年，我国有2392名0~12岁儿童死于道路交通事故

- 2013年，我国0~12岁的儿童死于道路交通事故的人数达2392名，在道路交通事故中受伤的人数达9291名。根据儿童道路交通事故的伤亡人数我们可以知道，全国平均每天有32名儿童伤亡。

- 根据统计数据显示：每年的暑假期间是儿童道路交通事故的高发期。

儿童道路交通事故高发期：

每年的7月份，也就是暑假期间。

每个星期的星期日。

● 我国道路交通事故儿童伤亡人员较为集中的交通出行方式之一为乘坐“机动车”；儿童交通事故主要的肇事车辆为私用车。

私用车 65.25%

我国机动车保有量激增，但儿童乘员用约束系统使用比例不足1%

● 近年来，我国机动车保有量激增，特别是私家车数量大幅增加，使得儿童乘车出行比例也相应增加。但是，据统计资料显示：

所谓“儿童乘员用约束系统”，通俗意义上讲包括机动车内配置的儿童安全座椅、增高垫等。

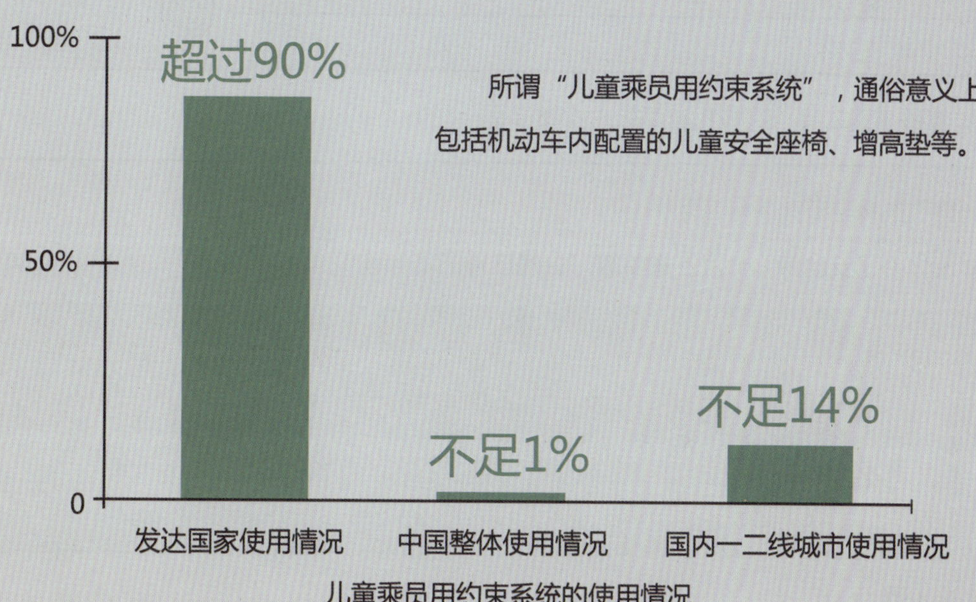

儿童乘员用约束系统的使用情况

2013年道路交通事故中，儿童伤亡部位集中在头部，儿童乘员用约束系统的配置使用率低是导致此类伤亡特征的重要原因之一。

那么，我们国家儿童乘车出行都是如何“坐”的呢？

● 驾车带孩子出行，孩子的乘车状况是怎么样的？

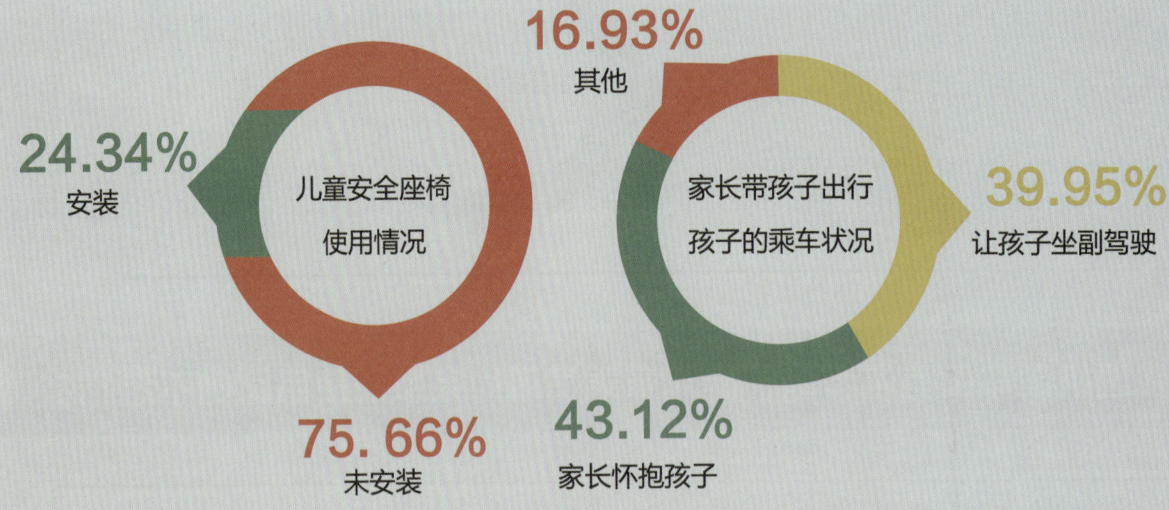

还有的家长带孩子乘车出行时给孩子用“成人安全带”，
另外，有10.01%的家长认为安全气囊能有效保护儿童的安全。

● 抱着孩子乘车等，这些儿童乘车方式都是错误的。

1 如果你选择抱着孩子坐在后排，
即使你系了安全带，一旦发生事故，会是这样的：

实验表明：
汽车以30~50km/h速度发生碰撞
如果你抱着一个10公斤的孩子，此时飞出的孩子相当于300~500公斤重的物体
= 你此时抱着一个600~1000斤的“孩子”
你能抱的住吗？

2 如果你怀抱儿童坐在车前排，

发生碰撞时，汽车前排的气囊展开，会对孩子造成非常大的伤害。

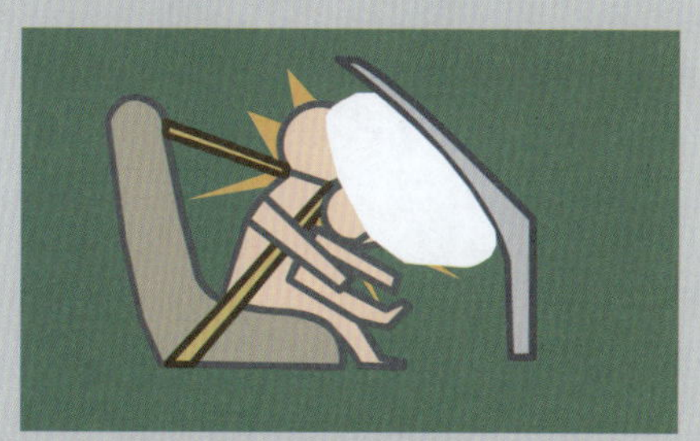

数据显示：

儿童的头颅骨骼较成年人脆弱，头部重量在整个身体中所占的比重较大

9个月大儿童头部重量：约占身体重量的 25%

成年男性头部重量：约占身体重量的 6%

发生碰撞时，当气囊以300km/h的速度冲击到孩子头部

孩子能承受吗

---

3 如果儿童系成人安全带坐在后排乘车，

安全带很容易勒到孩子颈脖，造成窒息或者折断脖子。

安全带是为成人设计，如果系在孩子身上，一旦车辆发生碰撞，安全带会直接勒到孩子颈脖，非常危险。

使用儿童安全座椅，可以减少 4~7岁儿童59%的死亡率

● 5岁以下儿童主要出行方式是乘坐机动车。

如果正确使用儿童约束系统，我们主要说的是“儿童安全座椅”，那么：

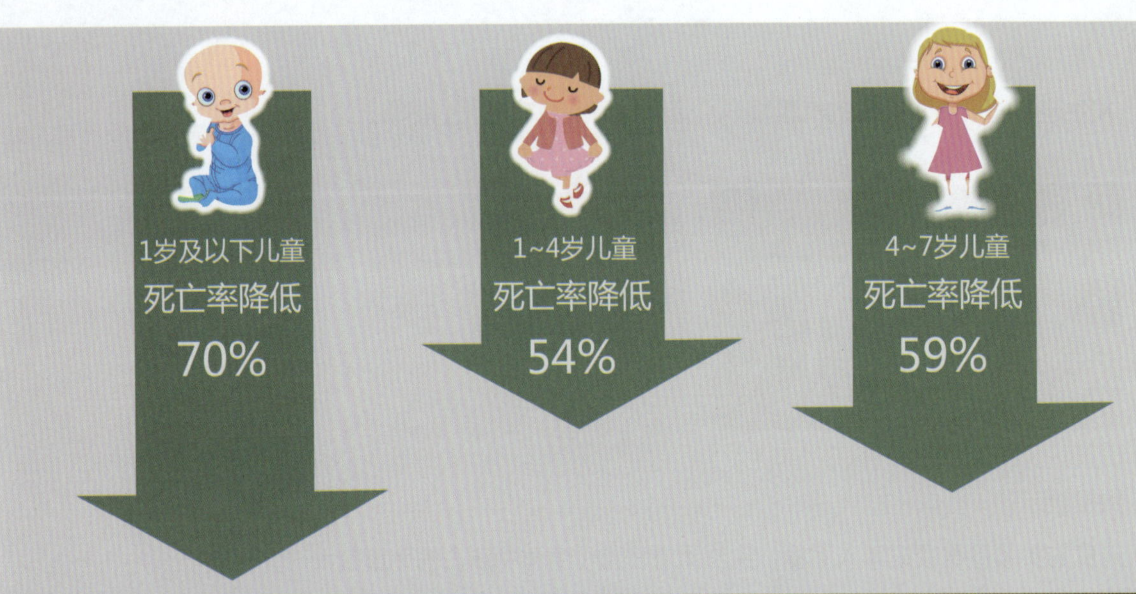

- 那么儿童安全座椅是如何起到保护儿童的作用呢？

车辆前向碰撞或紧急制动时，

应能有效阻止儿童身体向前急速运动，避免二次碰撞。

车辆侧撞时，

安全座椅上背靠侧翼和头靠侧翼能有效地保护儿童的躯干和头部。

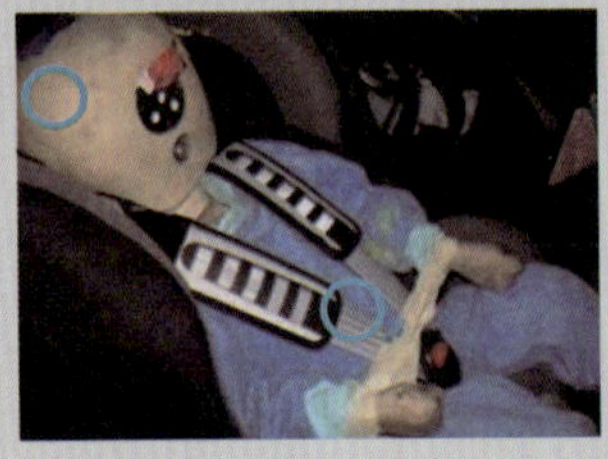

车辆后向碰撞时，

安全座椅的背靠和头靠能承托儿童的躯干和头部，

避免儿童颈部因快速向后运动而损伤。

车辆侧翻时，

安全座椅应最多只有少许移位，绝对不能松脱。

因此，在侧翻时，可以防止儿童在车内来回翻滚和被撞击。

28 “私用车”导致的儿童交通事故最多占总数的65.25%

据2013年全国道路交通事故统计显示：有3994名18岁以下的少年儿童死亡，17955人受伤；私用车是导致儿童道路交通事故最多的车辆，占总数的65.25%；儿童道路交通事故发生时间主要在暑期、星期日和每天上下学期间。

道路交通伤害已成为我国少年儿童伤害致死的主要原因

- 据统计，全球每年有1000万儿童因交通事故受伤或者致残。在我国，道路交通伤害已成为0~17岁儿童伤害致死的第二位原因。

3994名 18岁以下的少年儿童死亡　占交通事故总数　6.82%

17955人 18岁以下的儿童受伤人员　占交通事故总数　8.40%

儿童最易在步行或乘坐机动车时遭遇交通事故伤害

- 2013年道路交通事故儿童死亡人员较为集中的交通出行方式是步行和乘坐机动车，儿童受伤人数最多的两类交通出行方式是乘坐机动车和步行。

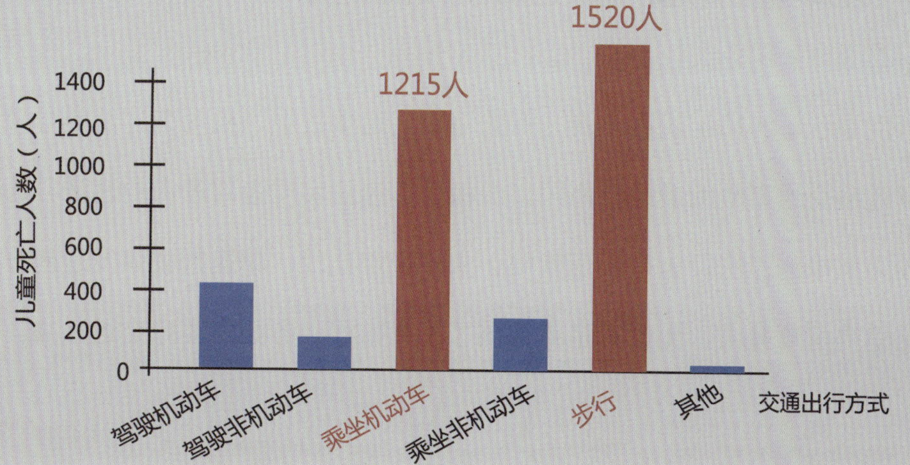

2013年道路交通事故中，在步行中遭遇事故死亡的儿童为1520人，占交通事故儿童死亡总数的38.06%；在乘坐机动车时遭遇事故死亡的儿童为1215人，占总数的13.90%。

特别提示：儿童在步行出行中，属于弱势群体，特别是当没有成人陪伴的情况下。因此，学校应该开设相关安全课程，家长也应该在日常有意识帮助孩子建立出行安全意识。

儿童乘坐机动车时，一旦发生交通事故，因其生理特点又极易受到严重伤害，因此家长需要了解相关安全常识，使用安全约束装置。

“机动车违法”是导致儿童道路交通事故最重要的原因

- 机动车违法占涉及儿童道路交通事故总数的87.09%，导致的事故总数远远高于其他违法行为。其中，导致涉及儿童道路交通事故最多的两项违法行为是“无证驾驶和未按规定让行”。

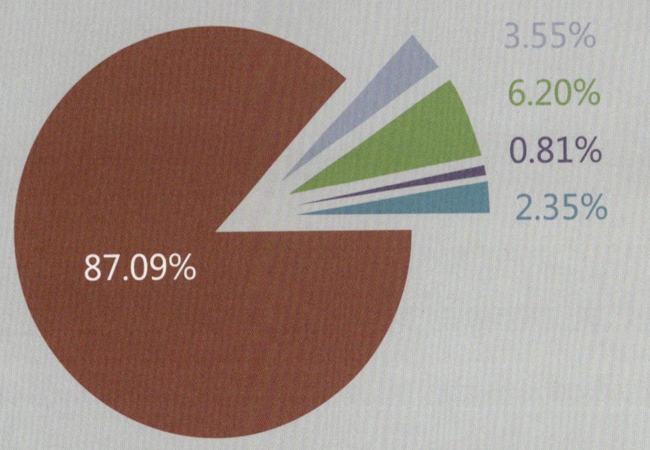

2013年我国涉及儿童的道路交通事故主要原因构成

特别提示：2013年我国涉及儿童的道路交通事故中，机动车违法是导致涉及儿童道路交通事故的最主要原因。而机动车违法实质为驾驶人的违法行为，其中较为集中的违法行为是无证驾驶、未按规定让行、超速行驶以及逆向行驶。在这里提醒驾驶人，无论您是否带孩子开车出行，务必请遵守交通法规。

“私用车”导致的儿童交通事故最多，占总数的65.25%。

■ 涉及儿童的道路交通事故起数最多的肇事车辆是私用车，占总数的65.25%。

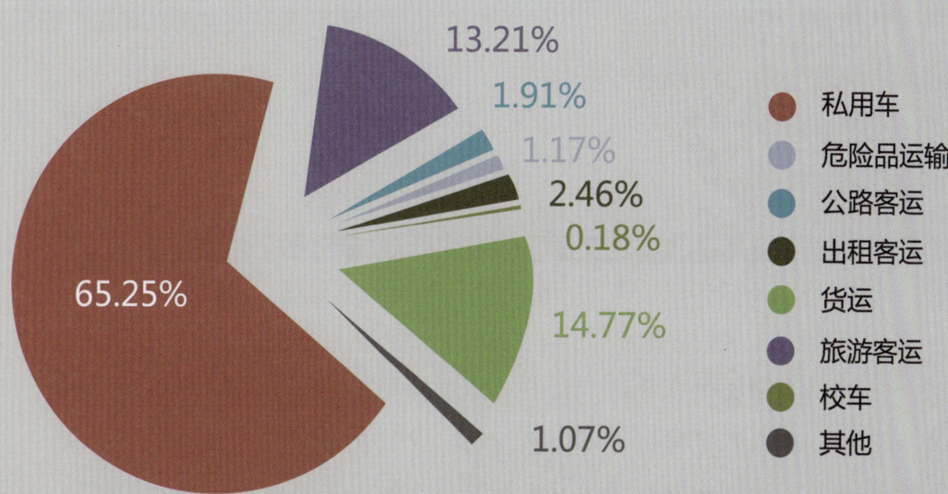

2013年我国涉及儿童的道路交通事故肇事车辆使用性质构成

特别提示：2014年，国内私用车总量超过1.05亿辆，全国平均每百户家庭拥有25辆私用车，北京平均每百户家庭拥有63辆私用车。私用车多了，家长开车带孩子出行一定要配备好安全座椅等保护儿童的装备，确保儿童出行安全。

儿童道路交通事故主要发生在“一般城市道路”

■ 儿童道路交通事故主要发生在城市道路中的“一般城市道路”占城市道路上儿童道路交通事故总数的77.73%，其他类型城市道路所占比例较小。

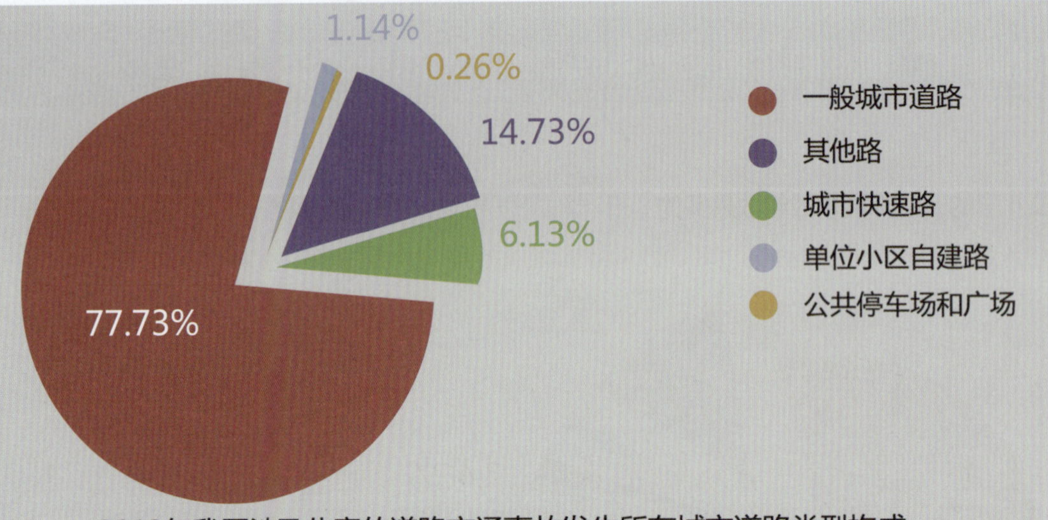

2013年我国涉及儿童的道路交通事故发生所在城市道路类型构成

特别提示：无论是教师还是家长，一定要让孩子知道如何安全过马路，如何避让机动车和非机动车，看见绿灯才可以通行等；尤其在小区内以及停车场，家长一定要看好孩子，别让孩子乱跑以及在车旁边玩耍。一般城市道路是人们最常行走的地方，人多车多，极易引发事故；而小区以及停车场也是儿童事故多发的地方，在这些地方道路窄，而且视线受阻，容易发生事故。

每年的“暑假期间”是儿童交通事故高发期

- 从统计数据来看：每年的7月份、每个星期的星期日和每天的上下学期间是涉及儿童道路交通事故最多的时间段。

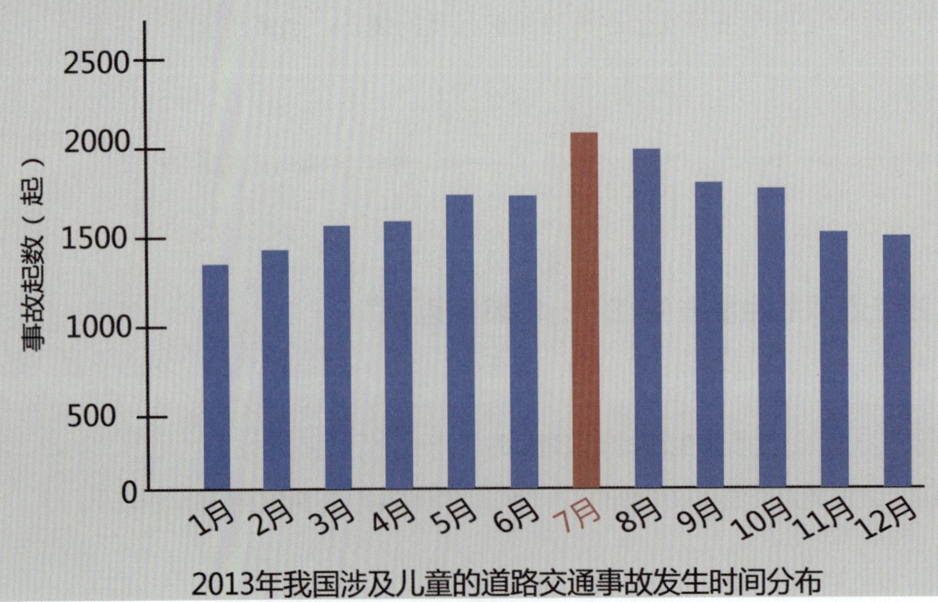

2013年我国涉及儿童的道路交通事故发生时间分布

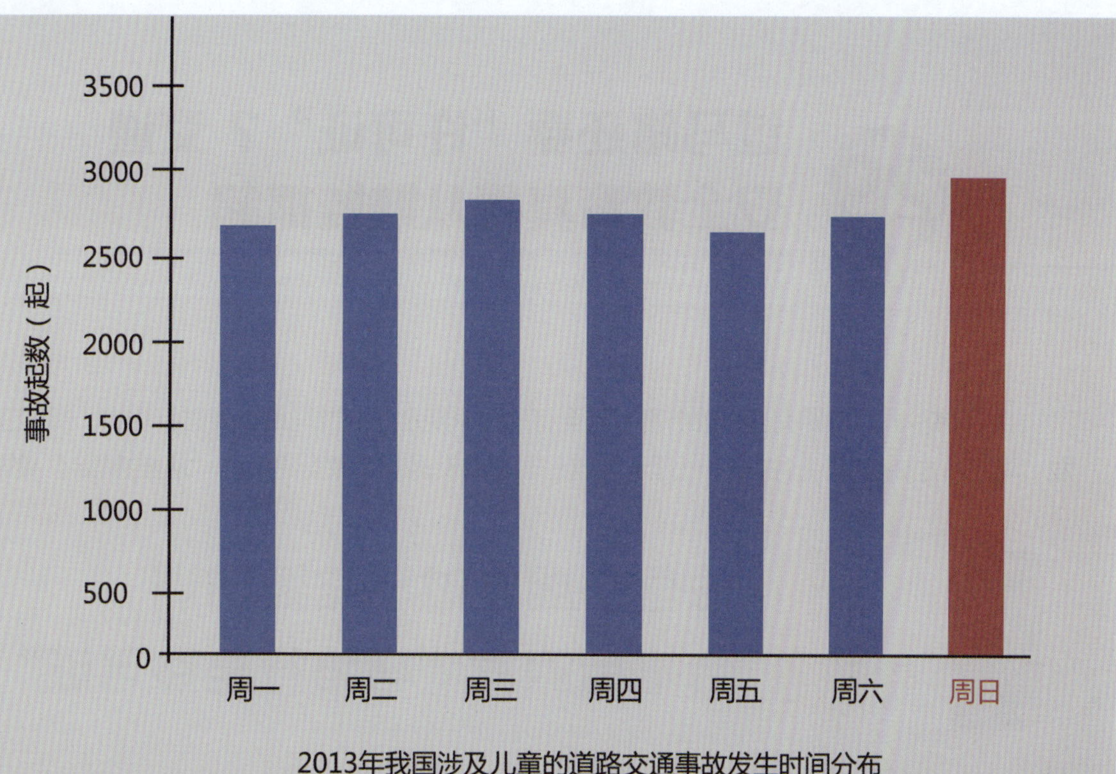

2013年我国涉及儿童的道路交通事故发生时间分布

特别提示：暑假期间家长开车带孩子出行以及孩子自行出去玩的情况很多，由于疏忽或者照顾不到位极易导致儿童交通事故发生；星期日是儿童每周的休息时间，很多孩子会自行或者和小伙伴去玩，孩子的安全意识差，容易发生意外；每天上下学期间通常也是交通出行的早晚高峰期，这期间交通混乱，是事故高发期。

数据来源：《中国儿童道路交通伤害状况研究报告》

29 过马路还要“许可证”？交通安全教育真得从娃娃抓起

为了减少儿童道路交通事故伤害，甚至有的国家规定儿童过马路都要进行培训，最后还要颁发“马路行走许可证”。快来，一起看看这些国家的交通安全教育是怎样“从娃娃抓起”的。

法国小朋友过马路要培训 合格后颁发“马路行走许可证”

20世纪50年代

学校有义务对学生进行交通安全教育，这是法律的强制规定。

每个月必须上“交通安全教育课”和“交通安全技术教育”这两门课程。

1997年

中小学正式提出“交通安全终身教育”的概念。

小学三年级的小学生逐渐掌握与交通安全有关的知识、交通法规和交通标志等知识。

早在2006年10月

对儿童们进行“过马路”培训。

在培训合格后，给儿童们颁发“马路行走许可证”。

日本更有创意，建立“儿童俱乐部”教孩子交通安全知识

日本的各大城市在几年以前，就建立了1万多个“儿童俱乐部”，使几百万儿童受到了形象化的安全教育。

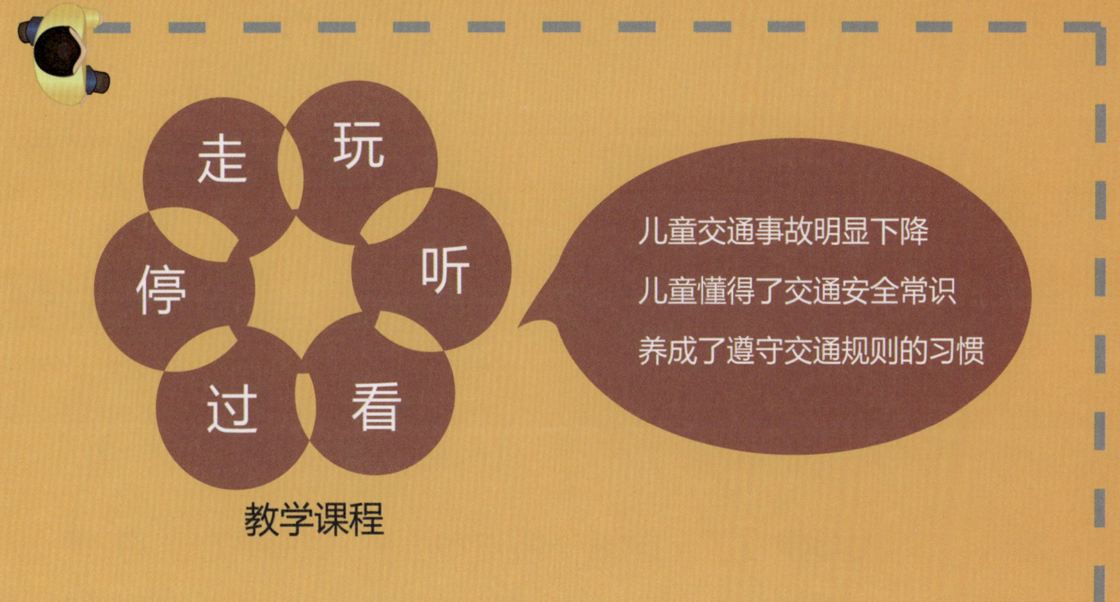

丹麦的教师从幼儿园就开始教孩子“如何过马路”

丹麦的幼儿园每周安排类似于散步的“徒步旅游”，即老师带领儿童们走出幼儿园，在大街上行走，介绍马路上的交通标志等。

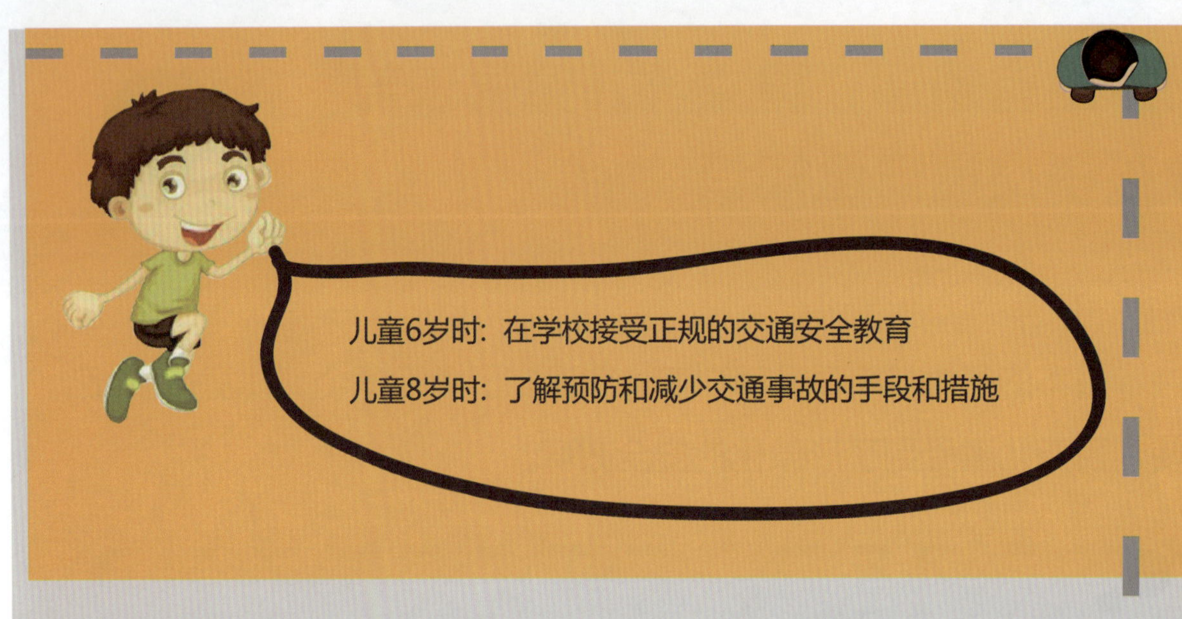

阿根廷最土豪，建造“微型现代城市”对儿童进行交通安全教育

阿根廷建立了全国第一所占地面积7000平方米的儿童交通法规学校

建有一座微型的现代城市：
800米长的高速公路、
人行道和自行车专用道、
铁路和公路的交叉口、
停车场等设施及各种交通标志牌。

儿童交通法规学校

学校每天对400名小学生进行交通安全教育

瑞典从娃娃开抓，2周岁就开始教儿童基本的交通法规知识

瑞典幼儿2周岁时就开始对他们进行交通安全教育，使他们掌握交通法规最初步、最基本的知识。

澳大利亚专门为儿童设置“如何骑自行车”等课程

澳大利亚学校老师不仅讲授交通法规，还带着学生亲自实践。

小学：设有“如何骑自行车”和“如何过马路”两项交通安全教育课程

中学：将交通安全知识引入教学课本中，强化交通安全意识

新加坡建立了特殊“儿童公园”里面设置模拟城市道路

新加坡建有许多特殊的“儿童公园”，定期向小学生开放。

公园里设有模拟的城市道路，通过直观形象的教育，使儿童们从小养成遵守交通规则和文明行车、走路的良好习惯。

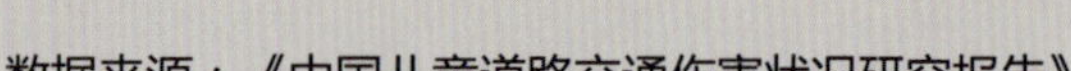

数据来源：《中国儿童道路交通伤害状况研究报告》

七、“两客一危”安全出行提示

30 这个你真得知道：大客车的秘密逃生通道

我们乘坐的公交车、大客车，一般都配备有应急安全设施，但是你知道它们是什么？在什么位置？怎么使用吗？这些基本常识在关键时刻能自救也能救人。

先来看看这些触目惊心的事故

案例1 2014年11月3日上午，上海一沪牌大客车发生侧翻!

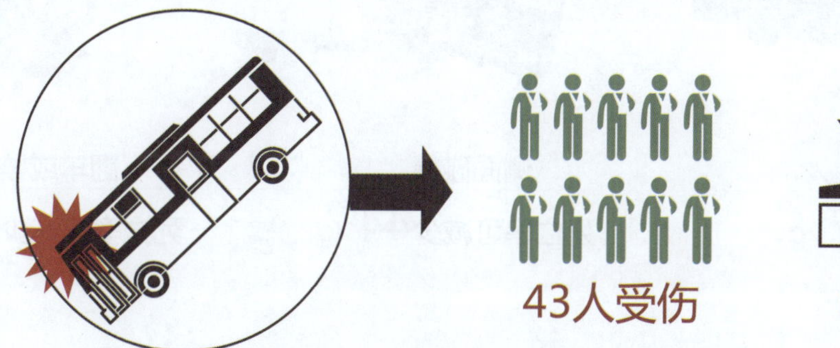

43人受伤　6人死亡

案例2 2012年10月7日，青银高速淄博段发生一起大客车侧翻事故!

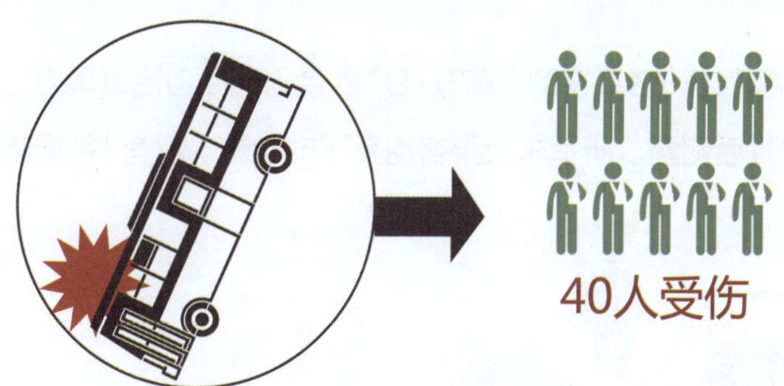

40人受伤　14人死亡

案例3 2011年天津滨保“10・7”，大客车侧面倾斜碰到护栏，导致整体被切割。

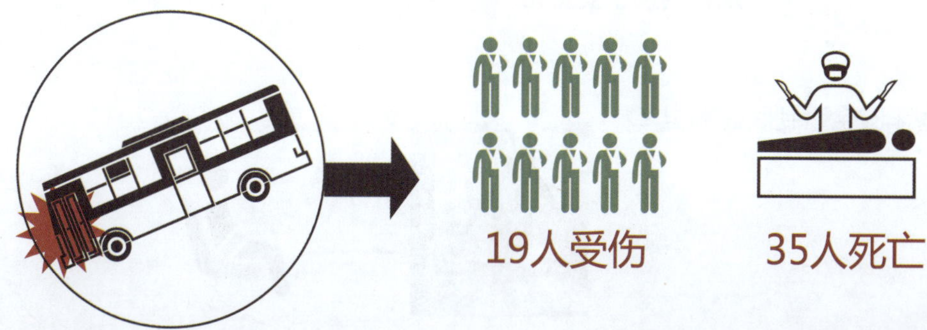

19人受伤　35人死亡

那么问题来了：为什么大客车侧翻，容易造成如此严重的伤亡？其中很重要的一个方面就是：事故前没有采取安全防护措施；事故后没有及时利用应急设施逃生。

乘坐大客车，必须要系安全带

系上安全带到底有多靠谱？最高能减少80%死亡率。

正面碰撞

死亡率可减少37%

侧面碰撞

死亡率可减少44%

翻车或坠车

死亡率可减少80%

案例：大客车追尾、货车侧翻，乘客因系安全带只有3人受伤。

2014年2月8日，一辆满载53名乘客的大客车在广西金秀瑶族自治县境内，与一辆货车尾部相撞，客车冲下路基后侧翻，所幸车上乘客均系了安全带，仅有3名乘客受伤。

乘客均系了安全带

仅3人受伤

大客车安全带到底在哪里？

乘坐大客车，学会这些逃生技巧非常有必要

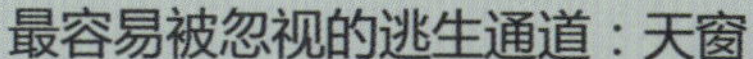

最容易被忽视的逃生通道：天窗

如果车辆发生侧翻把门堵住，就要开启天窗紧急出口逃生。

逃生首选的通道：车门

如何开启车门应急阀？

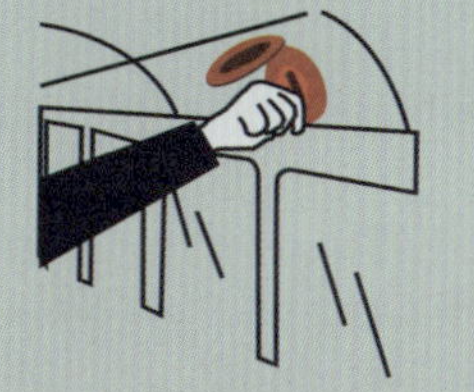

第一步 “转动开关”

第二步 “手动开门”

逃生重要通道：车窗

破窗最佳工具：安全锤

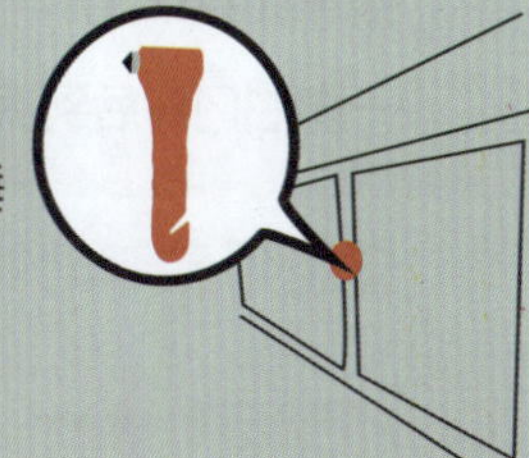

如何使用安全锤：

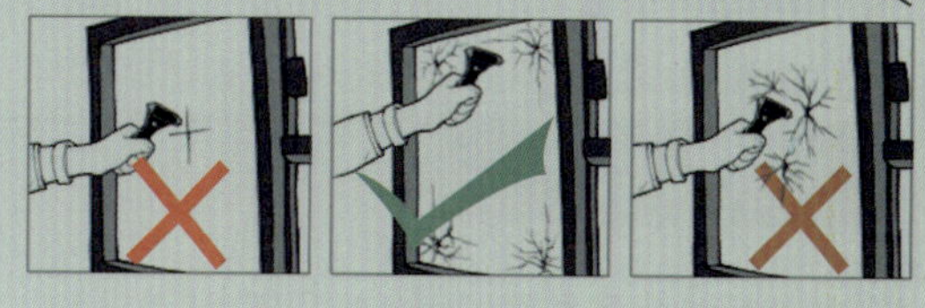

31 关乎生命安全　客车驾驶人必须做到“五不两确保”

驾驶人是道路客运安全的关键因素，其驾驶行为直接关系乘客生命安全。从近年来重特大道路客运事故来看，驾驶人超速、疲劳驾驶等非法违法行为仍然是导致交通事故最主要的原因。因此，客车驾驶人要严格做到“五不两确保”，确保乘客平安出行。

“五不两确保”是客车驾驶人必须遵守的“军规”

1.不超速，严格按照道路限速要求行驶

据统计数据显示：近3年的重特大道路交通事故中，客车超速事故达30%以上。

一脚油门背后到底存在多大的危机和凶险：

超速导致制动距离延长

80km/h　制动距离约为70米

100km/h　制动距离约为101米

超速导致视力降低视野缩小

2.不超员，车辆乘员不得超过核定载客人数

据统计，70%的道路交通事故是由于车辆超限超载引发的，50%的群死群伤事故、重大道路交通事故与超限超载有直接关系。

安全提示：请拒绝驾驶和乘坐超员客车，确保出行安全。

3.不疲劳驾驶，日间连续驾驶不超过4小时，夜间连续驾驶不超过2小时

疲劳驾驶极易引发交通事故，尤其是夏季，天气炎热，驾驶人很容易感到困乏，甚至会出现驾驶人瞬间失去记忆的现象。

疲劳驾驶事故的高发时段

2:00~6:00

15:00~16:00

开车时打瞌睡很危险：
判断力下降，反应迟钝，操作失误增加；
严重时，会失去对车辆的控制。

安全提示：驾驶人要合理安排休息时间，
连续驾驶不要超过4个小时。

4.不接打手机，在驾驶过程中保持注意力集中

据交通安全专家研究发现，开车打电话时，年轻驾驶人的反应速度仅仅相当于70岁的老年驾驶人，进而增加发生交通事故的危险。

开车看手机

发生事故的概率是正常状态下的23倍

发生事故的概率是正常状态下的 2.8倍

安全提示：开车打电话非常危险，请广大驾驶人为了自己和他人的生命安全，不要开车时打电话。

5.不关闭动态监控系统，做到车辆运行实时在线

车辆在行驶中，虽然我们不能预测能发生什么事情，但是客车动态监控系统可以在最大程度上进行预防。

“动态监控系统”是如何保证行车安全的

- 一旦客车超速，系统会马上报警。
- 驾驶人超过法定驾驶时间，系统就会报警，从而杜绝驾驶人疲劳驾驶行为。
- 客车有违法行为，监管平台可马上下达远程指挥命令，并且可以实现远程锁车。

安全提示：为了保障乘客的安全、驾驶人的安全、车辆的安全，驾驶人千万不要关闭动态监控系统。

6.确保乘客系好安全带，全程按要求佩戴使用

安全带就是“保命带”，系上安全带虽然只需要3秒钟，但是，关键时刻可以救命。

统计数据显示：在2014年一次死亡5人以上的交通事故中，伤亡人员未使用安全带成员致死率比使用安全带的高25%。

安全带的作用不可小视：
规范使用安全带，可减少40%的碰撞伤害；
一旦发生意外，可避免被甩出车外或在车内二次碰撞导致的伤亡。

安全提示：只要坐上车，驾驶人就要提醒乘客系好安全带，同时，乘客要自觉系好安全带，保证自身安全。

7.确保乘客生命安全，为旅途平安保驾护航

驾驶人是道路客运安全的关键因素，其驾驶行为直接关系乘客生命安全。因此，驾驶人要不断提高安全意识和责任意识，为乘客的平安出行保驾护航。

因驾驶人超速、超员等导致的重特大道路客运事故

案例一：乘车人员未系安全带，客车侧翻后致11人死亡

「事故简述」

2012年8月31日8时48分，河南驾驶人郭世平驾驶大型普通客车，因遇大雨车辆发生侧滑，翻至路侧沟中，乘车人员由于没有系安全带，甩出车厢后被车辆碾压，致11人死亡。

「事故原因」

乘车人员没有系安全带，该车40%的座位因缺少安全带锁扣等原因不能正常使用。据现场勘查，车体变形并不严重，如使用安全带，伤亡人数会大大减少。

案例二：客车超速50%以上坠入山谷，致15人当场死亡

「事故简述」

2012年2月25日9时27分，河南省三门峡市汽车运输责任有限公司旅游分公司白光万驾驶大型普通客车，行驶至山西晋城境内，车辆撞断道路右侧警示墩后，坠入约41.5米深的山谷内，车上乘员15人当场死亡、19人受伤。

「事故原因」

超速行驶（超速50%以上）、操作不当。

案例三：客车驾驶人极度疲劳下开车撞向半挂车，致15人死亡

「事故简述」

2014年8月26日12时16分，宁夏固原市马克驾驶宇通牌大客车，乘载61人，因极度疲劳且超速行驶，在前方无障碍物情况下，向左猛打方向冲入对向车道，与对向重型半挂车相撞，造成15人死亡，35人受伤。

「事故原因」

事发前10天内，马克已连续驾车往返宁夏与新疆两地，连跨三省，未休息，单趟行程达2300公里，事发时已极度疲劳，连下身线裤掉落膝盖都无知觉。

数据来源：公安部交通管理局

32 大货车猛于虎!

大货车改装、超载、疲劳驾驶酿成的险象和悲剧时常发生，数据显示，货车肇事导致的死亡人数约占交通事故死亡总数的28%。货车已成为流动的“马路杀手”。整治大货车刻不容缓！

大货车成“祸车”杀伤力大

货车保有量占机动车总量的 **8%**

货车导致的交通事故起数占 **18%**

货车造成的死亡人数占交通事故的 **28%**

2012年，全国货车交通事故造成**18621**人死亡，约占交通事故死亡人数**28%**。

全国货车的万车死亡率是**19.58%**。

货车交通肇事致死率和平均单起事故死亡人数比同期全国指标高出**50%**以上。

大货车隐患多，超载遗撒伤不起

破坏

天桥频频被撞受伤

海口桥梁屡被撞　南大桥4年被撞12次

晋江爱心天桥19个月5次被撞

遗撒

易酿车祸还致污染

北京五环路货车每公里垃圾半吨多

北京交警一晚查获货车遗撒40起

超载

破坏性大且执法难

北京6个月共查处货车超载6千起

成都1个月查处超载货车2.7万辆

大货车由于车身较高，车体前后左右都存在视觉盲区

车体前后左右有盲区，适当保持距离

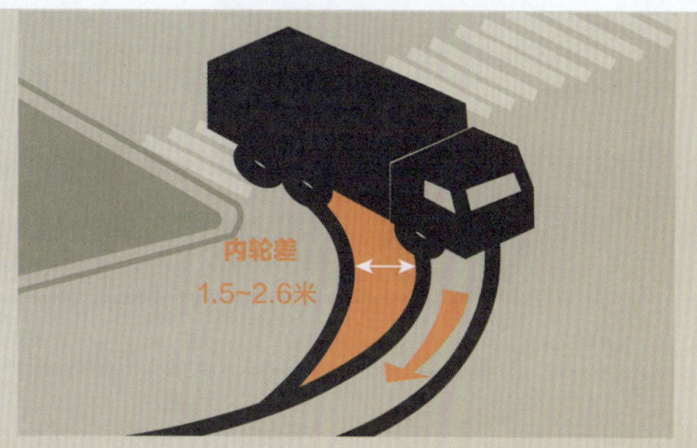

内轮差=圆周率×(外轮弧度半径-内轮弧度半径)÷两轮弧度半径比值

货车转弯内轮差 夺命“三角区”

跟随大货车注意事项

小车驾驶人怎么办?

- 以**避让**为主，切忌不要与货车并排行驶
- 拉开与前方货车距离，保持至少**100米**的安全车距
- 超车时应尽量隔一条车道**快速超越**，确保安全

行人、非机动车怎么办?

- 遇大货车拐弯必须避开至**3米外**
- 绿灯放行时**不要抢行**正在转弯的大货车

交通管理部门对大货车的治理

数据	行动后
因货车制动不良导致的事故死亡人数	同比下降 27.1%
货车超速、违法占道行驶、违反交通信号灯导致的事故	同比分别下降 64.3%、53.4%和34.5%
超速、违法占道行驶导致的较大以上事故	同比分别下降 76.5%和75%
全国货车肇事交通事故起数、死亡人数	同比分别下降 18.3%和19.8%
货车肇事导致一次死亡3人以上较大事故	同比下降 16.7%
全国发生一次死亡10人以上重大事故8起	同比减少 7起

33 “营转非”大客车安全隐患大 旅游包车出行的人们要格外注意

今年以来，“营转非”客车翻坠已致2起死亡10人以上的重特大交通事故

今年以来，全国已经发生了5起大中型客车翻坠导致的10人以上重特大道路交通事故，其中2起是“营转非”客车。

案例一：河南一辆“营转非”客车深夜坠百米深崖，致20死13伤

发生时间：2015年3月2日

肇事车型：租用的一辆“非营运车”

伤亡人数：20死、13伤

事故简述：2015年3月2日23时许，一辆从河南新乡开往林州的大巴车在两市交界处(省道S226公路45公里+800米)发生交通事故，坠下百米深涯，造成20人身亡，13人受伤。据了解，事故车辆为郑州豫剧一团租用的一辆非营运车，车号为豫A9139，核载人员35人。

案例二：陕西咸阳一辆“营转非”大客车翻坠悬崖，造成35人死亡

发生时间：2015年5月15日

肇事车型：“营转非”大客车

伤亡人数：35死、11伤

事故简述：2015年5月15日15时27分，在从陕西咸阳淳化县仲山生态森林公园返回途中，行至淳化县淳卜路1公里+450米处下坡急弯路段时，排在车队最后一辆陕B23938号大型客车（核载47人，实载46人）失控向右冲出路外，坠入35米深的悬崖，造成35人死亡、11人受伤。经初步调查，该事故存在“营转非”客车非法营运、非法改装等突出问题。

究竟什么是“营转非”客车？

◆ 所谓“营转非”客车，顾名思义，就是“营运客车”转为“非营运客车”。

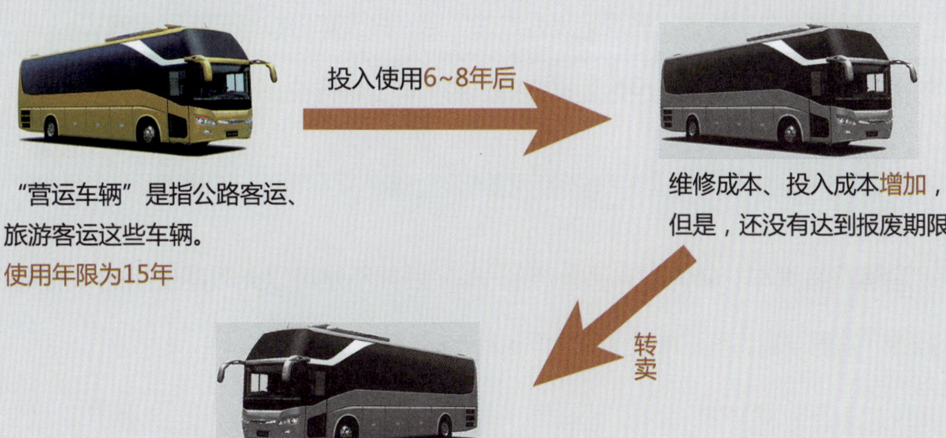

有些是卖给单位，有些是卖给个人，
这种车辆在车管所就变更成“营转非”
车辆使用性质了。

Tips: 一旦转为“非营运”使用性质，它就变成了一种“非营运”车辆，不具备从业的资质，所以，不能再继续从事长途客运或者旅游包车等业务了。

“营转非”客车严禁从事营运工作

◆ 所有“营转非”大客车严禁从事营运工作。

根据《机动车强制报废标准规定》：

“非营运载客汽车”只能用于个人或者单位不以获取利润为目的来使用。

Tips: “营运载客汽车”一旦转为“非营运载客汽车”，就不能再从事营运工作了。只能是个人来使用，或者是作为单位的班车使用。

◆ 所有已达报废期限的“营转非”大客车严禁上路。

根据《机动车强制报废标准规定》：

“营运载客汽车”转为“非营运载客汽车”后，报废年限按照营运载客汽车的报废年限执行，严禁已经达到报废期限的车辆上路行驶。

Tips: “营运载客汽车”转为“非营运载客汽车”后并不是可以无限期使用的，而是必须按照“营运载客汽车的报废年限”来执行报废。

举个例子：

我们拿一辆营运的旅游大客车来说，它的使用年限为15年，假设在使用8年后，这辆大客车被转卖给了社会，那么，这辆车就成了“营转非”客车，但是，它的使用期限只有7年，达到报废时间后，哪怕多开一天都不行。

“营转非”客车存极大安全隐患，提醒大家勿乘有隐患的车

◆ “营转非”客车安全隐患大

1.存在逾期未检验问题

2.存在逾期未报废问题

3.车辆安全状况不符合技术标准

例如，轮胎磨损严重，制动、灯光不符合技术标准要求等

4.存在超员、超速等违法行为问题

◆ "营转非"客车驾驶人存在不合格情况

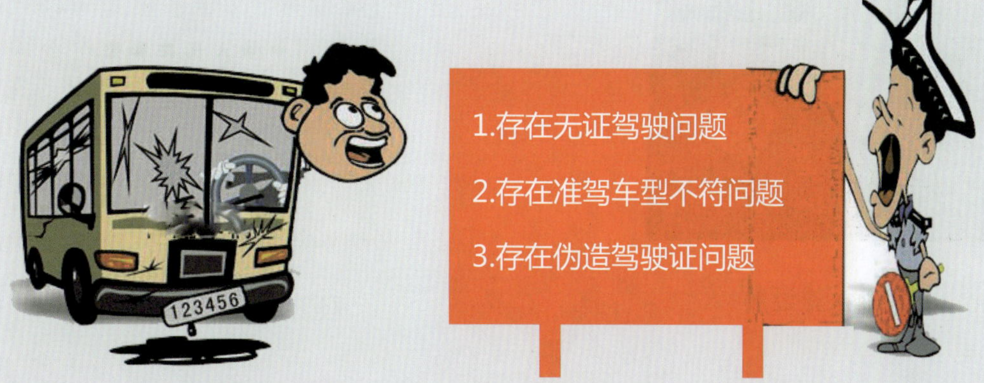

外出旅游请勿乘坐无运营许可标识的非营运车和私揽客源的个人车辆。

乘客如何才能知道所乘大客车是否符合经营许可？

◆ 如果是选择"包车"或者"旅游客车"出行，你需要留意"客车"这几个地方：

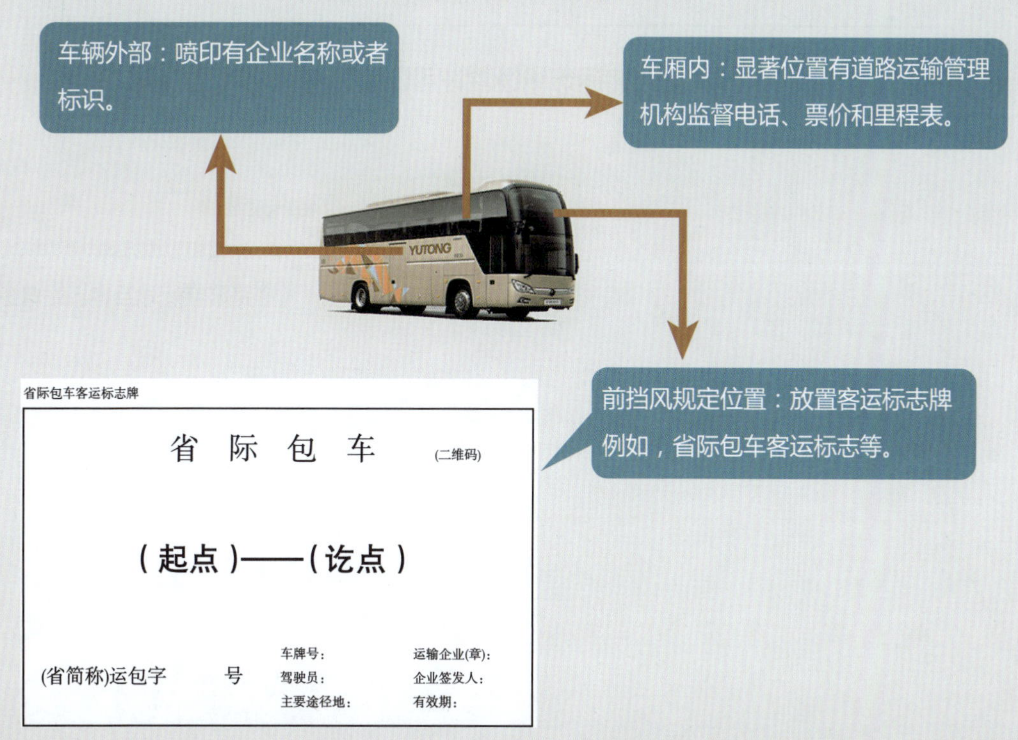

Tips：乘坐包车出行时，还要留意是否有"包车票"或者"包车合同"。

◆ 如果是团体出游，乘坐包车前，一定要看对方是否有这些证件：

《道路运输证》

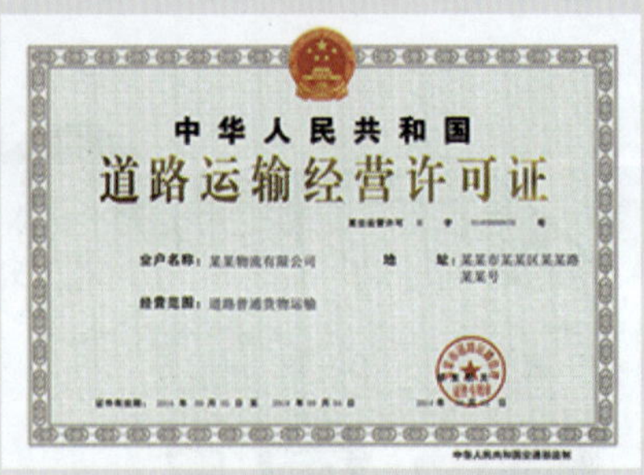

《道路运输经营许可证》

道路客运班线经营许可证明

×客运班许字　　号

经营者名称				许可机关（盖章） 年　月　日
经营许可证号				
起点及站名		讫点及站名		
主要途经地				
停靠站点				
客运班线类型		班车类别		
日发班次		车牌号码		
车辆类型等级				
班车客运标志牌编号				
有效期	自　年　月　日 至　年　月　日			
说明	1.本证明贴在班车客运标志牌背面，缺一无效。 2.本证明不得转让、涂改或者伪造，过期作废。			

《道路客运班线经营许可证明》

资料来源：

《机动车强制报废标准规定》

《道路旅客运输及客运站管理规定》

34 旅游交通事故频发　大客车出行安全不容忽视

5月中旬以来，全国共发生4起重特大道路交通事故，且全部发生在旅游活动中。有效防范旅游交通事故，大客车出行安全不容忽视。

近期大客车事故频发，比去年同期增加5起

5月中旬以来，全国有4起重特大交通事故发生在旅游活动中

今年以来，全国已发生10起重特大道路交通事故，比去年同期增加5起，上升1倍。

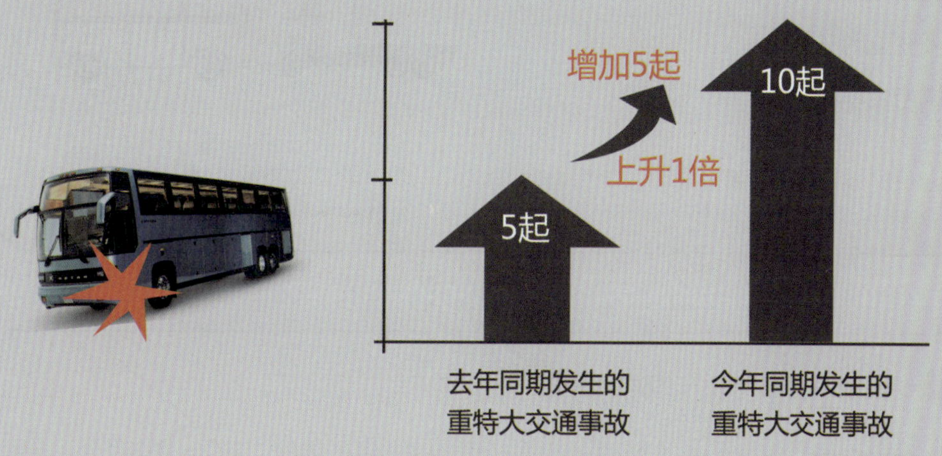

其中，5月中旬以来，全国有4起重特大交通事故发生在旅游活动中。

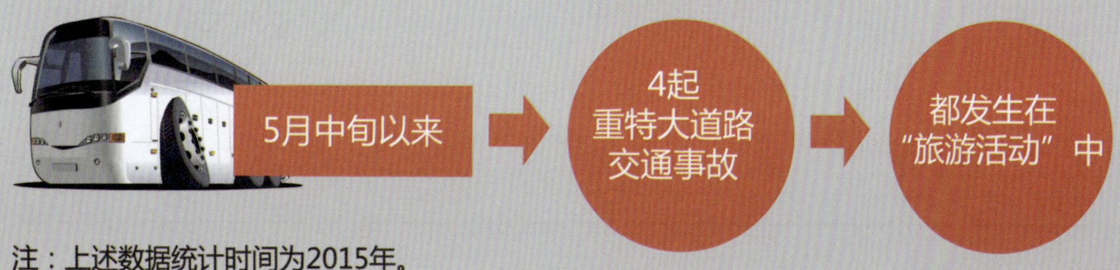

注：上述数据统计时间为2015年。

大客车事故频发，主要发生在“旅游活动”中

案例一：吉林一辆载有28人的旅游大巴坠桥　致11人死亡

时间：2015年7月1日

简述：吉林省延吉市安顺旅游客运公司一辆载有28人的大客车在吉林通化集安市境内集丹公路坠到桥下。

伤亡：造成11人死亡，17人受伤。

案例二：安徽一辆旅游客车失控与货车相撞　致12人死亡

时间：2015年6月26日

简述：安徽省马鞍山市一辆旅游客车，雨天行驶变道时失控冲入对向车道，与一辆货车相撞。

伤亡：造成12人死亡，26人受伤。

案例三：西藏一辆旅游客车与货车剐蹭后坠崖　致11人死亡

时间：2015年6月10日

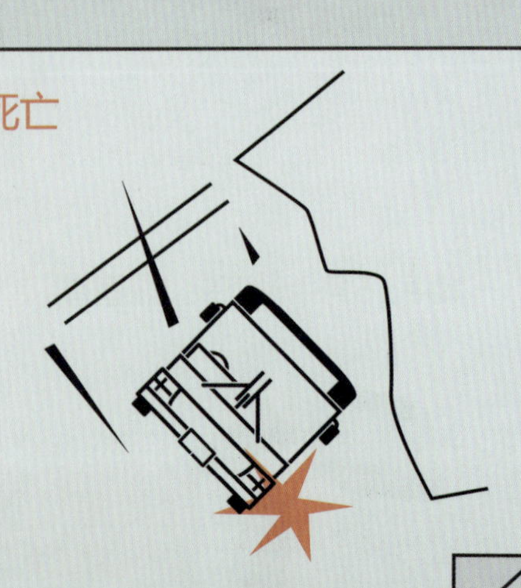

简述：西藏一辆旅游客车与对向行驶的货车会车时发生剐蹭，大客车冲出道路，翻下悬崖。

伤亡：造成11人死亡，8人受伤。

案例四：陕西一辆“营转非”大客车失控坠崖 致35人死亡

时间：2015年5月15日

简述：陕西某公司雇佣一辆“营转非”大客车非法组织旅游活动，行至下坡急弯路段时失控坠下悬崖。

伤亡：造成35人死亡，11人受伤。

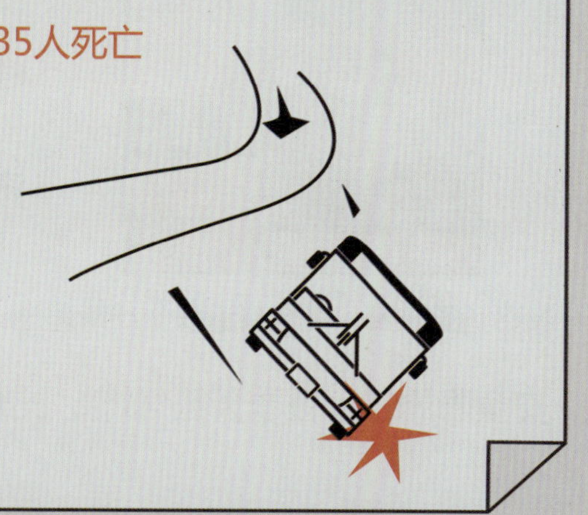

暑期旅游出行活动增多，客车驾驶人要提高警惕

暑期，正值学校放假、单位职工休假之际，旅游出行活动增多，加上夏季高温多雨，交通事故风险加大，因此，客车驾驶人要安全驾驶，防范事故发生。

安全隐患一：夏季降雨频繁，极易发生打滑或侧翻事故

安全提示：

涉水行车千万不要中途停车或减速

雨天驾车视线不良控制好车速和车距

夏季降雨频繁出行要提前了解天气

安全隐患二：旅游景区多位于山区等地，防护设施差

安全提示：

去景区旅游，发车前全面了解沿线路况

行经山区、农村等路段：谨慎驾驶，时刻注意沿线警告标志，遇对方来车主动避让，严禁强超强会。

景区道路狭窄，坡陡弯道多，严禁超速

旅游景区道路狭窄：遇有降雨、团雾等视距不良情况时，驾驶人要靠右行驶，降低车速。

景区陡坡弯道多：行至转弯路段要提前鸣笛，严禁超速、弯道超车、驶入对向车道。

安全隐患三：夏季天热气燥，长时间驾车易导致疲劳

安全提示：

安排好休息时间，切勿疲劳驾驶

- 出行前保证充足睡眠，尽量避开午后和夜间行车。
- 连续驾驶不超过4小时，停车休息不少于20分钟。
- 夜间连续驾驶时间不得超过2小时。
- 凌晨2点至5点期间禁止在高速公路运行。

Tips 感觉困倦时，请选择安全地点停车休息，切莫在高速公路上随意停车。

特别提示：暑期外出旅游的人员要严格遵守安全乘车规则

选择乘坐正规的长途客车出行，按照规定在站内上车

勿贪便宜图方便乘坐黑包车或超员车

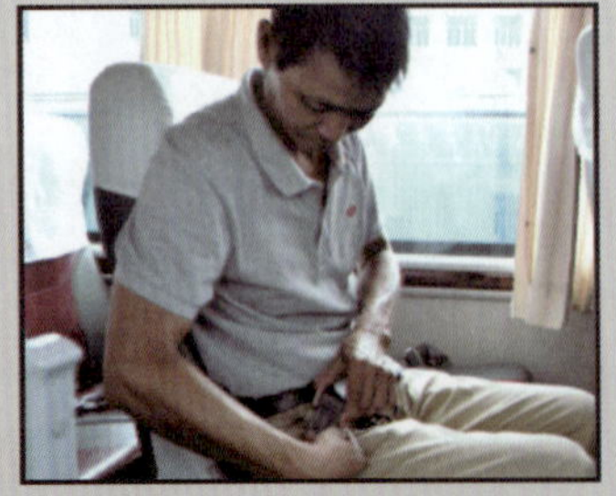

系好安全带，避免车辆发生事故时被甩出座位或车外

客车行驶途中，勿站立或在车厢内随意走动

资料来源：公安部交通管理局

35 危化品隧道起火　如何危中求安

3月1日发生在山西晋城市境内的晋济高速岩后隧道交通事故致31人遇难9人失踪，造成隧道内42辆汽车、1500多吨煤炭燃烧，并引发液态天然气车辆爆炸，大火烧了73小时才被扑灭。面对危化品运输，我们如何危中求安？

有这些标示的车辆你要注意了！

爆炸品　易燃品　有毒品　感染性物品　腐蚀品　放射性物品

必要的身体防护措施

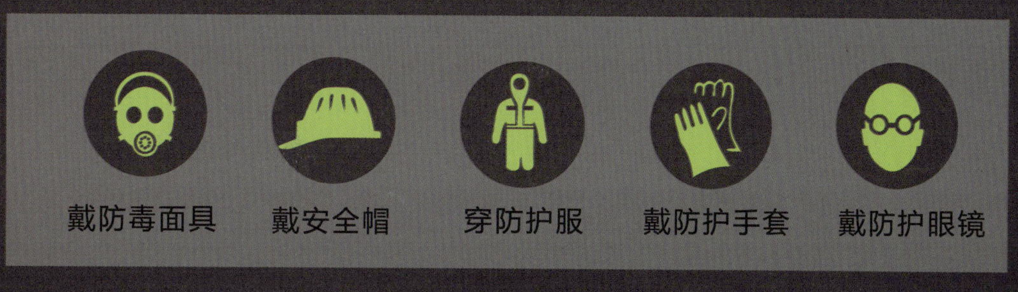

隧道内安全设施及逃生通道图示

车道管制标志
紧急电话
逃生指示标志
逃生指示灯
逃生通道
紧急停车口
消火栓箱

隧道火灾逃生要诀

1 遇火灾时应及时**撤离车辆**，朝着起火点**烟雾流相反的方向**逃跑；**切忌不要顺风逃跑**，会被毒烟雾气追上造成伤亡。

2 及时用水打湿毛巾和衣物**捂住口鼻**，以此过滤毒烟。

3 **低身弯腰行走**，烟雾往往伴随着高温往隧道上部移动，下部毒烟相对较少。

4 留意隧道内的提示标志，及时找到隧道内的**逃生门**由此逃生。

36 77%的危化品事故发生在道路运输中

根据国家安全生产监督管理总局（后简称国家安监总局）统计的数据显示：近几年我国发生的危险化学品（后简称危化品）事故，绝大部分发生在运输和存储的物流阶段，其中仅运输过程中发生的事故就占到了77%。危化品运输事故不同于一般运输事故，造成的人员伤亡以及财产损失非常大。

据统计数据显示：77%的危化品事故发生在道路运输中

◆ 国家安监总局统计数据显示：2010—2014年，我国共发生危化品事故326起，导致死亡人数2237人。

危化品事故：326起

死亡人数：2237人

◆ 近几年发生的危化品事故，绝大部分发生在运输和存储的物流阶段。

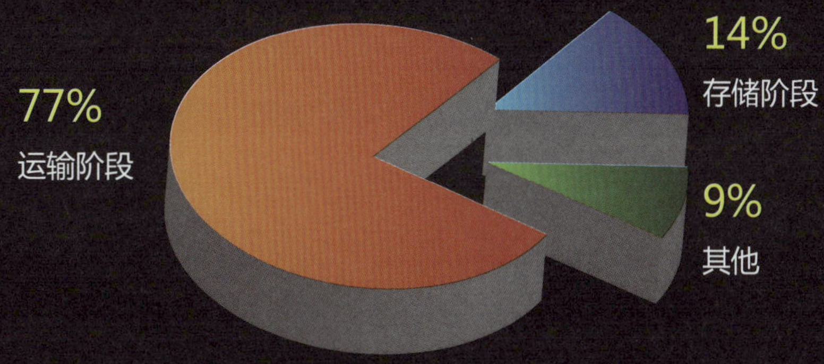

◆ 我国每年运输的危化品达2亿吨。

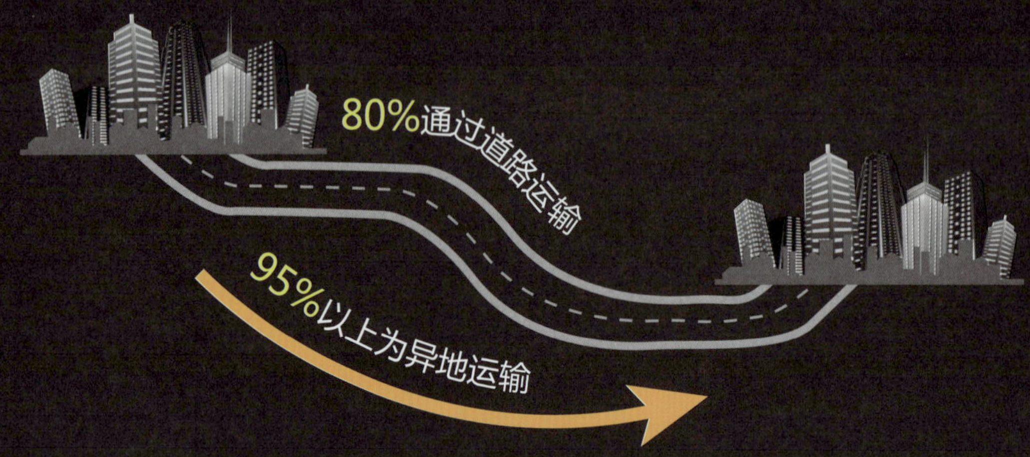

危化品运输事故不同于一般运输事故，往往会衍生出燃烧、爆炸、泄漏等更严重的后果，造成经济财产损失、环境污染、生态破坏、人员伤亡等一系列问题。

2014年共发生了2起一次死亡10人以上的危化品道路运输事故

◆ 根据国家安监总局发布的特别重大事故调查处理统计来看，2014年，发生了2起和危化品道路运输有关的重特大道路交通事故。

晋济高速山西晋城段岩后隧道“3•1”特别重大道路交通危化品燃爆事故

40人

死亡人数

8197余万元

直接经济损失

沪昆高速湖南邵阳段“7•19”
特别重大道路交通危化品爆燃事故

54人
死亡人数

5300余万元
直接经济损失

解析：在危化品道路运输中，为什么会发生如此严重的事故？

案例一：山西岩后隧道“3•1”特别重大道路交通危化品燃爆事故

事故简述：

2014年3月1日14时45分许，位于山西省晋城市泽州县的晋济高速公路山西晋城段岩后隧道内，两辆运输甲醇的铰接列车追尾相撞，前车甲醇泄漏起火燃烧，隧道内滞留的另外两辆危化品运输车和31辆煤炭运输车等车辆被引燃引爆，造成40人死亡、12人受伤和42辆车烧毁。

原因分析：

直接原因
1. 后车驾驶人操作不当，距前车仅五六米时才采取制动措施。
2. 运输甲醇的铰接列车存在超载行为，严重影响车辆制动。

间接原因
1. 罐体未按标准规定安装紧急切断阀，造成甲醇泄漏。
2. 车辆启动机正极多股铜芯线绝缘层破损，导致短路引燃甲醇。

安全提示：

看到此标志，就意味着前方会有隧道。此时，您就需要提前采取相关措施，例如适当减速、控制好车距等。

出现甲醇等危化品泄漏后，一定要及时通知周边车辆熄火，以避免由于有明火而引燃危化品发生爆炸事故。

案例二：沪昆高速“7•19”特别重大道路交通危化品爆燃事故

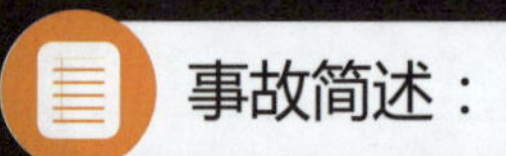

事故简述：

2014年7月19日2时57分，湖南省邵阳市境内沪昆高速公路，一辆自东向西行驶运载乙醇的轻型货车，与前方停车排队等候大客车发生追尾碰撞，轻型货车运载的乙醇瞬间大量泄漏起火燃烧，造成54人死亡、6人受伤（其中4人因伤势过重医治无效死亡）。

原因分析：

直接原因

① 驾驶人驾驶严重超载的轻型货车，未按操作规范安全驾驶。

② 未及时发现停在前方等候的大客车，未采取制动措施。

间接原因

① 大客车未按交通标志指示在规定车道通行。

超载导致车辆控制力降低，易致交通事故发生

实验证明：时速在30km/h时，重量大于3吨的载重汽车，每增加一吨的重量，制动距离则要延长0.5~1.0米。对于超载汽车，由于惯性加大，制动距离更长一些。

路遇危化品运输车辆，要保持安全车距

如果你在路上遇到危险货物运输车，一定要与它们保持安全的车距（城市道路至少50米，高速路至少150米），这样方便你观察它的一举一动，并能更快地采取应急措施。

资料来源：国家安全生产监督管理总局网站

八、特殊气象下安全驾驶技巧

37 教你几招 应对高速上的“流动杀手”——团雾

团雾比大雾、雾霾更可怕

“**团雾**”本质上也是雾，它是在大雾中数十米到上百米的**局部范围**内出现的，雾气更“**浓**”、能见度更低的**一团雾**。

这些特点让“团雾”成为致命“流动杀手”：能见度一般只有10至20米!

“团雾”尺度小，变化快，生命周期短，预测预报难。

什么时段容易发生团雾？

什么季节容易发生团雾？

冬季和深秋是团雾多发的季节。

每天的什么时间容易发生团雾？

一般出现在昼夜温差较大、无风的夜间，或者是早6时至8时。

早6时—8时

团雾常发生在什么地方？

郊区、乡村地带

雨后山区

高速公路上

高速上遇团雾，一定要记住这些技巧

一旦进入大雾或团雾区域，首先要做到的就是不能慌张，不要盲目加速或减速，否则容易发生交通事故。

“慢”字当头：控制车速，加大车距

车辆一旦进入团雾或大雾区域，应立即减速，严格遵守交通规则限速行驶。

能 见 度	车 速	跟车距离
200米—500米时	不得超过80km/h	150
100米—200米时	不得超过60km/h	100
50米—100米时	不得超过40km/h	50

灯光使用很关键：禁用远光灯

禁用远光灯　　开启近光灯、雾灯、示廓灯，必要时还要开启危险报警闪光灯。

禁用远光灯

开启近光灯

开启雾灯

开启示廓灯

开启危险报警闪光灯

巧用喇叭很重要：可间歇鸣喇叭示警

雾天行车多使用喇叭可引起对方注意，并且示意车辆位置；听到对方车辆鸣喇叭，也应鸣喇叭回应。

这3种行为千万别做：紧急制动、盲目超车、就地停车

突然进入团雾区域，很多人下意识的反应就是紧急制动，这样容易引发连续追尾事故。

由于雾天视线严重受阻，行车过程中切勿随意变更车道、超车。

切记不能就地停车，最好就近选择道路出口缓慢驶出，或进入附近的服务区暂避，等待团雾消散。

Tips：能见度小于50米时要这样做

- 从最近的出口尽快驶离高速公路

开启雾灯、近光灯、示廓灯、前后位灯和危险报警闪光灯，车速不得超过每小时20公里，并从最近的出口尽快驶离高速公路。

出行经过以下团雾高发路段一定要小心！

据权威公布的1468处高速公路团雾多发路段中，贵州、四川、甘肃等省、自治区境内年均发生团雾50次以上的路段最多。提醒过往驾驶人，行经团雾多发路段需加倍注意。

序号	省（区）	多发路段				多发月份	多发时段	年均发生次数（次）
		名称	编号	起点（公里）	终点（公里）			
1	湖南	宜凤高速	S31	16	23	10月至2月	2时至9时	80
2	广东	清连高速	21101	2197	2208	3月、4月、11月	0时至8时	80
3	贵州	兰海高速	G75	1283	1305	9月至5月	19时至10时	80
4	贵州	晴兴高速	S65	15	22	10月至3月	22时至9时	80
5	新疆	吐乌大北线	G216	640	643	10月至4月	22时至10时	70
6	湖南	沪昆高速	G60	1330	1339	10月至2月	0时至10时	60
7	湖南	长张高速	G5513	225	246	11月至3月	0时至8时	60
8	广西	包茂高速	G65	2730	2760	4月至12月	3时至9时	60
9	贵州	沪昆高速	G60	1573	1582	9月至2月	5时至9时	60
10	贵州	沪昆高速	G60	1632	1639	9月至2月	17时至12时	60
11	甘肃	青兰高速	G22	1462	1472	7月至10月	5时至10时	60
12	甘肃	福银澳高速	G70	1863	1875	6月至9月	5时至10时	60
13	湖南	京港澳高速	G4	1617	1619	2月至5月、10月至12月	0时至8时	55
14	湖南	京港澳高速	G4	1621	1623	2月至5月、10月至12月	0时至8时	50
15	广西	岑罗高速	S6511	19	21	1月、2月、9月至12月	2时至6时	50
16	四川	京昆高速	G5	1977	2000	12月至3月、7月至9月	22时至10时	50
17	四川	京昆高速	G5	2277	2280	5月至7月、10月至2月	0时至24时	50
18	贵州	沪昆高速	G60	2040	2044	12月至3月	19时至06时	50
19	贵州	沪昆高速	G60	2058	2067	10月至3月	20时至9时	50
20	湖南	京港澳高速	G4	1594	1598	2月至5月、10月至12月	0时至8时	45

团雾高发的十条高速路段

京港澳高速、沪渝高速、杭瑞高速、沈海高速、包茂高速、京昆高速、厦蓉高速、京台高速、福银高速、大广高速

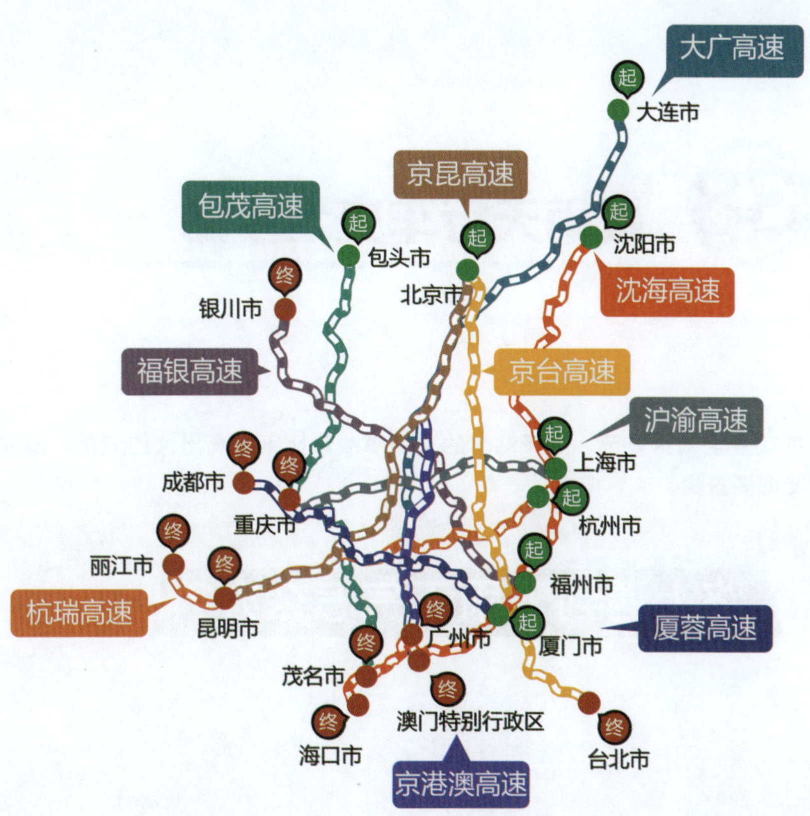

结语： 2015年春运大幕已经开启，高速公路上的车流量会急剧上升，虽然大家回家心切，但是驾车过程中如果遭遇团雾，一定要放慢车速，保持安全车距。

38 暴雨天行车安全手册

根据国际驾驶安全调查显示，雨天驾车的交通事故率比平常高出大约五倍。驾驶人在雨天行车时一定要提高警惕。

路上遇到下雨天气怎么办？

慢速行驶
慎用制动

驱除水雾
改善视线

减少并线
避免超车

积水路面
探明深浅

转弯时
预防侧滑

雨夜行车
善用灯光

雨天会车
拉大间距

遇到积水情况不明时怎么办？

如果积水泛起浪花或漩涡，说明水里可能有石头。

如果其他车通过时，积水十分平静，说明水可能很深，最好绕路而行。

如果水浅并未没过排气管，则尽量放慢车速低速通过。

对于难以把握水深水浅的路段，将车停在安全的地方，下车查看或等待。

27cm

20cm

5 桥洞积水水位线提示：

黄色警示线：

距地面最低点20厘米，提示当水面在警示线以下时，道路可以通行，但机动车需低速缓慢通过。

红色警示线：

距地面最低点27厘米，说明积水深度已经达到汽车排气管平均位置，机动车无法正常通行。驾驶人要选择其他路线绕行，不要冒险通过。

车辆行至积水中熄火怎么办？

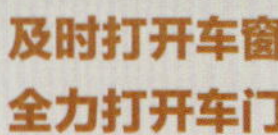

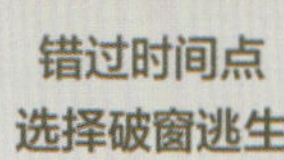

立即解开安全带

打开车门电子中控锁

及时打开车窗全力打开车门

错过时间点选择破窗逃生

打开车门关键时间点

- 车门钢板被淹没1/5时，车里还没有水，此时是逃生的最佳时机。
- 车门钢板被淹没1/2时，脚踝完全被淹没，车门还能打开。
- 车门钢板完全被淹没时，水的压力和淹没1/2时差不多，使出全身力气，车门能被完全推开。

如何破窗逃生？

将工具尖角插头用力插入侧窗边角处，插入后找到支点用力翘破侧窗

- 可利用车内工具**击打侧窗的边缘和四角**
- **不要敲前面的挡风玻璃**，难度很大
- 窗户破碎时，碎玻璃会冲入车内，要**注意避免划伤**

羊角锤

推荐

座位头枕

实施有难度

剪刀

不可用

高跟鞋

不可用

39 车辆“涉水险”理赔知多少

导语： 在暴雨频频出现的季节，如果遇上车辆涉水后死火抛锚甚至发动机损坏，怎么才能获得保险理赔？涉水险是否可以单独购买？需要花多少钱？带着这些问题，我们来看下面的详解。

1.什么是涉水险

涉水险 又称“发动机特别损失险”，是车辆损失险的附加险，主要保障车辆在积水路面涉水行驶或被水淹后致使发动机损坏可给予赔偿。

2.如何购买涉水险

买了车损险，才可买涉水险

正确的购买步骤：

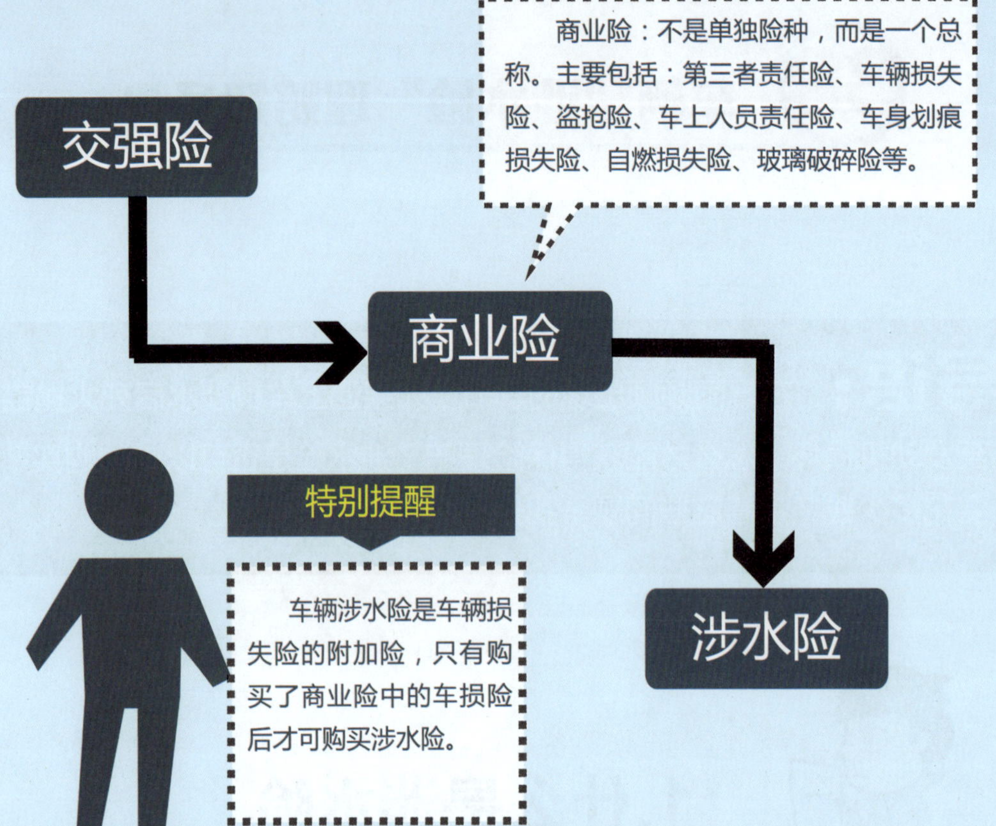

可以在雨季前单独增购

临时增加涉水险，需要通过最初投保时的渠道进行购买：

例如，之前是通过4S店购买的还需要到4S店增购涉水险，之前通过电话车险购买，可以再次通过电话车险购买。

3.哪些情况涉水险不赔

“涉水险”适用范围

车辆不慎掉入水中

下雨、内涝等天灾车被淹

在停车场、地库时，被淹

“二次打火”涉水险不赔

特别提醒

水是不能压缩的，车在水中再次启动后水会被吸到发动机内，会造成气门和活塞连杆等系统的严重损坏。

人为造成的损失，各家保险公司都有权利拒绝赔偿。

结语： 涉水险很好理解，其实就是为发动机提供的特别服务。它是车辆在涉水后损坏可以获得赔偿的一种险种，但投保前提是需要购买交强险和车辆损失险。

道路交通事故数据分析之：“雾天”交通事故明显上升

统计数据显示：2013年，我国雾天发生的较大交通事故起数同比上升31.8%，导致的死亡人数同比上升32.7%。

2013年我国的雾霾天数是52年来最多

① 2013年的雾霾日数较常年同期多2.3天，是52年(1961年—2013年)以来最多的一年。

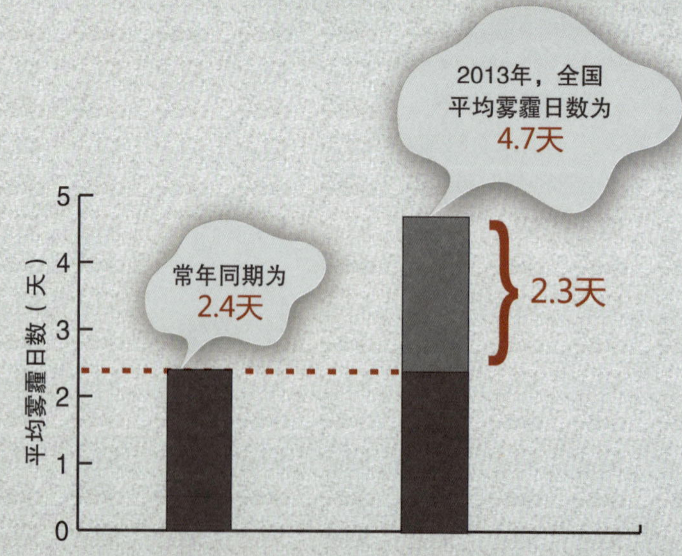

数据来源：社科院《气候变化绿皮书：应对气候变化报告（2013）》

2 2013年，我国中东部大部地区年雾霾日数为25~100天，局部地区超过100天，其中珠三角地区和长三角地区增加最快。

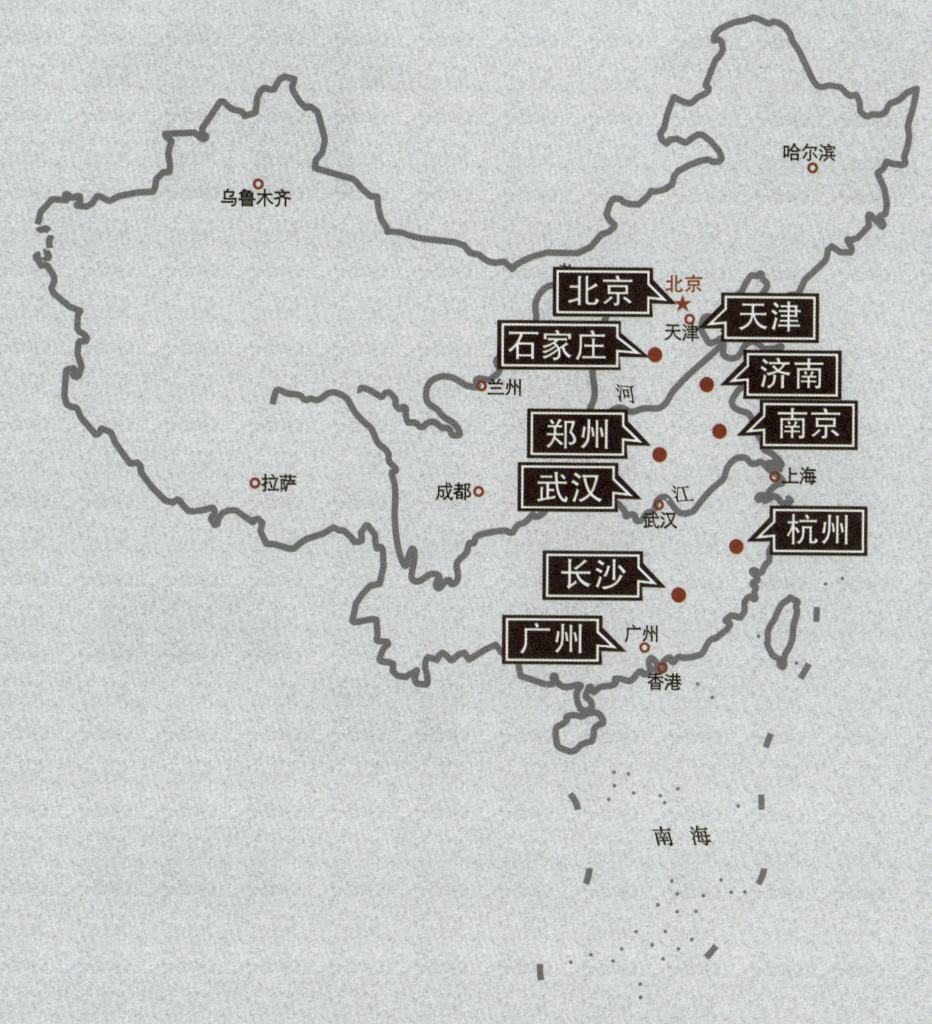

（图中标示出的城市2013年雾霾日数在25~100天）

雾天发生较大交通事故起数同比上升31.8%

1 2013年，雾天发生事故导致的死亡人数同比上升32.7%，雾天发生较大交通事故起数同比上升31.8%。

同比上升
32.7%

雾天事故死亡人数

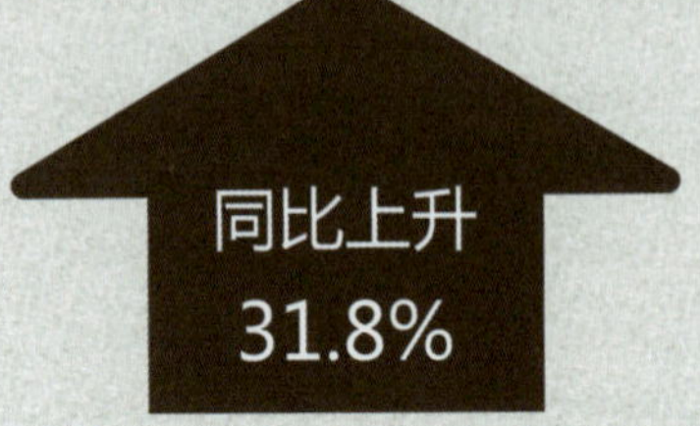

雾天导致的较大交通事故

从各片区域看，东北、华北、华东因大雾导致的死亡人数同比分别上升150%、57.3%和30.1%。

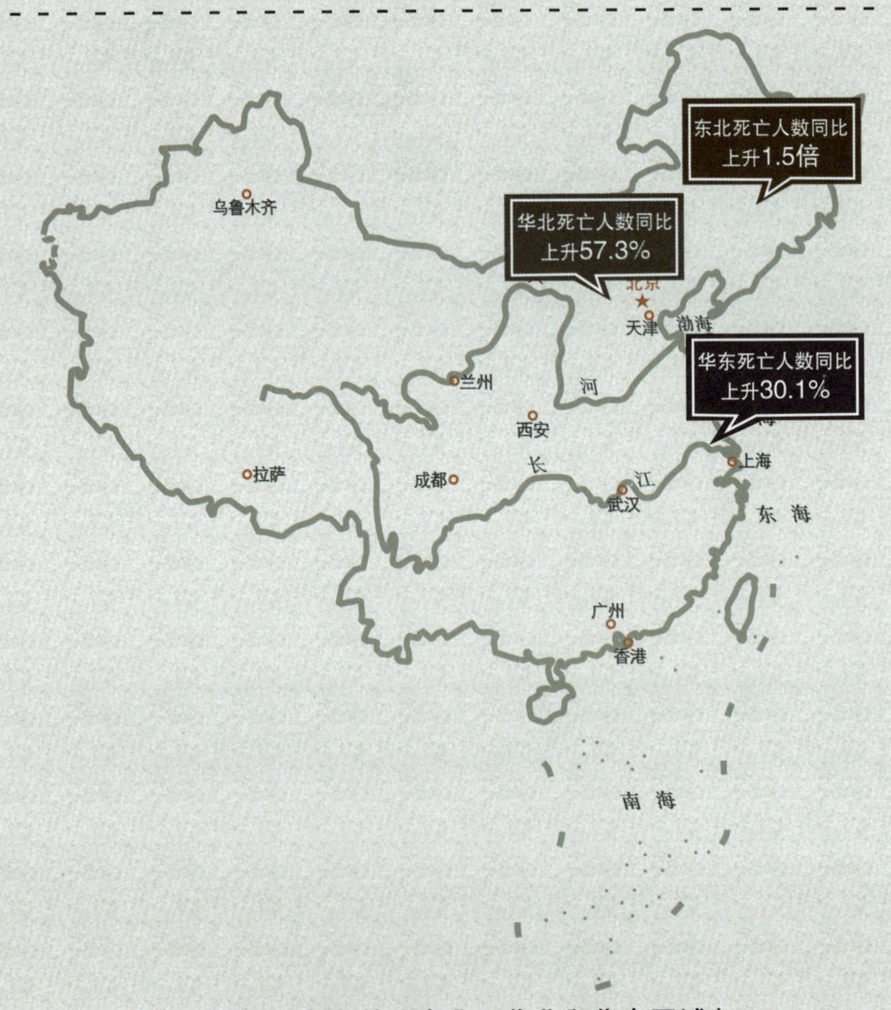

（图中标示颜色的为东北、华北和华东区域）

雾霾天行车这几条驾驶“军规”别忘

正确使用灯光

雾霾天应该打开雾灯、示廓灯，不要使用远光灯。**切记不能使用远光灯**，否则会在车前形成白茫茫的一片，什么都看不见。

保持较低车速

能见度大于100米、小于200米，时速不要超过60公里；能见度大于50米、小于100米，时速不要超过40公里；能见度30米以下，时速20公里以下；能见度不足10米，找停车区把车停下。

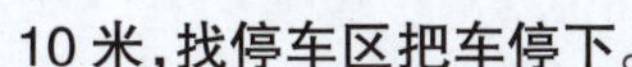

鸣喇叭来提示

雾天行车按喇叭很有必要，这样可以**提醒路上的车辆和行人有车来了**，注意避让。

遇到事故先立警示标志

发生事故后，先在**车后方150米外的地方放置警示标志**。此外，还要**打开雾灯、双闪灯**，提示后方车辆。做好这些，车上人员立即撤到安全的地方报警。

数据来源：公安部交通管理局

41 别让团雾成“杀手”　途经这些团雾高发路段一定要谨慎

随着天气转冷，昼夜温差加大，团雾天气增多，加之团雾具有出现突然、难以预测、能见度低等特点，驾驶人稍有不慎，就会发生追尾碰撞事故。因此，官方发布了1788处高速公路团雾多发路段，提醒广大驾驶人如突遇团雾，应减速慢行，切忌紧急制动和猛打转向盘。

这25处高速路段年均发生60次以上团雾，驾驶人通行要谨慎

据官方发布的最新数据显示：2015年，全国年均发生3次以上团雾的高速公路路段共计1788处，其中，年均发生60次以上团雾的高速公路路段是25处。

甘肃：年均发生60次以上团雾的高速公路路段

名称	编号	起点（公里）	终点（公里）	多发月份	多发时段	年均次数
青兰高速	G22	1462	1472	7月至10月	5时至10时	60
福银高速	G70	1863	1875	8月至12月	5时至10时	60

新疆：年均发生60次以上团雾的高速公路路段

名称	编号	起点（公里）	终点（公里）	多发月份	多发时段	年均次数
吐乌大北线	G216	640	643	10月至4月	22时至10时	70

贵州：年均发生60次以上团雾的高速公路路段

名称	编号	起点（公里）	终点（公里）	多发月份	多发时段	年均次数
蓉遵高速	G4215	356	357	1月至12月	0时至9时 21时至24时	90
蓉遵高速		362	363			
蓉遵高速		396	397			
蓉遵高速		401	402			
沪昆高速	G60	1573	1582	9月至2月	5时至9时	60
沪昆高速		1632	1639		17至12时	
兰海高速	G75	1283	1305	9月至5月	19时时至10时	80
晴兴高速	S65	15	22	10月至3月	22时至9时	

湖南：年均发生60次以上团雾的高速公路路段

名称	编号	起点（公里）	终点（公里）	多发月份	多发时段	年均次数
厦蓉高速	G76	634	645	1月至5月 10月至12月	16时至10时	123

广西：年均发生60次以上团雾的高速公路路段

名称	编号	起点（公里）	终点（公里）	多发月份	多发时段	年均次数
包茂高速	G65	2730	2760	4月至12月	3至9时	60

湖北：年均发生60次以上团雾的高速公路路段

名称	编号	起点（公里）	终点（公里）	多发月份	多发时段	年均次数
沪蓉高速	G42	1247	1260	3月至5月 10月至12月	5时至10时 20时至23时	60
沪蓉高速		1270	1272			
沪渝高速	G50	1355	1356	2月至4月 10月至12月	6时至8时 21时至24时	70
沪渝高速		1378	1388		21时至24时	60
沪渝高速		1398	1399	1月至5月 10月至12月	20时至23时	

福建：年均发生60次以上团雾的高速公路路段

名称	编号	起点（公里）	终点（公里）	多发月份	多发时段	年均次数
沈海高速	G15	1843	1844	11月至5月	0时至6时	120
宁上高速	G1514	53	54	11月至7月	18时至6时	130
宁上高速		62	63			
宁上高速		65	66			
厦蓉高速	G76	218	222	11月至2月	0时至7时	60
古政高速	S0313	6	7	11月至7月	18时至6时	130

年均发生60次以上团雾的高速公路路段

名称	编号	起点（公里）	终点（公里）	多发月份	多发时段	年均次数
清连高速	G4W2	2197	2208	3月、4月、11月	0时至8时	80

2015年团雾最多发的十条高速公路，车主要谨慎通行

据官方发布的数据显示：团雾多发路段最多的十条高速公路是G60沪昆、G56杭瑞、G4京港澳、G15沈海、G50沪渝、G5京昆、G76厦蓉、G70福银、G35济广及G65包茂高速公路。

G60沪昆高速公路

G56杭瑞高速公路

G4京港澳高速公路

G15沈海高速公路

G50沪渝高速公路

G5京昆高速公路

G76厦蓉高速公路

G70福银高速公路

G35济广高速公路

G65包茂高速公路

途经团雾路段遇到紧急情况要这么做

1 行车中突然遇到团雾怎么办？

2 行经团雾多发的高速公路路段，

能见度不足50米时怎么办？

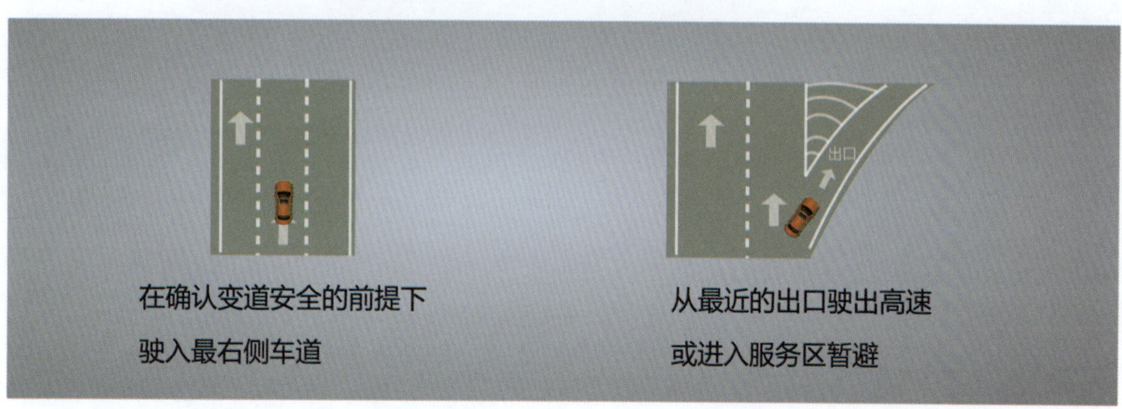

3 遇到前方有事故等原因无法行驶时怎么办？

立即将车停到应急车道或者紧急停车带

开启危险报警闪光灯

车上人员应马上转移至公路右侧护栏外的安全地点，同时拨打报警电话。

九、和汽车相关的那些事儿

42 Duang！汽车召回排行榜出炉 你的车中枪了吗？

2014年，根据在国家质检总局备案的统计数据，大大小小的汽车召回共有144次（平均两天半就有一次），共召回“问题汽车”507万辆，召回次数和召回数量都创下了历史新高。

2014年有哪些品牌汽车召回数量最多？

车企	召回数量（单位：辆）
一汽大众	897787
广汽本田	582431
上海通用	514196
奇瑞	250757
宝马	224076
长安福特	194957
华晨宝马	174304
神龙汽车	172198
斯巴鲁	153058
一汽丰田	150664
奔驰	108002
一汽海马	99750
克劳斯勒	82363
东风本田	63015
北京奔驰	59489

数据来源：2014年国家质检总局官网发布数据

2014年汽车召回问题集中在哪些方面？

总成：也就是集合体的意思。一系列零件或者产品，组成一个实现某个特定功能的整体，这一系统的总称即为总成。

例如：汽车上的发动机动力总成，传动系统总成等。

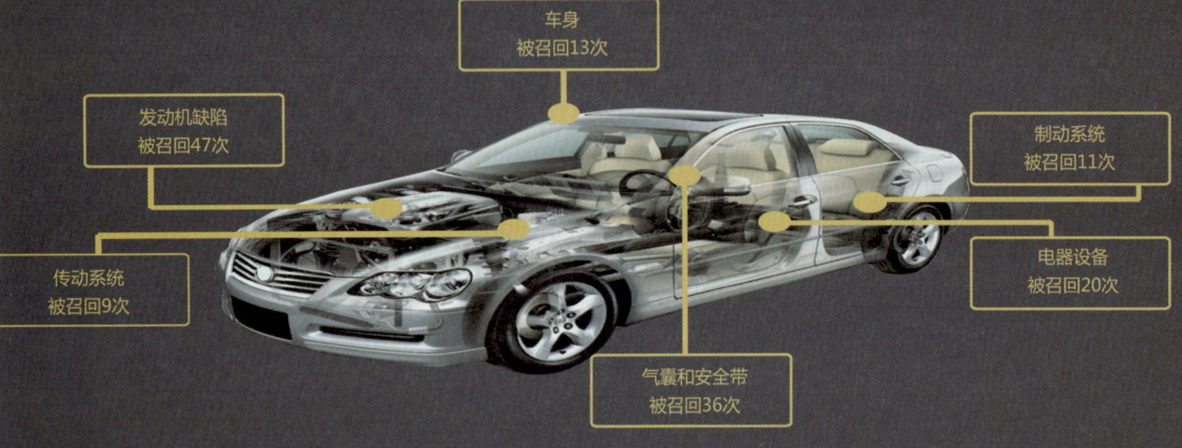

注：2014年汽车缺陷问题所在总成和被召回次数统计

2014年哪些汽车缺陷问题最突出？

从召回车型的缺陷部位来看，安全气囊、燃油及制动系统等严重影响安全的问题依然成为2014年召回的主导。

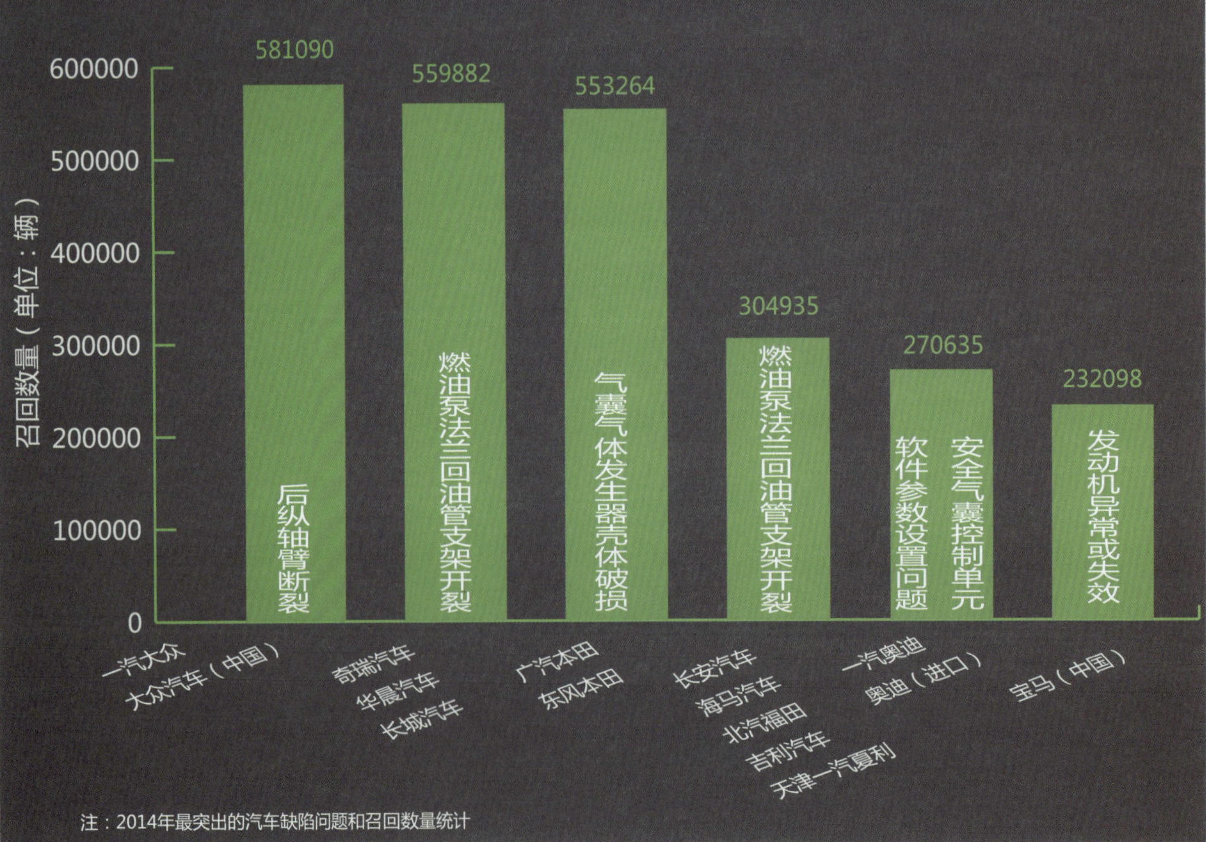

注：2014年最突出的汽车缺陷问题和召回数量统计

最大规模召回：一汽大众近90万辆

2014年，最大规模召回是一汽大众，共召回897787辆，位居召回榜单第一。

仅2014年10月，一汽大众共发出两次召回。

第一次召回：**58.15万辆**

新速腾汽车　56.4万辆

甲壳虫汽车　1.75万辆

召回原因　后纵轴臂断裂

第二次召回：**27万辆**

进口奥迪A4allroad　26.6万辆

国产奥迪A4L　4692辆

召回原因　安全气囊存在隐患

最高频率召回：上海通用14次

2014年，召回频率最高的企业当属上海通用。整个2014年，上海通用大大小小召回共14次，共召回51.42万辆汽车，仅次于一汽大众和广汽本田，位居召回数量排行榜第三位。

最豪华品牌召回：阿斯顿马丁

2014年召回的汽车品牌中，阿斯顿马丁是顶级豪华品牌，在中国大陆地区共召回317辆，那么这317辆车有多贵呢？

317辆

X

340万元/辆

≈

11亿元

最不积极召回：自主品牌

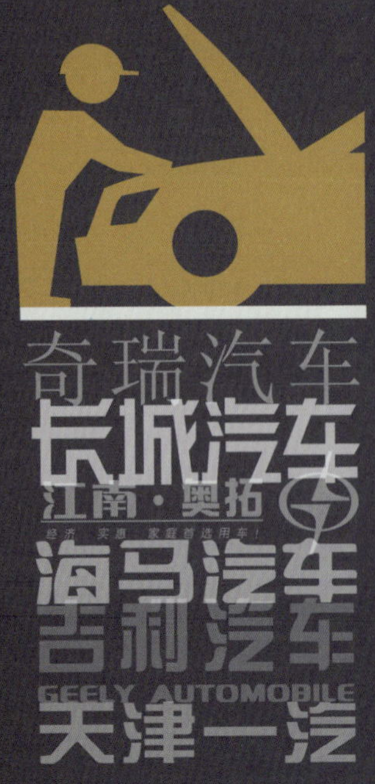

18次　125.1万辆

2014年共召回18次，涉及车辆125.1万辆

10次　92.3万辆

其中有10次、共92.3万辆非厂商主动召回！原因：受到联合汽车电子公司的燃油泵支架缺陷的影响集体召回。

LAND ROVER
最奇葩召回：捷豹路虎装错发动机
2013年8月因发动机的缺陷召回
8656辆
这些召回的缺陷发动机，
又被装进了7辆正常的车里。
导致2014年再次召回
7辆缺陷车
这都能装错……也是醉了！

43 汽车召回那些事儿

在一年一度的"3·15消费者权益保护日"来临之际，汽车维权聚焦也成为热点。我们不妨一起谈谈关于汽车召回及汽车维权的那些事儿。

2013年汽车召回超过531万辆

2012年

实施召回113次

320 万辆车

召回车辆占全年总销量的17%

2013年

实施召回133次

531 万辆车

召回车辆占全年总销量的24%

汽车被召回，我该怎么办？

1 怎么知道我的车是否被召回了？

召回信息会通过官方网站和公共媒体对外发布

生产者会通过电话、邮件等方式通知车主

车主可以主动联系生产者和当地经销商

2 如果我的汽车被召回，我该怎么做？

致电维修站了解因什么问题而召回

了解可能有哪些故障症状和后果

在维修之前应采取哪些预防或应急措施

预约维修时间

到维修站维修

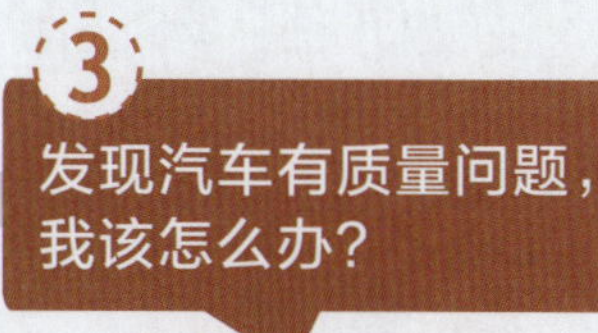

尽快到维修站进行检查、诊断和维修

查询汽车生产者是否已就此问题实施召回

向生产者或经销商投诉并协商解决问题

判断是否应召回的重要因素：

是否一批车辆普遍存在某种质量问题。

仅一台车辆发生质量问题，无法判断是否属于召回范畴。应当积极地向缺陷产品管理中心和汽车生产者投诉。

车主进行维权的几大注意事项

1. 选择正规维修企业修车
2. 学习一定的汽车知识
3. 超过两千元就签订修车合同
4. 注意保留修车凭据
5. 尽量避免异地修车
6. 避免副厂件或假冒零件
7. 避免旧件翻新
8. 尽量缩短修车过程

国外汽车维权有哪些经验？

日本

《产品责任法》

质量保证期为3年或6万公里
重要部件为5年或10万公里
用户无需举证缺陷

韩国

切实落实“三包”

1个月内发生2次行驶安全问题
1年内3次以上行驶和安全问题
可免费更换新车或全部退款

欧洲

承诺“两年保”

两年保修期
发生问题可要求维修或退还
禁止附加条件指定维修商

美国

《柠檬法》

影响使用的3次修不好，退车！
涉及安全的1次修不好，退车！
制造商自己排除质量隐患

44 汽车召回这十年

2004年3月，我国正式颁布《缺陷汽车产品召回管理规定》。自该规定实施至2014年这十年间，共有100多家企业开展了600多次召回活动，共召回缺陷汽车近1500万辆。

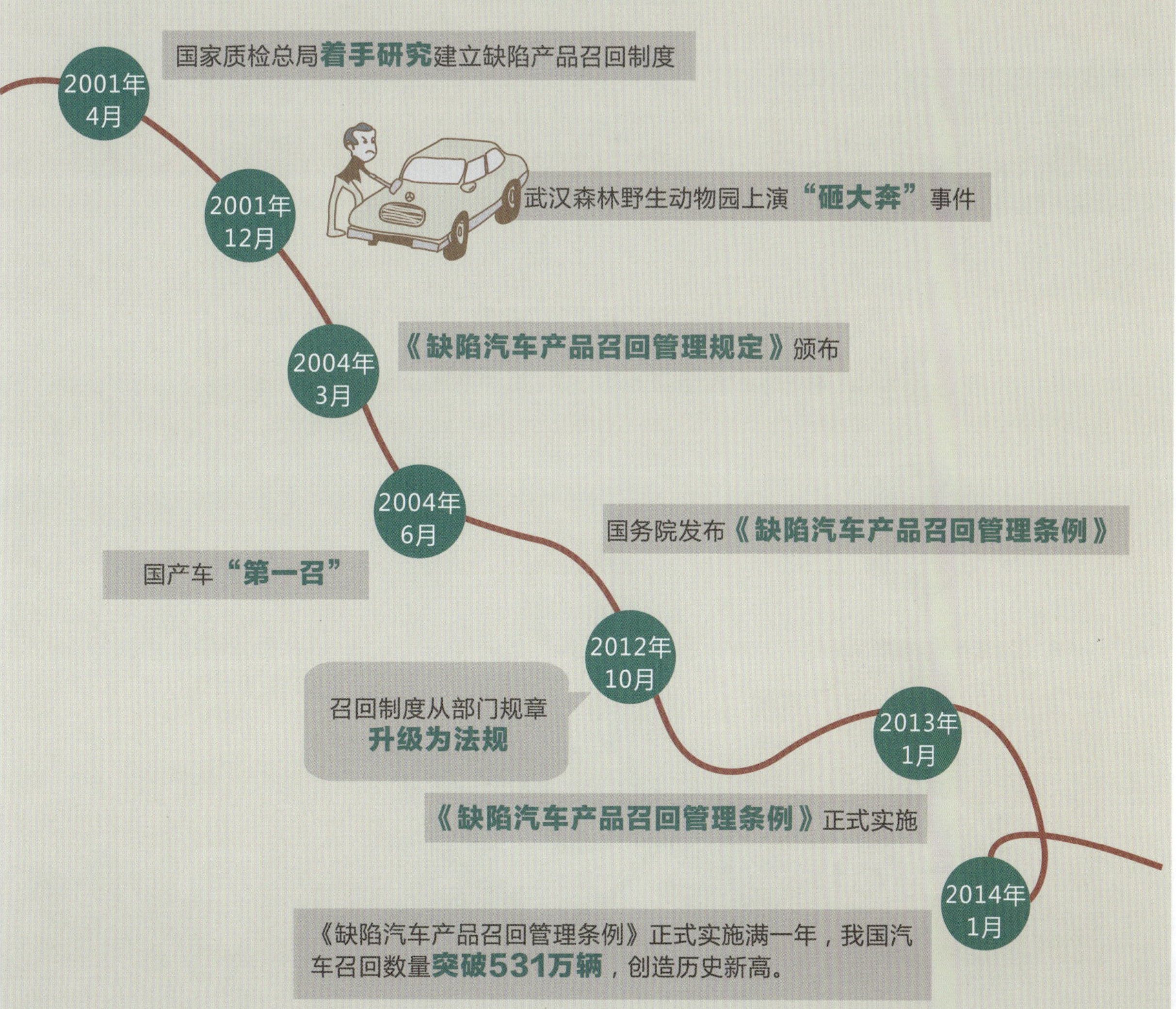

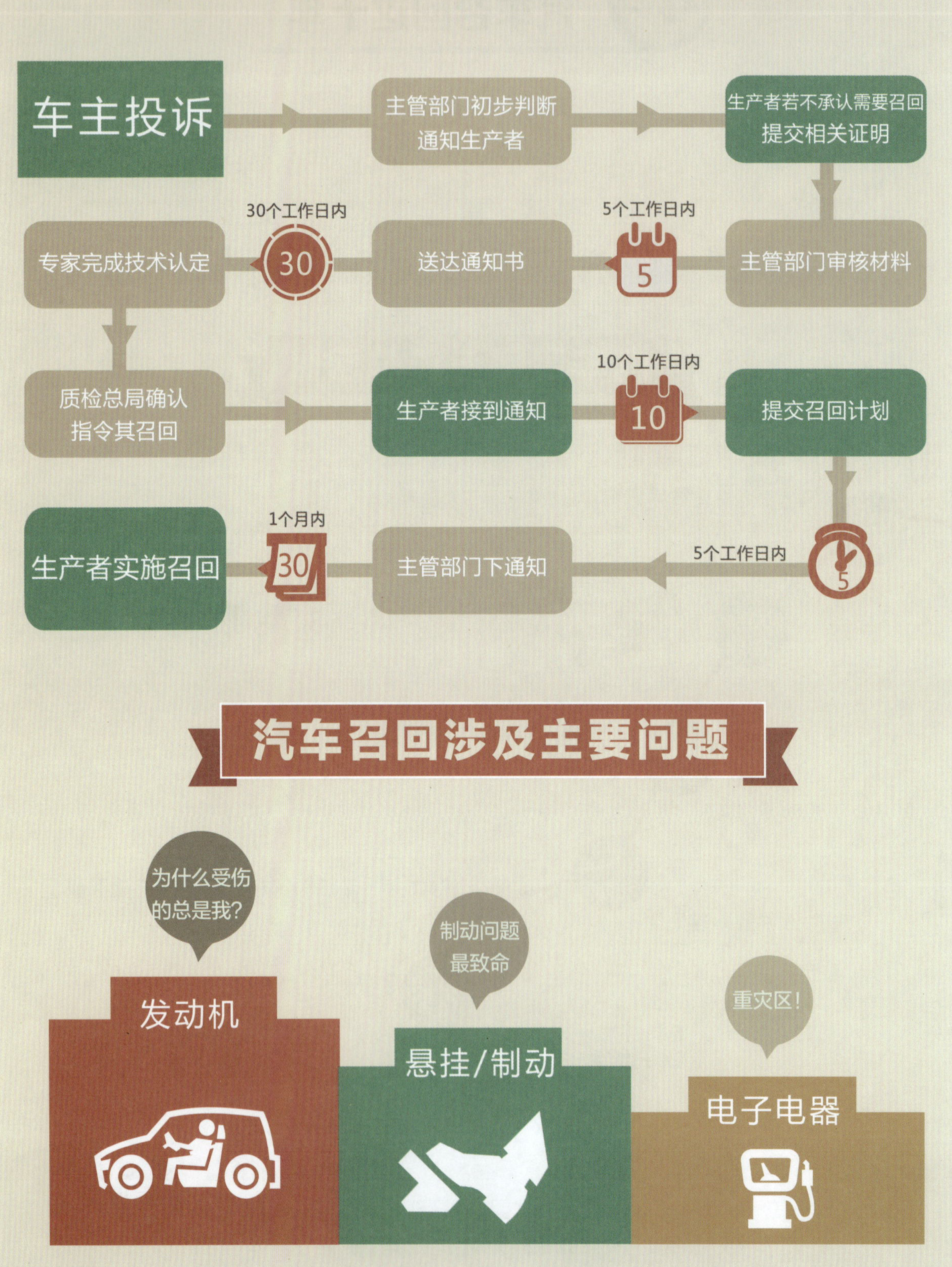
汽车召回的流程是怎样的？
车主投诉
主管部门初步判断
通知生产者
生产者若不承认需要召回
提交相关证明
主管部门审核材料
5个工作日内
5
送达通知书
30个工作日内
30
专家完成技术认定
质检总局确认
指令其召回
生产者接到通知
10个工作日内
10
提交召回计划
5个工作日内
5
主管部门下通知
1个月内
30
生产者实施召回
汽车召回涉及主要问题
为什么受伤
的总是我？
发动机
制动问题
最致命
悬挂/制动
重灾区！
电子电器

2013年汽车召回年度大事件
长安
江淮
大众
宝马
BMW
因机油乳化问题
12492辆长安CS35被召回
江淮“生锈门”
召回11万辆同悦
大众汽车召回门
84.8万辆大规模史无前例
进气凸轮轴缺陷
宝马召回25254辆汽车

45 2014年全国机动车和驾驶人迅猛增长

新增汽车1700多万、汽车驾驶人2780多万

122交通网特别制作

汽车保有量达历史最高水平

全国机动车保有量 2.64亿辆

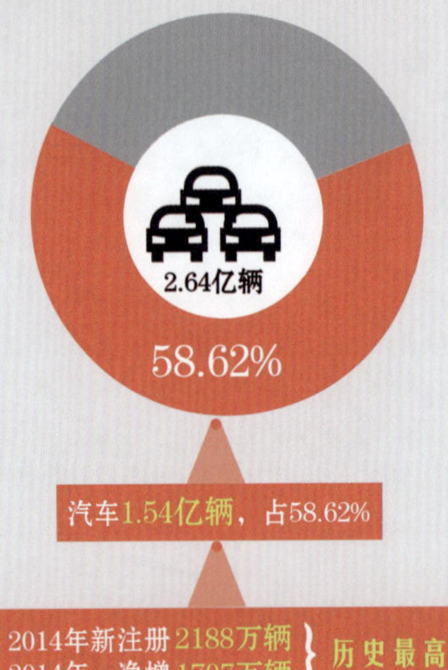

汽车1.54亿辆，占58.62%

2014年新注册2188万辆
2014年　净增1707万辆
历史最高

群众出行方式明显改变

私家车数量大幅增长，占比升高

私家车1.05亿辆，占90.16%

比2013年增加1752万辆，增长19.89%

私家车增长带动居民出行方式转变

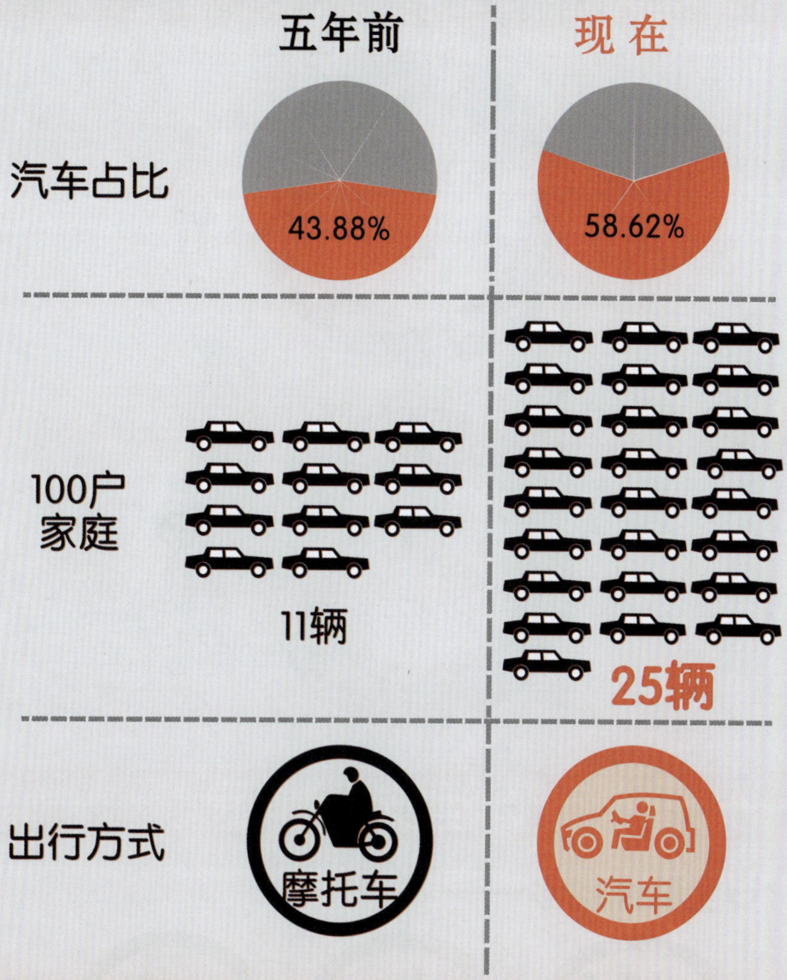

五年前
现在
汽车占比
43.88%
58.62%
100户
家庭
11辆
25辆
出行方式
摩托车
汽车

10个城市的汽车保有量超200万辆

哈尔滨
乌鲁木齐
北京
天津
黄
兰州
郑州
成都
西安
苏州
黄海
上海
拉萨
重庆
长
江
武汉
东海
杭州
广州
深圳
南海

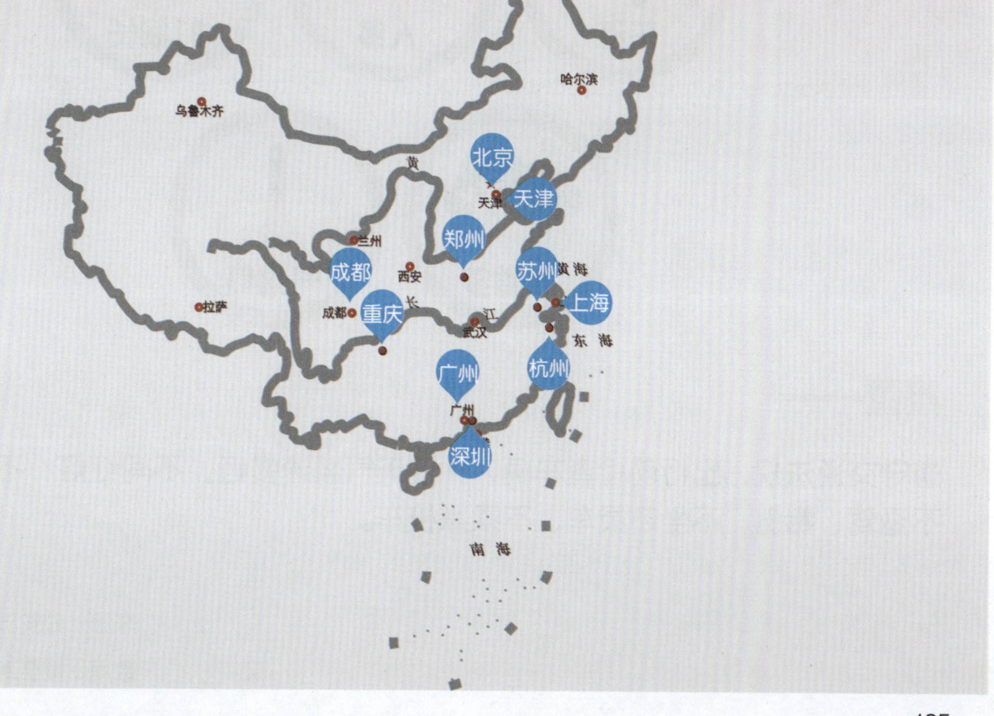

机动车驾驶人突破3亿

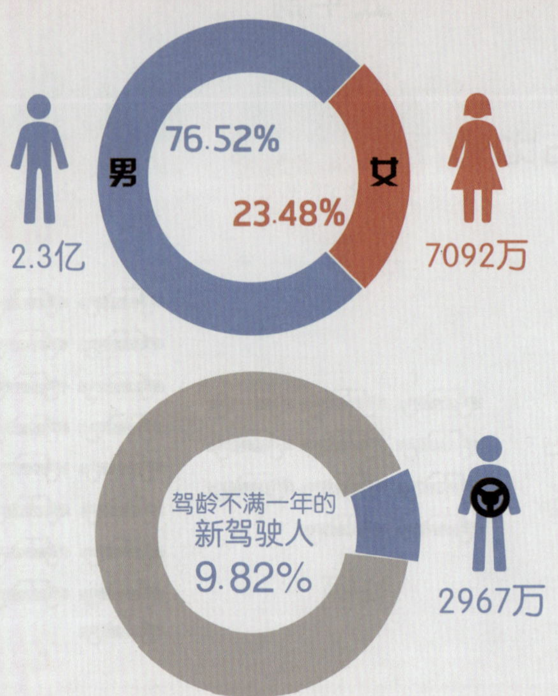

春运安全提示

春运将至，安全隐患增多——

提醒——

遵守交通法规，出行前检查车辆，关注天气减速慢行，不闯红灯，不要超速、超载，不酒驾、毒驾，不坐超员车、不乘黑校车。

来源：公安部交通管理局

数据：截至2014年12月31日

46 2015年上半年全国新增机动车750万辆

2015年上半年，全国机动车和驾驶人保持着快速增长趋势，新增机动车750万辆，新增驾驶人949万人。截至2015年6月底，全国机动车保有量达2.71亿辆，全国机动车驾驶人总量达3.12亿人。

2015年上半年，全国机动车驾驶人总量达3.12亿人

2015年上半年，全国新增驾驶人949万人

◆ 截至2015年6月底：全国机动车驾驶人数量达到3.12亿人，与2014年年底相比，新增驾驶人949万人。

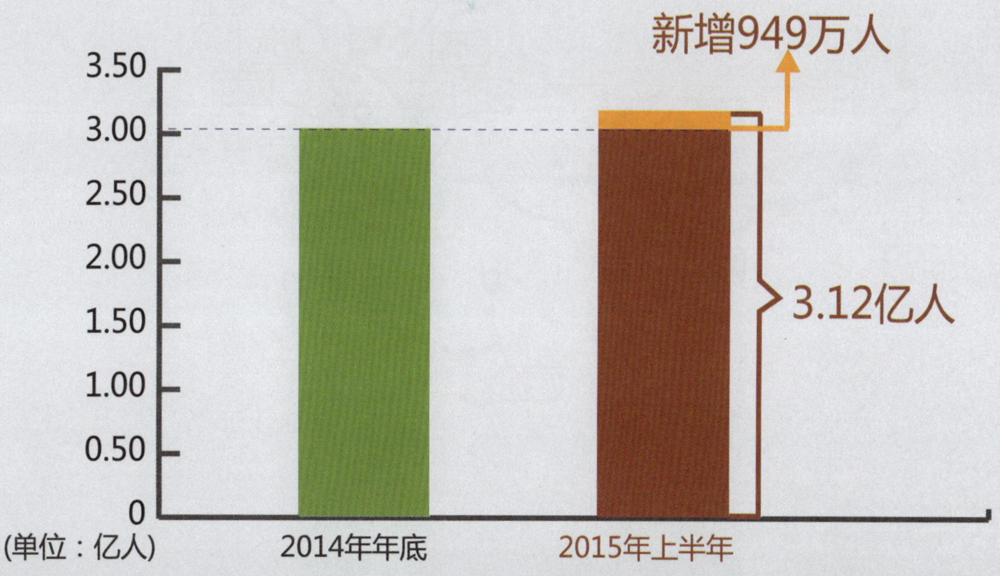

全国机动车驾驶人增长情况

◆ 其中，汽车驾驶人2.63亿人，占驾驶人总数的84.36%，是汽车保有量的1.6倍。

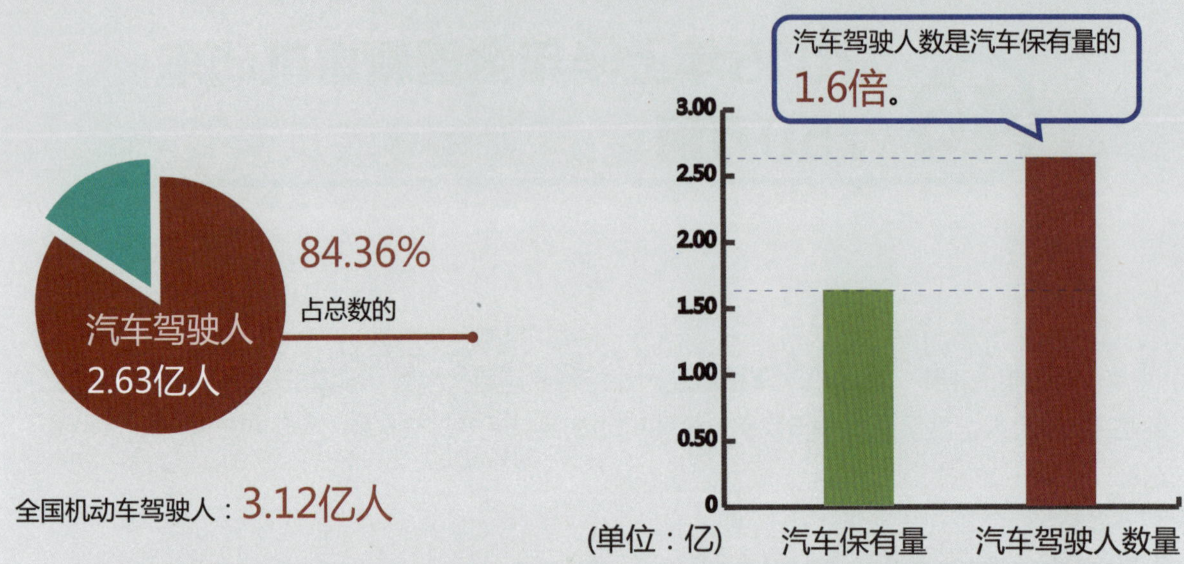

广东、山东、江苏3省的驾驶人数量排全国前三名

◆ 驾驶人数量超过1000万的省(区)有14个，分别是：广东、山东、江苏、河南、四川、浙江、河北、湖北、湖南、广西、辽宁、江西、云南、安徽。

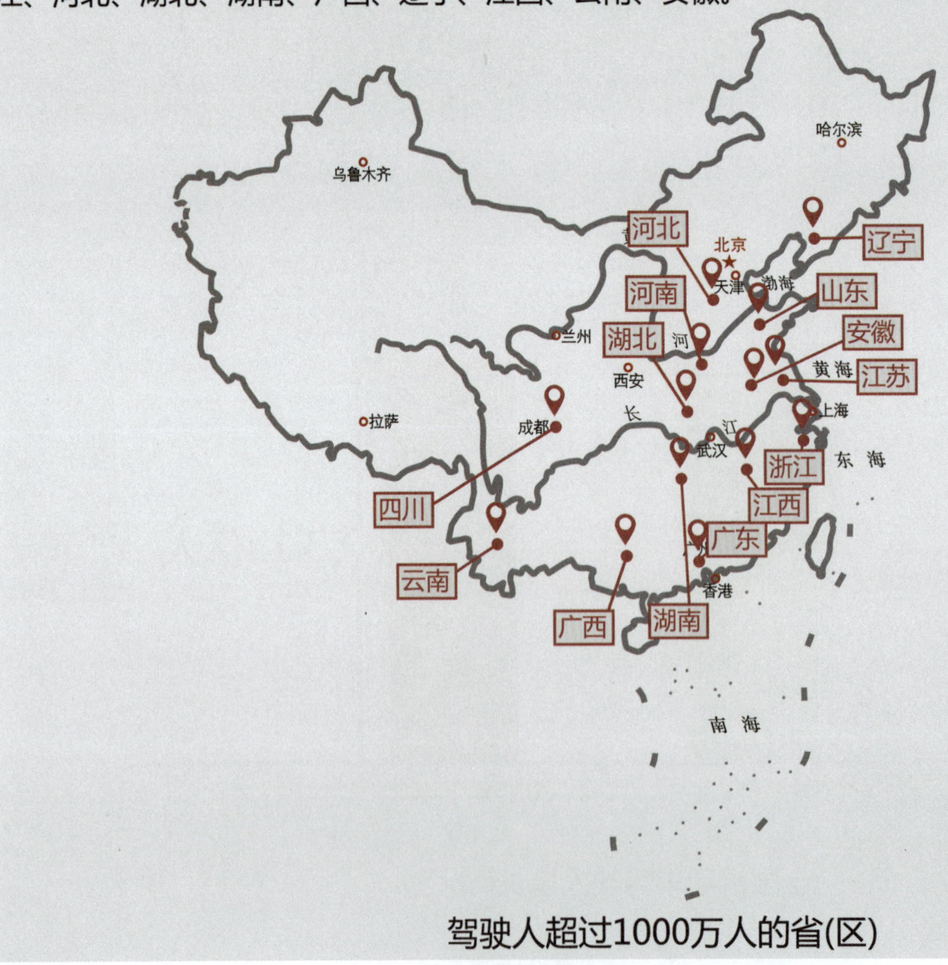

驾驶人超过1000万人的省(区)

◆ 其中，广东、山东、江苏三省驾驶人超过2000万人，位列全国前三名。

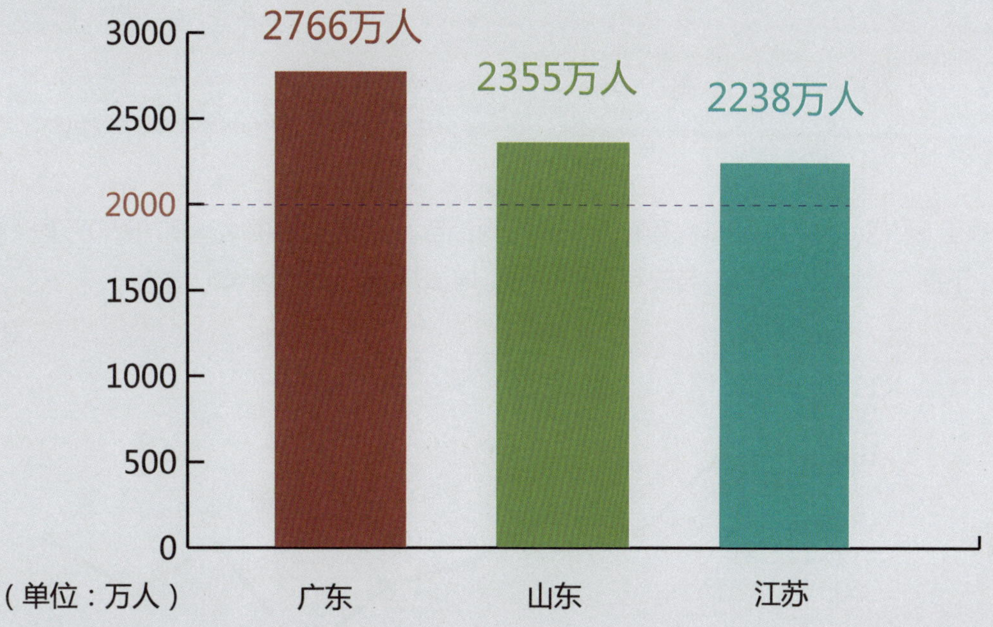

◆ 从驾驶人驾龄情况看，新驾驶人数量不断增加。驾龄不满1年的驾驶人有3349万人，占全国机动车驾驶人总数的10.75%。

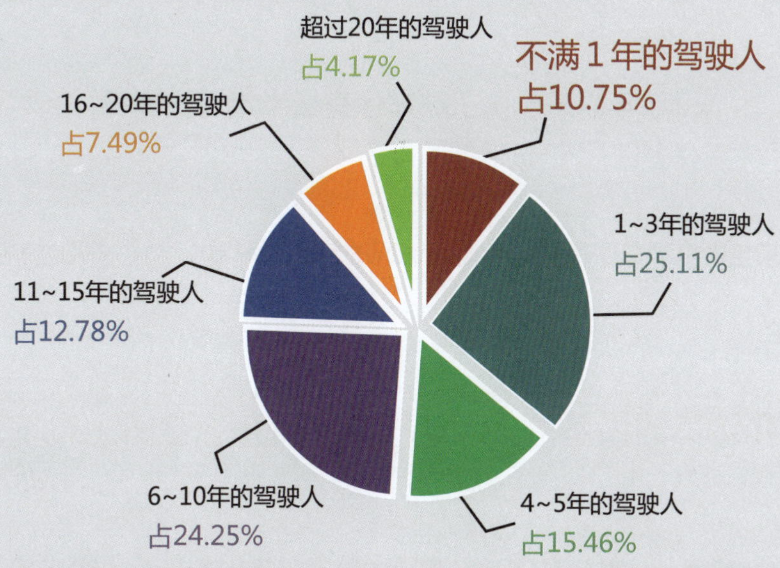

驾驶人驾龄分析图

2015年上半年，全国机动车保有量达2.71亿辆

2015年上半年，全国机动车数量新增750万辆

◆ 截至6月底：全国机动车保有量为2.71亿辆，与2014年年底相比，增加750万辆（扣除注销量，下同），增长2.84%。与去年同期相比，增加1348万辆，增长5.23%。

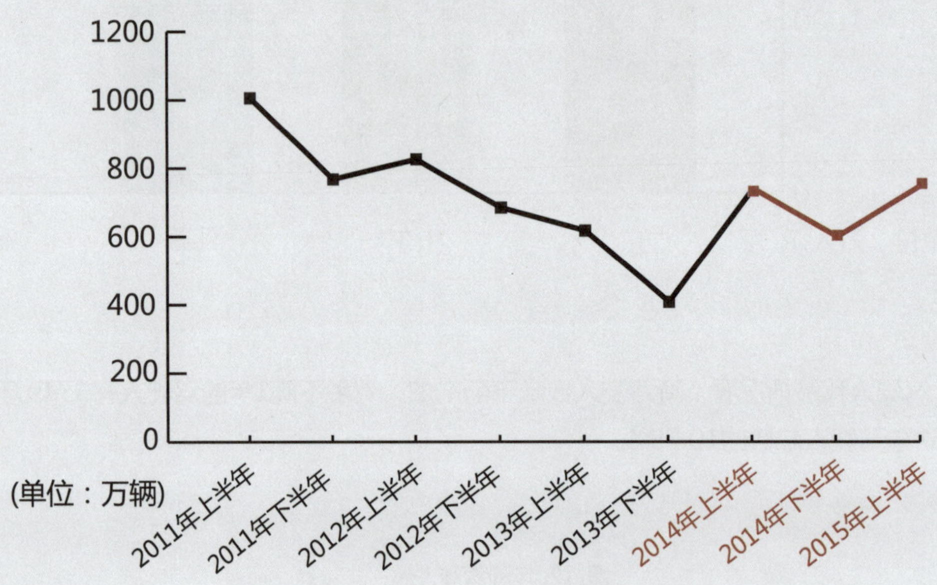

2011年以来全国机动车保有量半年增长情况

◆ 从2011年以来全国机动车保有量半年增长情况的统计情况看，全国的机动车数量保持着较快增长趋势。

12个省(区)机动车数量超过1000万辆，广东、山东和河南排前三

◆ 从机动车分布省份看，全国有 12 个省（区）的机动车保有量超过 1000 万辆：广东、山东、河南、江苏、河北、浙江、四川、云南、安徽、湖北、广西、湖南，其中广东、山东和河南机动车保有量超过 2000 万辆，位列全国前三位。

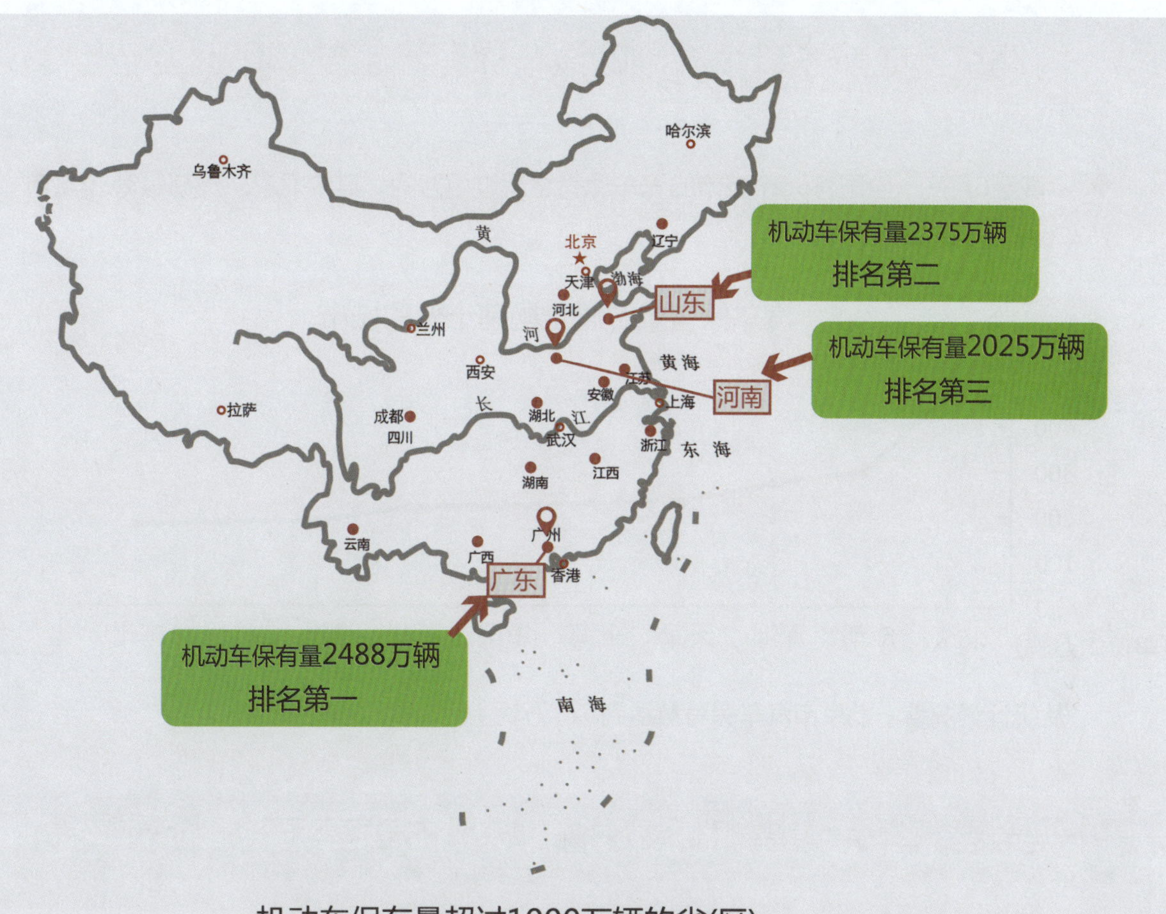

机动车保有量超过1000万辆的省(区)

上半年，全国汽车保有量达1.63亿辆，比去年同期增长10.72%

◆ 截至6月底，全国汽车保有量为1.63亿辆，与2014年底相比，增加858万辆，增长5.55%。与去年同期相比，增加1579万辆，增长10.72%。

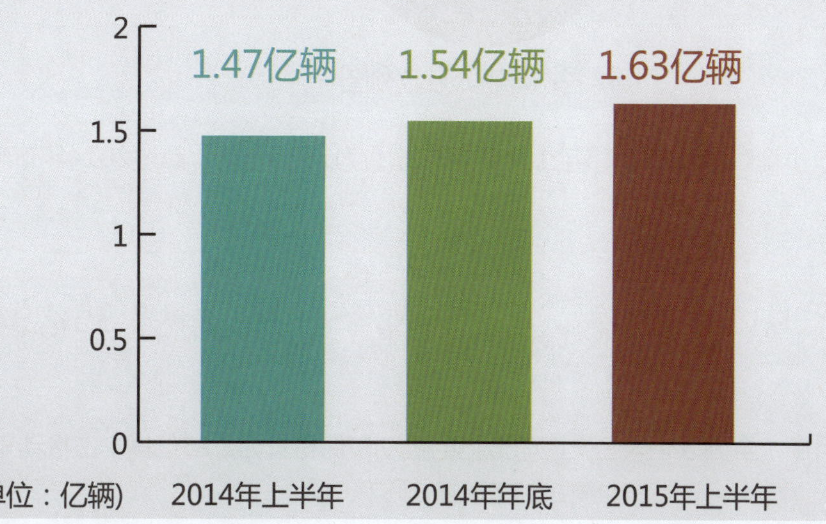

北京、成都等11个城市的汽车保有量超过200万辆

◆ 截至6月底，全国有38个城市的汽车保有量超过百万辆。其中北京、成都等11个城市汽车保有量超过200万辆。

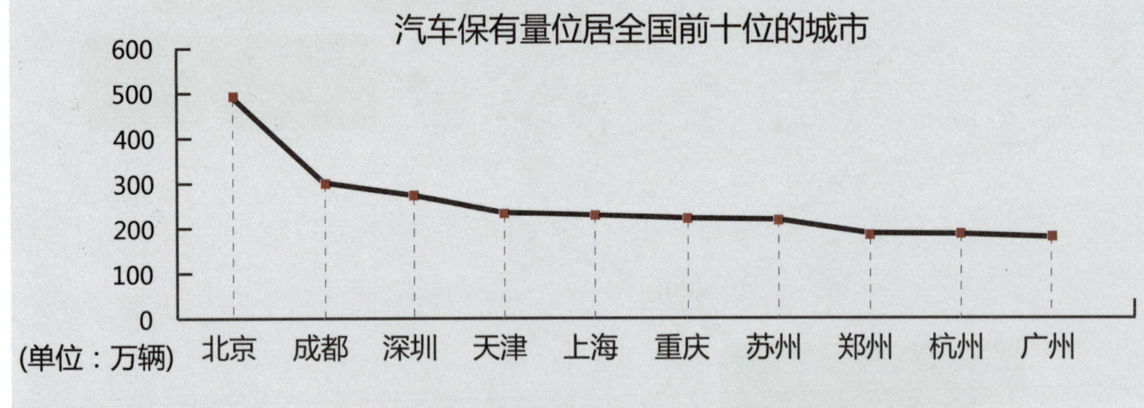

从统计情况看，北京市汽车保有量达到527万辆，明显高于其他城市。

小型载客汽车月均增加154万辆，总量占载客汽车总量的96%

◆ 截至6月底，全国载客汽车保有量为1.32亿辆，其中，小型载客汽车总量达1.26亿辆，占载客汽车保有量的96%。

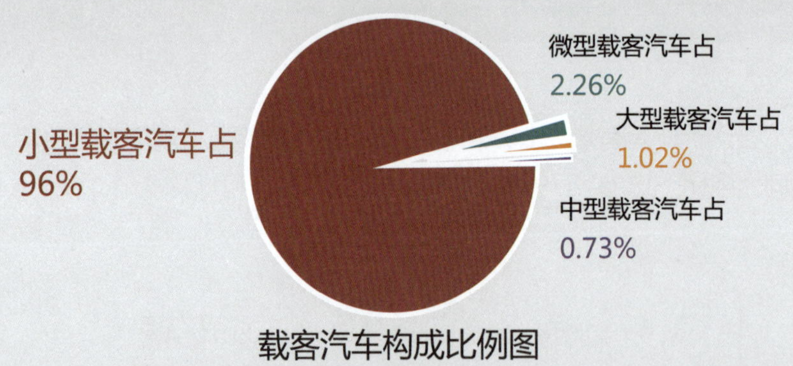

载客汽车构成比例图

◆ 据统计，小型载客汽车2015年上半年月均增量为1534万辆，超过2014年下半年月均增量。

截至2015年6月底，全国个人汽车保有量达1.35亿辆

◆ 截至6月底，全国以个人名义注册登记的机动车保有量为2.25亿辆，占机动车总量的82.92%。

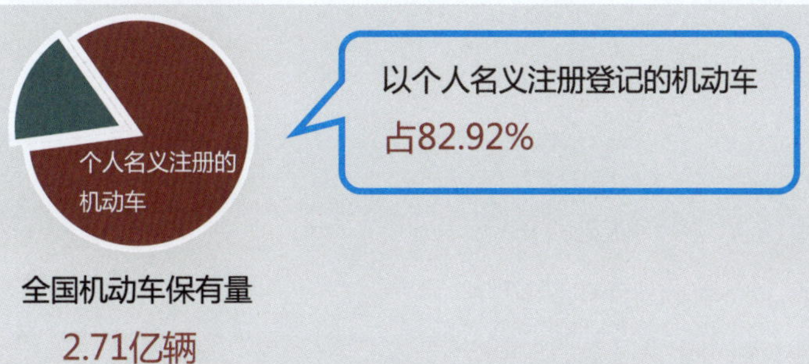

◆ 以个人名义注册登记的机动车中，个人汽车保有量达1.35亿辆，占汽车保有量的82.64%，比2014年年底上升1.17个百分点，比去年同期上升2.33个百分点。

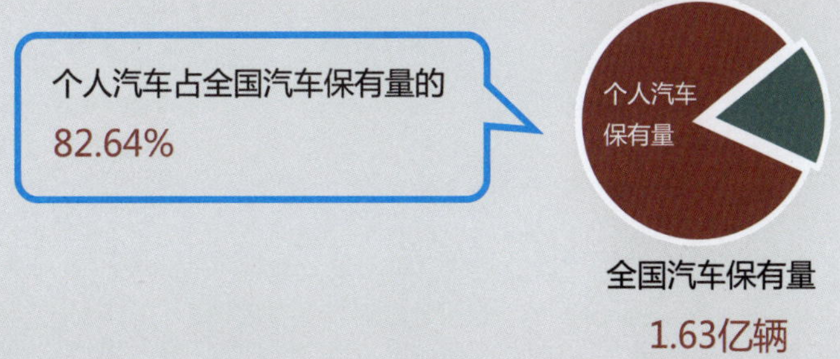

◆ 据统计数据显示：2011年到2015年，私人汽车拥有率提高了9.46个百分点，尤其是个人小型、微型载客汽车数量增长迅速。

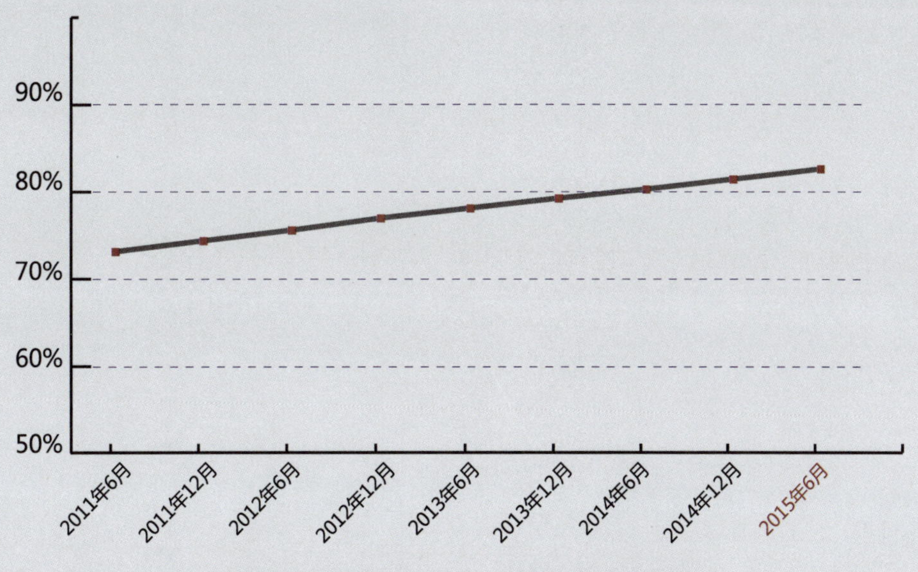

2011年以来私人汽车拥有率情况表

数据来源：公安部交通管理局

十、安全用车常识

47 遇到轻微交通事故如何快速处理？

一起小剐蹭事故未能快速处理将造成全城拥堵，这种说法也许毫不夸张，相信很多车主都有类似的感慨和无奈。那么，如果发生轻微剐蹭事故，我们应该如何正确且快速地处理呢？

发生轻微交通事故处理流程

向保险公司报案 → 拍照、划线保留证据 → 撤离现场 → 填写《现场记录书》/ 文字方式记录 → 核对材料共同签名 → 办理保险理赔

注：凡是发生事故后“人未伤、车能动”的均应快速撤离处理。

《现场记录书》为《机动车轻微道路交通事故快速处理现场记录书》

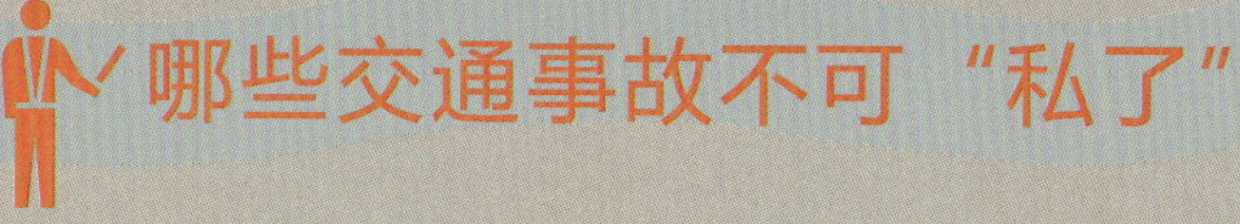

哪些交通事故不可“私了”

机动车发生事故有以上情形之一的，当事人应当对现场进行照相或在地面标记车辆轮胎位置，并迅速将车辆移至不妨碍交通的地点报警，等候交警处理。

事故后如何拍照留证？

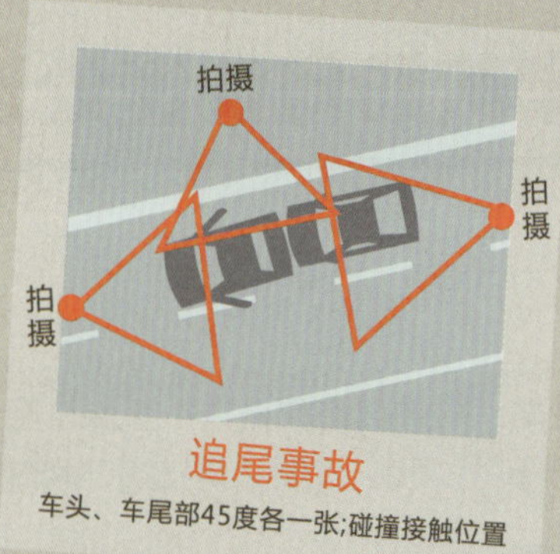

追尾事故

车头、车尾部45度各一张;碰撞接触位置

照片贵在准确，要特别注意标志标线

关键点二

在地下留记号后再拍照

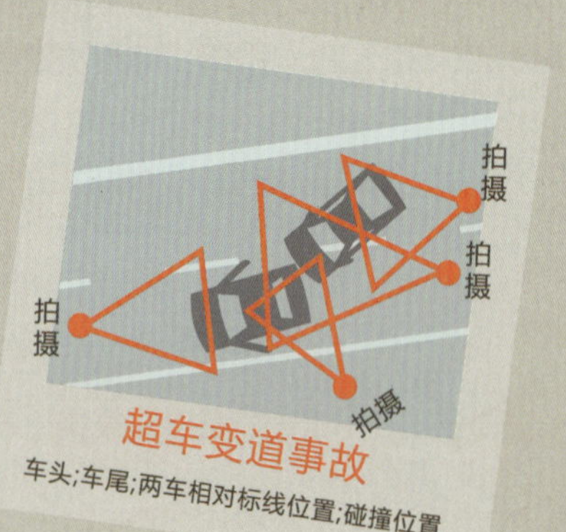

超车变道事故

车头;车尾;两车相对标线位置;碰撞位置

环岛类事故

要拍两个车的行驶位置以及环岛内的标线。

发生轻微交通事故后怎么快速理赔？

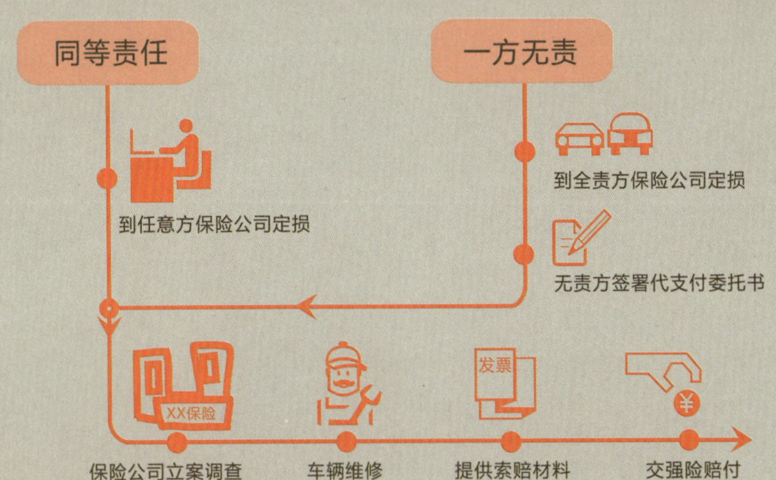

不快速处理的处罚

对“人未伤、车能动”的轻微交通事故，由于当事人未及时撤除现场，造成交通堵塞的，将对驾驶人处以200元罚款。

48 教你如何防“碰瓷”

最近，有个狠角色再一次称霸江湖让人闻风丧胆……他们就是“碰瓷党”。今天就给大家普及一下防止碰瓷的知识，在遭遇碰瓷时能够正确地保护自己，减少损失。

“碰瓷党”频出没，请注意！

碰瓷高发人群、环境及手段

时间：大多数选择在偏僻路段、路面没有交警巡逻的时间，主要集中在中午、晚间。

地点：交通相对混乱的地方。

- 丁字路口、十字路口转弯处
- 城郊、集镇农贸市场等
- 城区行人、车辆较多的地方

什么人最容易被碰瓷？

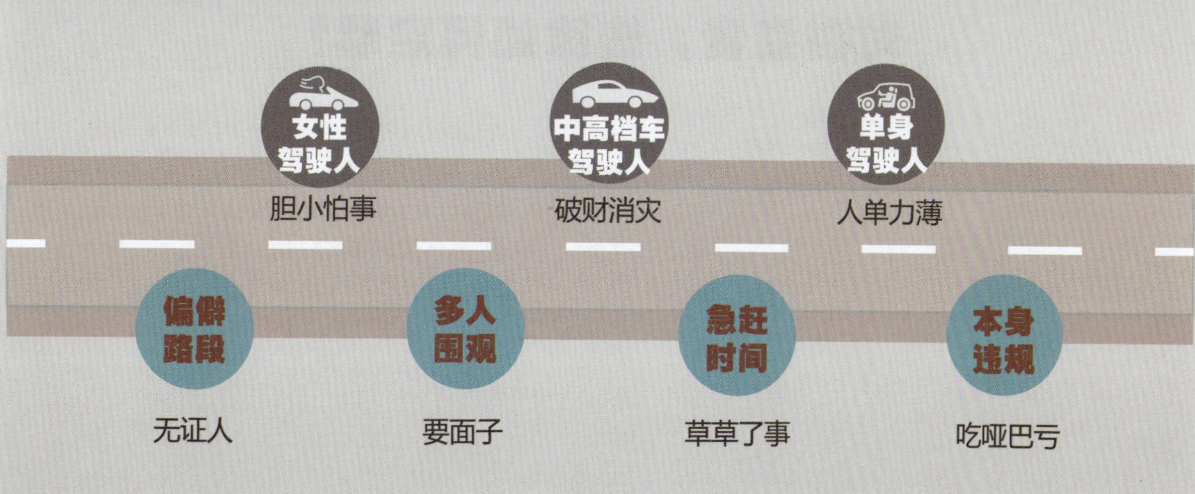

常见碰瓷手段：

人故意撞车

选择人行道、非机动车道等人多拥挤的地方，故意用身体撞上车辆，再来点儿猪血、鸭血讹诈钱财。

不报警要私了

事故发生后，“碰瓷”车辆或“碰瓷”人通常会提出不要报警并且用钱“私了”的要求。

龟速前行等追尾

故意开在目标车辆前面，目标车辆贴得很近，然后找机会紧急制动造成目标车追尾。

遭遇碰瓷，我该怎么办？

“碰瓷”是一场心理战，被“碰瓷”一方必须从心理上、气势上压倒对方，才能维护自身利益。

安装行车记录仪——记录途中影像

开车集中注意力——不要有交通违法行为

及时报警——让警察出面协助解决

拍照保留证据——将碰瓷现场拍摄下来

留住证人——用好态度争取围观者同情

谢绝调停——故意虚张生势以引起路人的注意

避免“私了”——坚决表明先去医院检查否则赔偿免谈

对碰瓷者，法律如何定罪？

诈骗、敲诈勒索，拘留5~10日，处500元以下罚款。

诈骗敲诈数额较大的，处3年以下有期徒刑、拘役或者管制；

数额巨大或者有其他严重情节的，处3年以上10年以下有期徒刑。

49 2013年道路交通事故数据分析：事故在时间上的分布特点

一天中哪个时间段，一周中哪一天，一年中哪个月份，我国的道路交通事故最多？又是什么因素导致了这些时间事故多发？

18点到21点是事故高发期，19点到20点达到最高峰

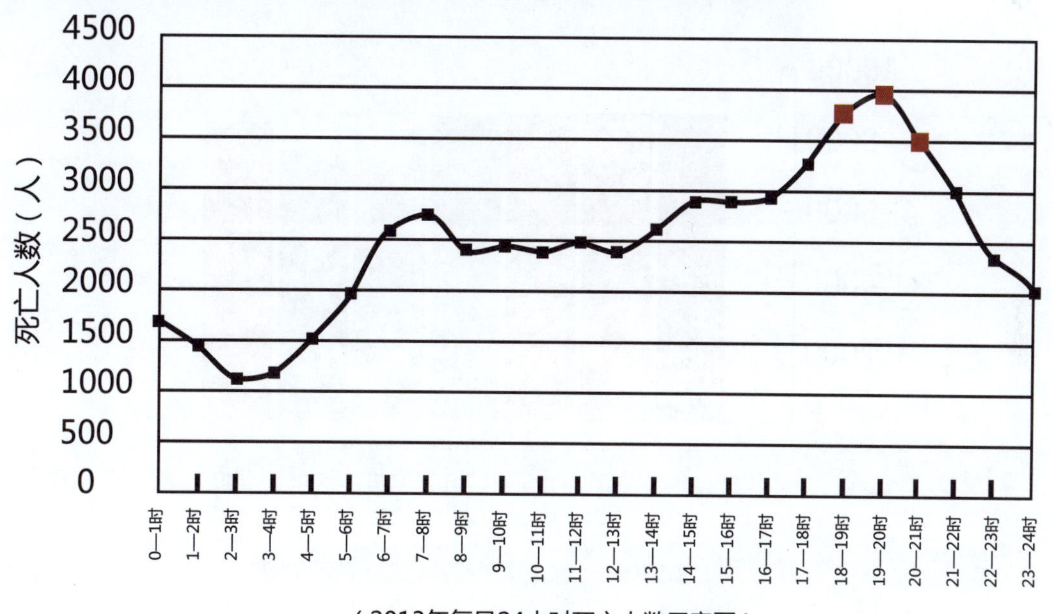

（2013年每日24小时死亡人数示意图）

每天18点到21点是全天中交通事故最高的时段：大概从18点开始出现下班晚高峰期，人们集中出行，加之回家心切，行驶速度会较快，极易发生交通事故；另外加上夜间行车，光线较暗等因素，也增加了事故发生的可能性。

19点到20点达到一个最高峰：这个时间段是应酬聚会后回家期间，酒驾、超速等现象增多，加上夜晚行车等因素加大了出行的安全隐患。

19点到20点事故高发，安全驾驶要这样做：

①高峰时段出行，小心驾驶，注意避让行人；

②即使着急回家也别超速，别随意变道；

③应酬、聚会等活动结束后，千万别酒后驾驶；

④夜间光线差，要谨慎驾驶，正确使用远光灯。

每个星期的工作日是事故高发时段，尤其是星期一和星期二

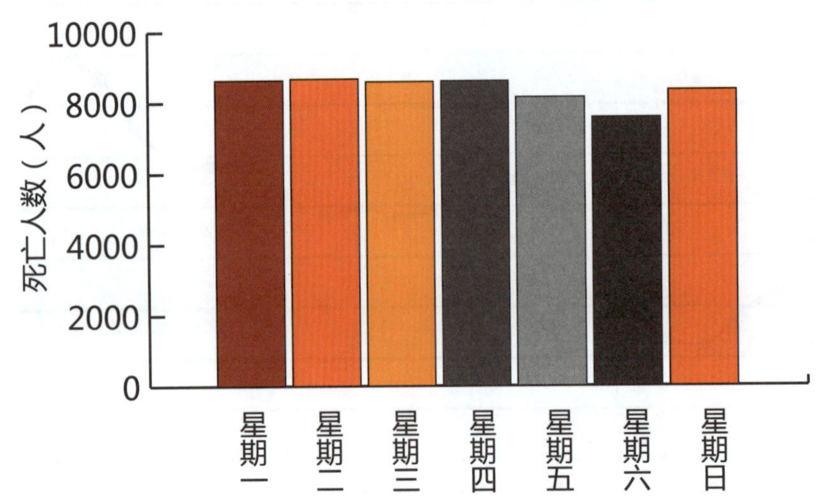

（2013年一个星期中每天的死亡人数示意图）

1 **周一、周二和周四交通事故高发：**工作日是一周的出行高峰时段，尤其是上下班的早晚高峰期，人们集中出行，极易发生交通事故；此外，人的主观因素也对事故的发生产生影响，有数据统计，周一这天60%的人出现情绪低落的情况。

2 **周六是一周中事故起数与死亡人数最低的一天：**分析认为，周六整体的交通流量减少，出行主要以休闲、购物等为主，出行时间自由、不集中，相应也减少了各类交通事故的发生。

工作日一定要合理安排出行，别紧赶时间：

①周一要特别注意出行安全，**尽量错峰出行**；

②**不要为了赶时间开快车**、随意变道等；

③行车中**不要接打电话**、发短信等；

④开车要**注意力集中**，不要受情绪影响而分心。

11月、12月份是交通事故高发期,死亡人数高达1万多

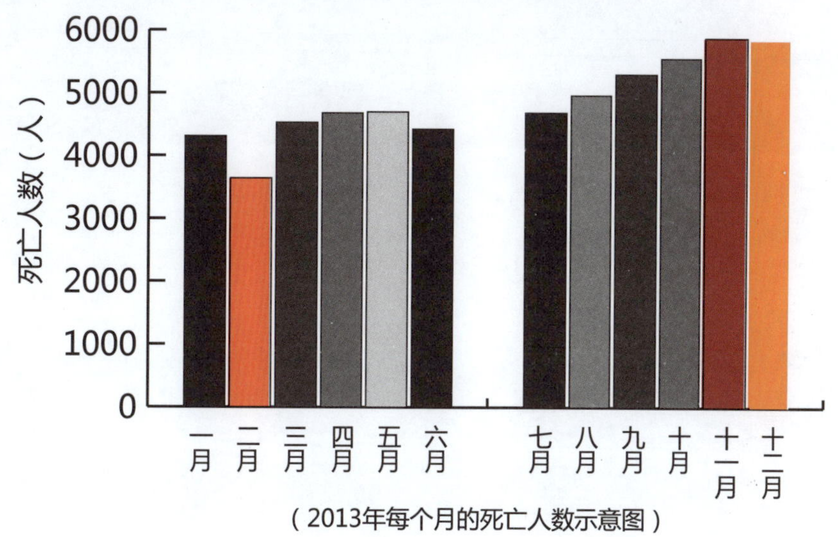

（2013年每个月的死亡人数示意图）

数据分析

1 12月份的事故死亡人数居各月之首，11月份次之，主要因为冬季我国大部地区雨、雪、风、雾等恶劣天气频发，路面湿滑易结冰，增加了驾驶难度，极易导致追尾、侧翻等交通事故。

2 每年2月是全年事故起数与死亡人数最少的一个月，一方面与2月天数少有关，更重要是一般春节都在2月，春节期间城市整体交通流量减少，所以减少了事故发生的可能性。

①冰面行驶要**多走直线**；

②通过减挡来**有效控制车速**；

③坡路要慢行，**避免紧急制动**。

数据来源：公安部交通管理局

50 “曲线拿驾照”真的靠谱吗？

之前有媒体报道称，越来越多的“驾照游客”去韩国，因为韩国的驾考难度较低，只要参加13个小时的培训，花费426美元就可轻松过关，去年约有2.5万名中国人在韩国考驾照。然而，去国外考驾照真的靠谱吗？

赴韩学驾照，看上去很美

1 媒体称赴韩考驾照费用低拿照快

媒体称学车费用大概 **50万韩元**

折合人民币 **约3000元**

只要参加**13个小时的**培训就可轻松过关

2 实际上除基本的费用外还需要额外金钱成本

交通

往返机票 **2500元**

住宿

200元/天×7天 **1400元**

吃饭

100元/天×7天 **700元**

3 旅游考驾照，并非你想考就能考

考驾照时需**登陆证**

只有长期停留才有资格获得

留学生

长期在韩工作

外国人登陆证

需出示在学证明书

大学注册证明/录取证明/缴纳学费证明

需要等待期

15天左右

4 考试真那么容易就过吗？

考试细节要求高 **路考通过率低**

网友说：“一起参加路考的20多个学员中，通过的只有六七人，身边同学基本上没有一次性通过整个考试的。”

随机分配线路

实际道路考试路线分为多条考试当天电脑自动分配线路

路考路线比较长

有可能会经过市区、郊区、地下通道等路段

GPS自动扣分

如在路考中出现抢道、压中央线、违反信号灯等情况会被直接取消考试资格

通过率低

一次性通过考试的人**不足40%**

如果没有一次就过的把握单纯飞来韩国考个驾照**“真的不划算”**

网购外国驾照能换证？涉嫌违法！

拿到购买的“外国驾照”后，就能开车了吗？

先得去公证确定驾照的真伪

需提供护照及签证原件、国外驾照原件、办理翻译公证

还得查询相关出入境记录

出入境记录是根据真实出入境时间记录的，不可修改

还需考取科目一的理论考试

需体检、车管所登记考点约考，然后考科目一

买卖驾照违法，最重可追刑责

根据《中华人民共和国刑法修正案（九）》：

对于伪造、变造、买卖机动车驾驶证行为：“处三年以下有期徒刑、拘役、管制或者剥夺政治权利，并处罚金；情节严重的处三年以上七年以下有期徒刑，并处罚金”的刑事处罚。

对于使用伪造、变造的驾驶证或盗用他人的机动车驾驶证：情节严重的行为“处拘役或者管制，并处或者单处罚金”的刑事处罚。

国内考驾照，真的那么难吗？

2013年新交规实施后，普遍反映考驾照难度加大

学时为78学时

费用在5000元以上

多地驾考通过率低于4成

深圳市车管所考试科副科长周国驹说，新驾考比较注重实操性，而且考试形式更灵活，可能很多考生一上来猝不及防，但只要理解了交通安全知识，还是不难的。

效果摆在这里：

- 2013年，按新部令培训考试取得驾驶证、驾龄1年以内新驾驶人被查处的违法起数同比下降 **72.9%**
- 驾龄1年以内新驾驶人引发的交通事故起数、死亡人数，同比分别下降 **16.3%、14.9%**

51 让数据说话！女司机到底靠谱不靠谱？

"女司机倒车压死老公又夹死自己" "女司机油门当刹车越野车闯进鞋店" "女司机开车敷面膜吓坏交警"……有关女司机的传奇层出不穷，女司机真的是马路杀手吗？

女司机是如何被妖魔化的？

新闻报道中的女司机，总是和事故、隐患联系在一起。

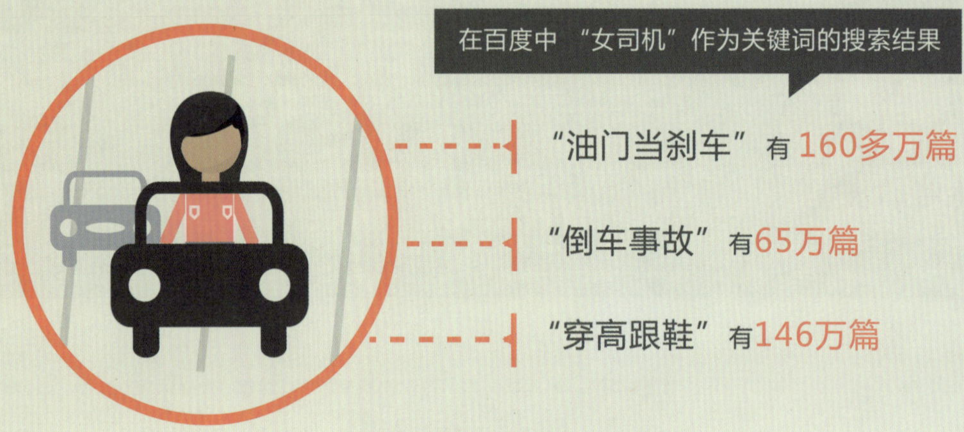

网友吐槽语录：

女人开车遇到紧急情况第一反应不是保持冷静，而是"啊~~~~~~~~！"

珍爱生命，远离女司机！

地球人已经无法阻挡女司机了！

女司机倒车，方圆十米，寸草不生。

女司机是排在女博士之后的"第四种人"。

研究表明：女性开车时感知、反应确实略输男性

专业人士称，女性开车不如男性，主要体现在感知、反应等方面。

德国研究人员发现
女性停车
要比男性
多用20秒

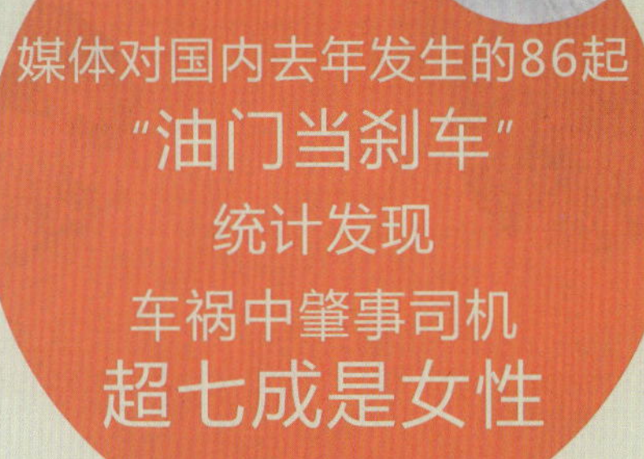

媒体对国内去年发生的86起
“油门当刹车”
统计发现
车祸中肇事司机
超七成是女性

日本实验显示
女司机制动距离
比男司机
长4米之多

2011年英国
因倒车技术差没通过驾考
女性有4万多名
男性仅2万人

没天赋就开不好车？实际驾驶中女性事故数据比男性低

实际驾驶中，女司机不抽烟、不喝酒、不超速……女性其实是“马路安全天使”有木有？

北京女性司机共 139.8万
占总数的 30.7%

女司机造成一般事故共 176起
仅占总数的 3.3%

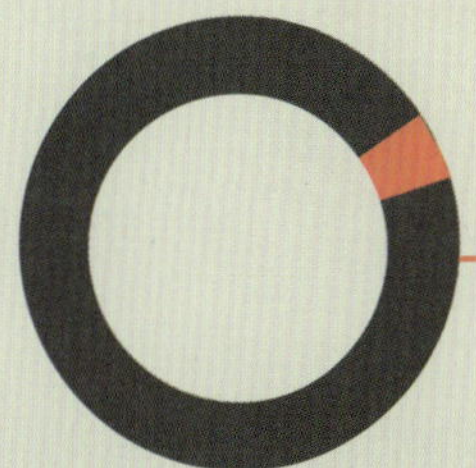

造成了死亡的事故中
女性肇事占总数的2.2%

女司机肇事事故死亡人数
是男司机的1/50

（注：北京2007年数据）

东莞市发生交通事故3559起
涉及女性253起，占总数的
7.11%

女司机涉事事故
造成 9人死亡，占总数的
2.56%

女司机涉事事故
造成276人受伤，占总数的
7.06%

按造成交通事故比例来看，女司机驾车事故率不到男司机的1/30。

（注：东莞2011年数据）

成都女司机约110万
占总数的29%

成都市1968起立案的道路交通事故中，
涉及女司机共计227件，仅占总数11.5%

女司机的事故率远不到男司机的1/3

（注：成都2013年前10个月数据）

国外统计也表明女司机造成的严重事故比男性少

下面的这个数据，告诉我们在美国路上遇到女司机比遇到男司机安全！

男司机

占总驾驶量的65%左右

为交通事故中的死亡负责的比例为75%左右

女司机

占总驾驶量的35%

为交通事故中的死亡负责的比例仅在25%

同样里程的驾驶，男性司机发生致死事故的可能性要比女性多46%

结论：现在知道到底女司机与男司机谁更不靠谱了吧！

52 数据告诉你　正确系上安全带对你有多重要

据汽车事故调查表明：在发生正面撞车时，如果系了安全带，可使死亡率减少57%，侧面撞车时可减少44%，翻车时可减少 80%。可以看出，安全带其实就是“保命带”。

系了安全带，如果发生正面撞车可使死亡率减少57%

据汽车事故调查表明：在发生正面撞车时，如果系了安全带，可使死亡率减少57%，侧面撞车时可减少44%，翻车时可减少 80%。

系了安全带

正面碰撞

侧面碰撞

翻车

据统计，在美国每年有超过1万名驾驶人因为使用安全带而保住性命；在欧洲通过使用安全带每年将挽救5500个人的生命。

不系安全带的确不是聪明的选择。

不系安全带，即使车速只有20km/h也会要命

据试验数据显示：即使车速只有20km/h，不系安全带的话也会要命的。

车速为20km/h时与前方车辆发生碰撞：

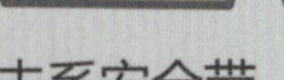

未系安全带

头部受到的最大冲击力相当于遭到110公斤物体撞击。

系了安全带

受到最大的冲击力相当于遭到55公斤物体撞击，而且受力部位是胸部，头部受到的冲击力被安全带所缓冲。

更重要的是，使用安全带还可以避免受到车内撞击的二次伤害。

从“车辆碰撞”到“人体与车内物体的碰撞”中需要0.2秒的时间，正常人的反应时间在0.3秒以上，驾乘人员只能借助安全带来保护自己。

车辆碰撞需要 0.2秒

人的正常反应需要 0.3秒

因此，在车辆碰撞的瞬间，驾乘人员根本无法做出反应，只能借助安全带的固定阻止人体与车内物体发生碰撞。

不系安全带，车速40km/h时，相当于从6米高空坠地。

据专家介绍：如果车辆速度达到40km/h，人体受到的冲击就相当于从6米高空垂直落到混凝土地面，其冲击力之大可想而知。

不系安全带，发生碰撞时安全气囊不仅不能救人还会伤人

车辆发生碰撞时，如果不系安全带：

车内人员会在毫无抑制作用的情况下直接往前冲，并撞到正在充气的气囊上。

正在充气的气囊对人的冲击力相当于遭到180公斤物质撞击。

车辆发生碰撞时，如果系了安全带：

安全带首先会抑制人员往前冲，于此同时安全气囊会爆起，由于安全带的保护，人员不会直接撞到正在充气的气囊上，而在气囊完全爆开后泄气时碰到气囊上。

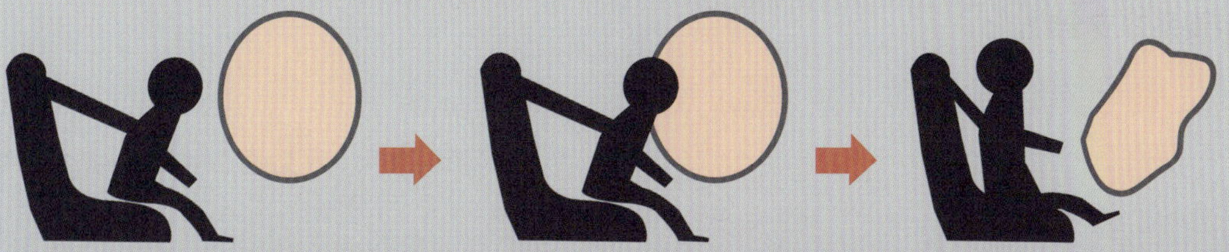

Tips：安全气囊对安全带起补充作用，不能代替安全带。安全气囊要与安全带配合使用才能起到其"安全"的作用。

那么安全带在关键时刻是如何保护人们安全的？

安全带主要起固定作用，当汽车突然停止时，它会在第一时刻毫不犹豫地把人“按”在座椅上，防止人由于惯性飞出挡风玻璃或者撞向仪表盘。

通过下面的例子，我们可以清晰地知道，安全带是如何保护人的生命：

假设汽车以约80km/h的速度行驶，车内人员的速度和车速几乎相等，此时汽车突然撞击前方电线杆：

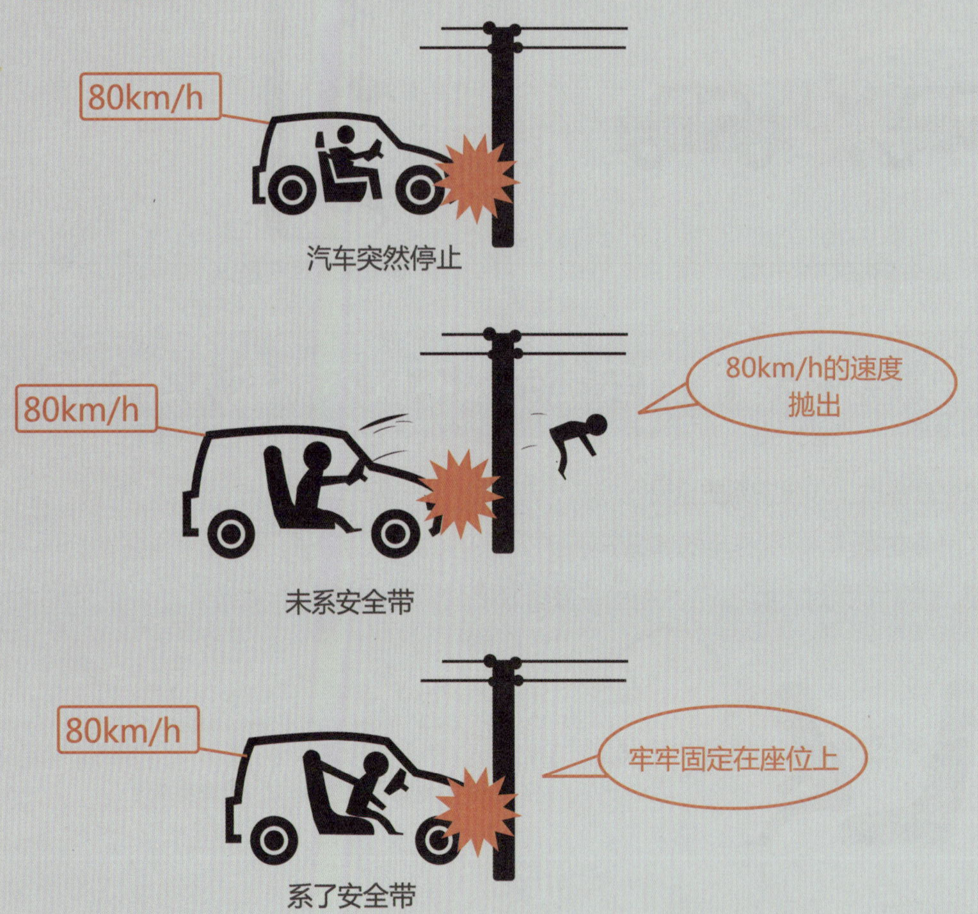

结语： 车祸猛于虎，行车需谨慎。在这里提醒大家，无论在哪里，只要是乘坐机动车出行，就一定要系好安全带。

资料来源：《交通工程学》、新华网等。

53 胎压过低更容易爆胎 你知道吗？

进入夏季后，4S店和汽车维修厂通常会建议车主降低胎压来防止爆胎，这就让很多车主走入了“夏季降低胎压能防爆胎”的误区。而实际上，胎压过低更容易爆胎。那么为什么胎压过低更易爆胎呢？而车主又该如何避免呢？

数据：引发爆胎的事故中，胎压过低占57%

在全部交通事故中的重大交通事故：

交通事故全部死亡人数中：

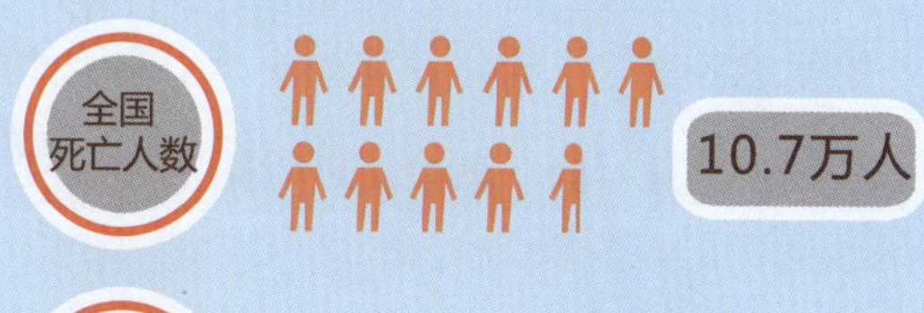

（备注：数据以2012年官方发布的数据为依据）

高速公路意外交通事故原因中：

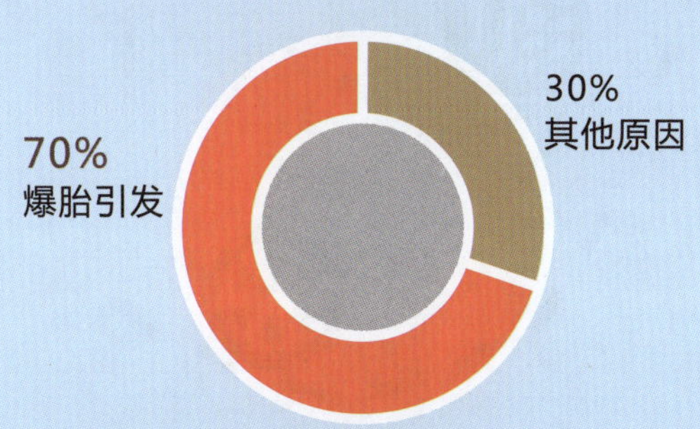

引发爆胎的原因中：

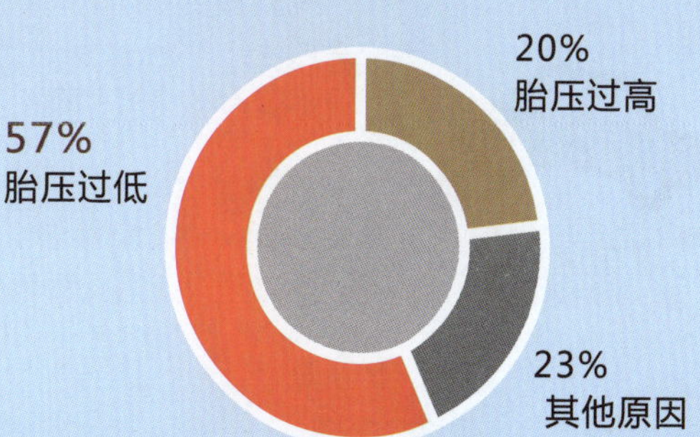

提醒： 1.每年爆胎高发的月份：4月—9月；

2.每天爆胎高发时间：上午10:00—下午16:00之间为主；

3.车速在140km/h以上行驶，发生爆胎事故死亡率接近90%；

4.车速在160km/h以上行驶，发生爆胎事故死亡率接近100%。

算一算：为什么低胎压更容易爆胎

胎压，严格意义上指轮胎内部的空气压强，通俗讲是轮胎所受到的空气压力。

汽车的正常胎压在2.2~2.5kg/cm²之间

图中红色线上的数据表示胎压的高低

当轮胎胎压过低时：

车轮下沉量增大，胎面与地面摩擦增加，滚动阻力上升，造成胎体温度急剧升高，胎面橡胶变软，老化速度加快，引起胎体局部脱层和胎面磨损加剧。如果汽车再在高速公路上高速行驶，就会加剧轮胎上述反应，更容易爆胎。

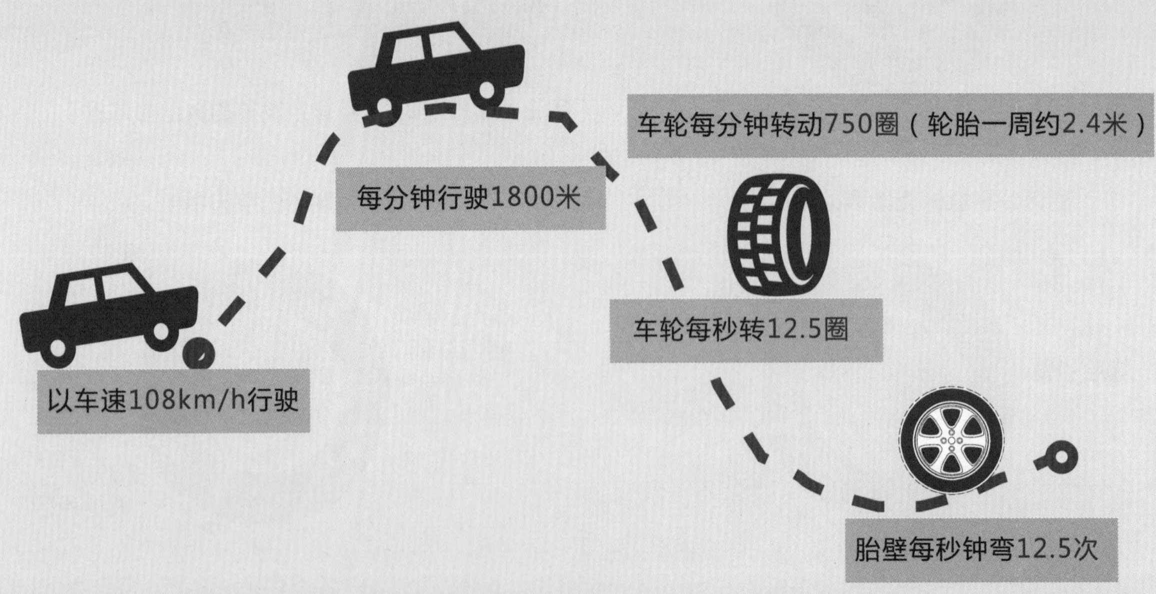

结论：以车速108km/h行驶，车轮每分钟转750圈，胎壁每秒钟弯曲12.5次。即便是很粗的铁丝，按这种速度来回弯曲也会断的。

支招儿：教你如何避免胎压过低

上马路牙子、蹭马路牙子、碾压异物、压坑洞等行为，对轮胎的损害是“毁灭性的”，所以，必须避免这些行为。

马路牙子，要远离

尽量躲开马路上的下水道井盖

要勤检查轮胎胎压，这个习惯是每位车主都必须养成的。在每次开车前以及停车后，都要认真观察轮胎是否亏气。

养成经常检查轮胎的好习惯

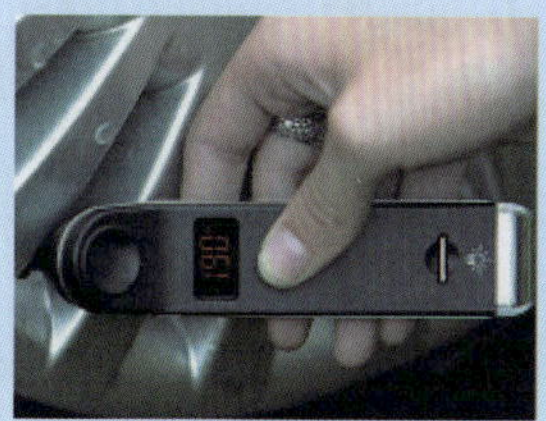

定期用胎压计检测轮胎

54 算算在北京的拥堵成本

每天早晚交通高峰期，北京的很多地段都会出现堵车，堵上半小时是常事。交通拥堵，到底给市民出行增加了多少“拥堵成本”？

2013年北京每天拥堵的时间

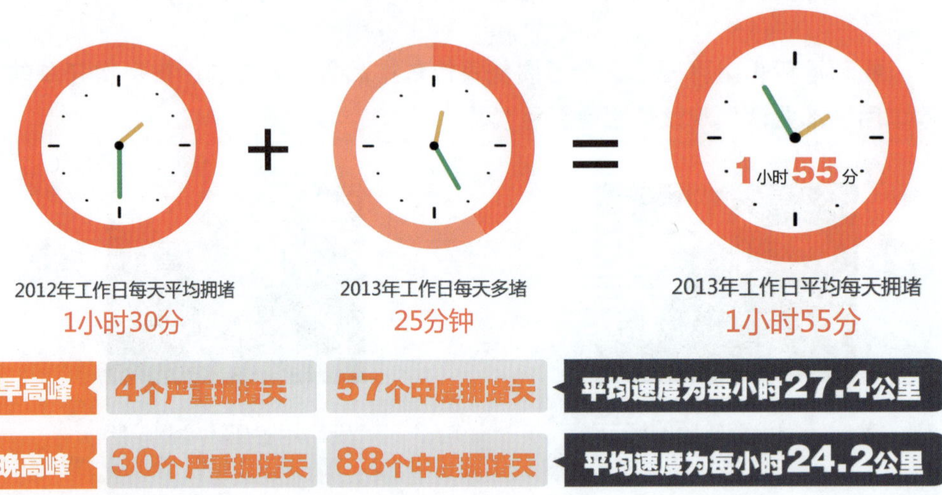

北京拥堵带来的个人成本

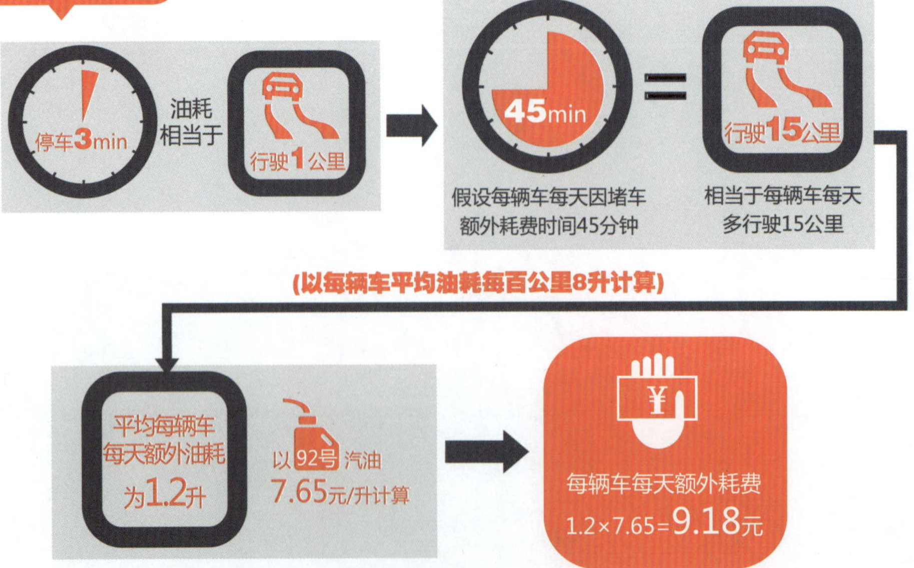

按每月22个工作日计算，每月就要多付202元油钱。也就是说，每辆车每月的“拥堵成本”是202元，一年的“拥堵成本”是2424元。

拥堵浪费掉的不仅仅是金钱，更重要的是时间！

利用堵在路上的45分钟，你可以：

- 每天多陪家人看一集电视剧
- 以80公里/小时计算，可绕行三环路1.2圈
- 看一场篮球赛
- 充电进修一节课时间

·其他成本

焦虑成本

胸闷、焦躁、心烦意乱

健康成本

眩晕、头痛、咽喉炎

环境污染

排放污染气体

噪声污染

房地产贬值、工作效率下降

55 冰雪路面驾车必读 让汽车不再“任性”

车辆在冰雪路面行驶时，因轮胎与路面间附着力降低，很容易发生轮胎侧滑或者空转，制动距离增大。所以，驾驶人必须掌握以下行车要点，才能提高在冰雪道路上的行车安全性。

车上这些保命的“功能”一定要用上

车上有TCS或ESP等功能的，一定要打开

可防止车辆驱动轮打滑
提高汽车行驶稳定性

ESP是车身电子稳定系统
可防止车辆侧滑、稳定车身

紧急制动时，一定要把制动踏板踩到底来启动ABS

ABS（防抱死刹车系统）在紧急制动时，保证车的制动方向稳定，防止侧滑和跑偏。

Tips: 不要因为车上有ABS功能就随意任性地紧急制动，因为ABS不能缩短制动距离。

起稳定作用

冰雪路面行车，这些防滑装备必须备好

在驱动轮上装防滑链，增加车辆行驶的安全系数

Tips: 在使用防滑链时，需要注意：

防滑链条必须钩在驱动轮上；

安装防滑链后，行驶速度一般不要超过40km/h。

北方的驾驶人朋友，冬天最好换上雪地胎

与普通轮胎相比，雪地轮胎通过特殊的配方来增大与冰雪路面的摩擦力，它的优点在于提高了冰雪路面的通过性和安全性。

温度越低，轮胎越硬。

温度低于10摄氏度时，

轮胎表面变得更软，抓地力更强。

普通轮胎

雪地轮胎

胎纹宽大，在雪地上的附着力小。

胎纹深且细小，与地面的附着力大。

冰雪路面行车，“慢”字为先

速度慢

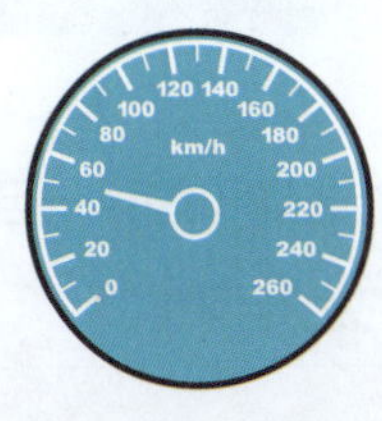

冰雪路一定要控制好车速，

因为车速越高，惯性越大，转向时离心力也大，

所以制动、转向都会变得困难。

转向慢

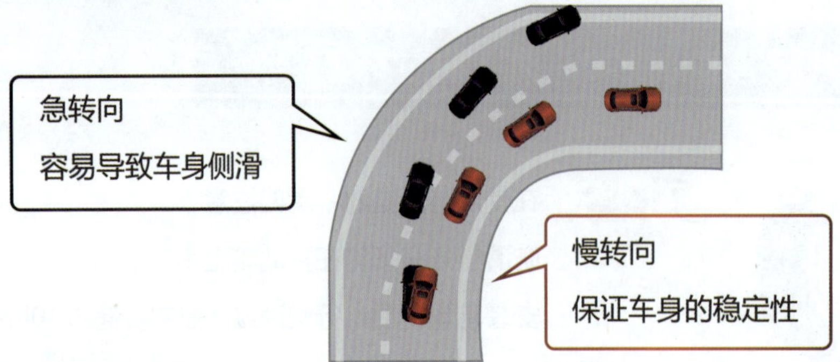

慢制动

实验数据显示：同等车况条件下，车速是50km/h时，冰雪路面的制动距离是正常路面的7倍多。

(以上数据来自公安部道路交通安全研究中心相关模拟实验)

慢抬离合

起步：一定要慢抬离合，否则车轮容易打滑；

换挡：一定要慢抬离合，特别是高速挡减低速挡时，如果过猛，就好比紧急制动。

暴风雪天驾车必备物品

在降雪频发的道路上行车，出行前必须带上这些应急用品。这样，如果一旦汽车被雪陷住，也能重新开动，即使抛了锚或被困于暴风雪中，自己也能保暖。

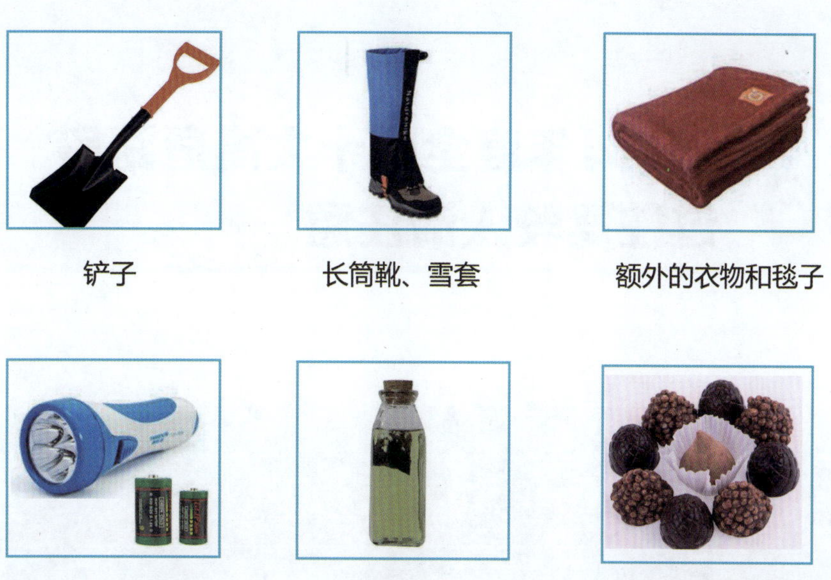

铲子　　长筒靴、雪套　　额外的衣物和毯子

手电筒以及备用电池　　热饮料　　巧克力等高热量食物

结语： 冰雪道路上行车最主要的“利器”还是安全意识，如果再做到以上几点，那么在冰雪道路上发生事故的概率就会大大降低了。

56 2014年度全国十大高危路段过往驾驶人请注意

十大高危路段平均每10公里死亡30人

十大高危路段的通车里程：

共计153公里

全年共发生交通事故数：

1203起（2014年统计数据）

事故造成的死亡人数：

451人（2014年统计数据）

十大高危路段平均每10公里发生事故78起，死亡30人。

国道102线天津河北交界80公里至90公里路段

国道102线天津河北交界

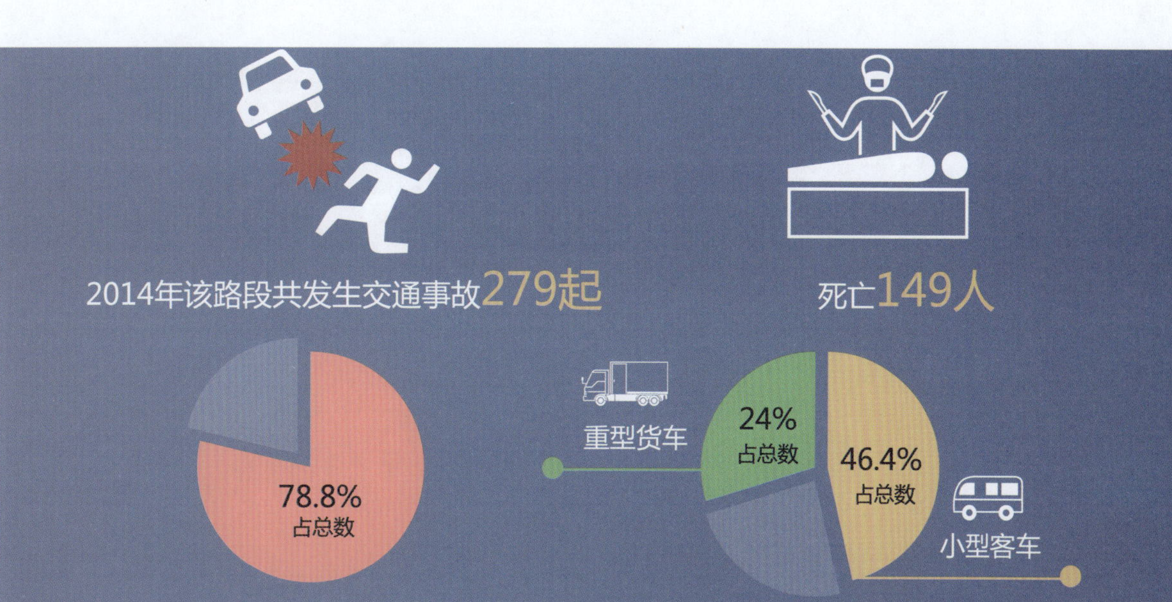

事故形态：以车辆正面、侧面碰撞为主

主要肇事车型

国道104线山东境内533公里至540公里路段

国道104线山东境内

2014年该路段共发生交通事故298起

死亡80人

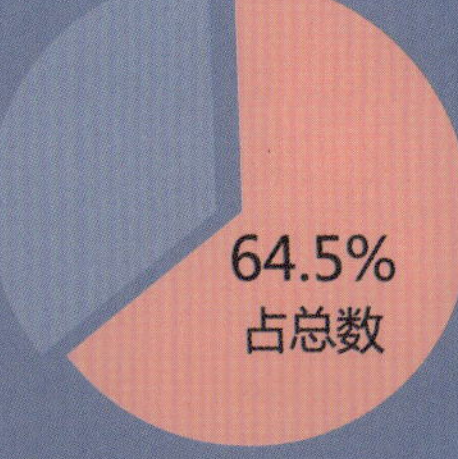

事故形态：以车辆侧面碰撞为主

50.4%
占总数

小型客车

摩托车

19.1%
占总数

主要肇事车型

国道327线山东境内77公里至87公里路段

国道327线山东境内

2014年该路段共发生交通事故298起

死亡80人

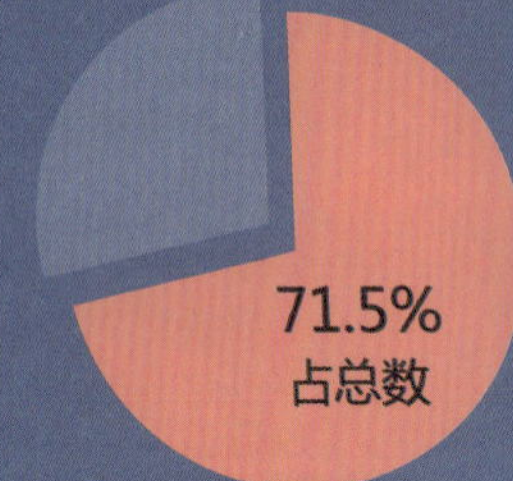

事故形态：车辆追尾碰撞为主

主要肇事车型

国道105线广东境内2595公里至2605公里路段

国道105线广东境内

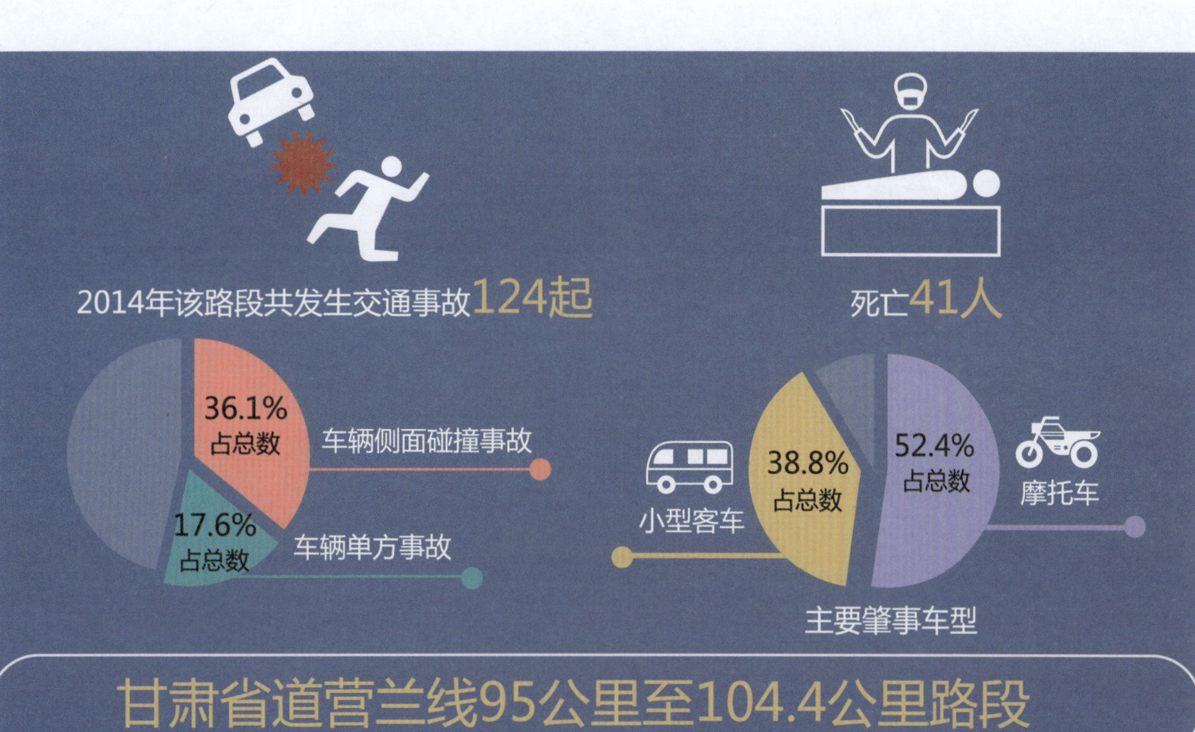

甘肃省道营兰线95公里至104.4公里路段

甘肃省道营兰线

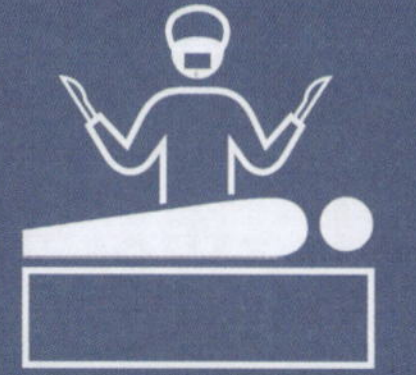

2014年该路段共发生交通事故116起

死亡40人

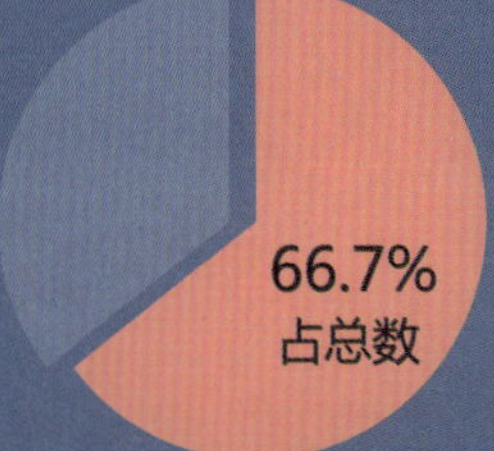

事故形态：以车辆侧面碰撞事故和车辆单方事故为主

摩托车 12.7% 占总数

重型货车 26.4% 占总数

小型客车 48.2% 占总数

主要肇事车型

四川成都绕城高速50公里至70公里路段

四川成都绕城高速

2014年该路段共发生交通事故57起

死亡28人

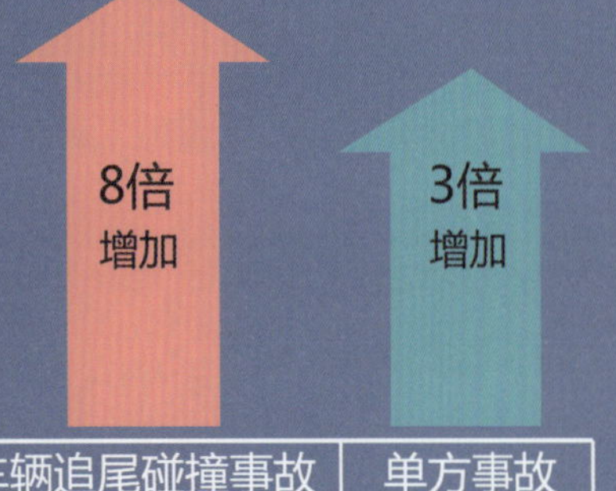

3倍
增加

车辆追尾碰撞事故	单方事故

小型客车	重型货车

浙江杭州绕城高速95公里至114公里路段

浙江杭州绕城高速

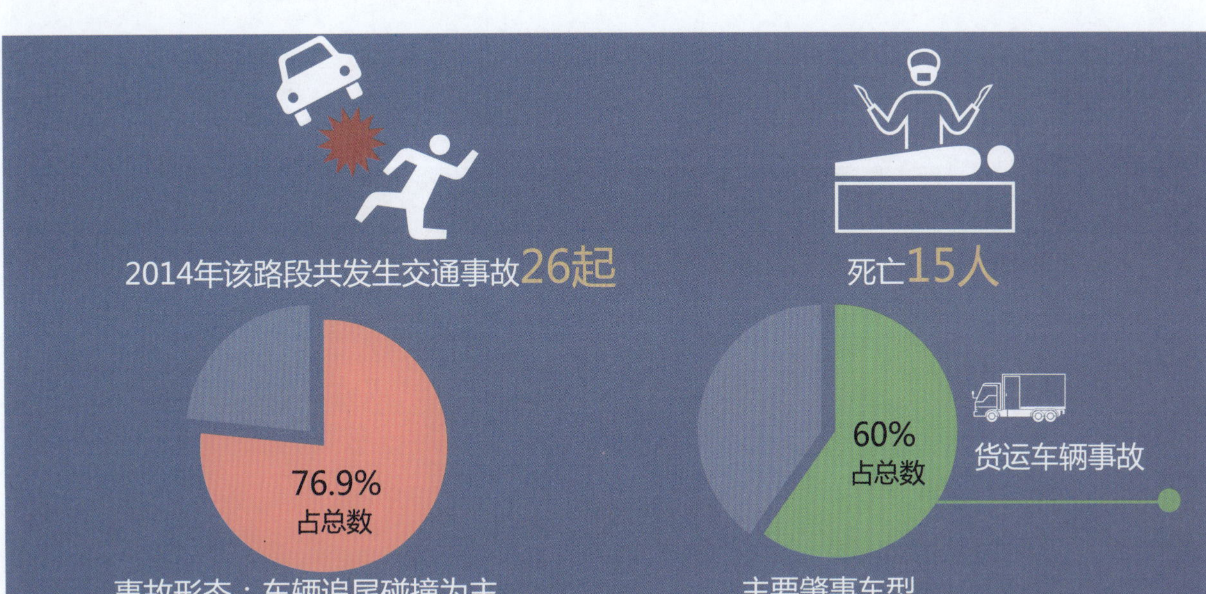

青银高速陕西榆林境内1050公里至1070公里路段

青银高速陕西榆林境内

2014年该路段共发生交通事故29起

死亡11人

53.6%
占总数

事故形态：车辆追尾碰撞事故为主

78.6%
占总数

重型货车

主要肇事车型

京昆高速四川广元境内1553公里至1573公里路段

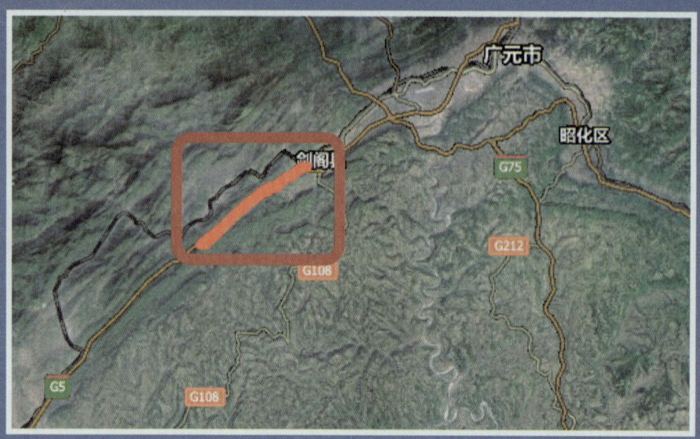

京昆高速四川广元境内

2014年该路段共发生交通事故49起

死亡10人

车辆单方事故 20.4% 占总数

车辆追尾碰撞事故 53.6% 占总数

事故形态

重型货车 63.3% 占总数

主要肇事车型

京昆高速陕西安康境内1153公里至1172公里路段

京昆高速陕西安康境内

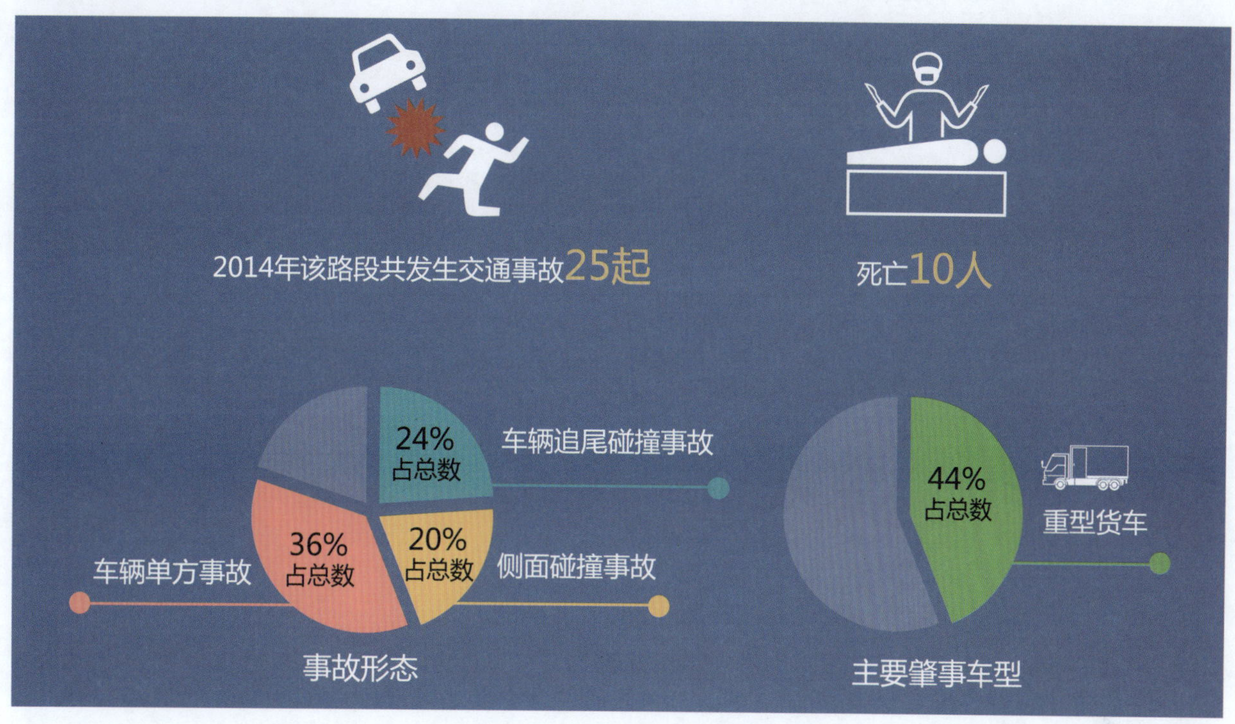
2014年该路段共发生交通事故25起
死亡10人
24%
占总数
车辆追尾碰撞事故
36%
占总数
车辆单方事故
20%
占总数
侧面碰撞事故
事故形态
44%
占总数
重型货车
主要肇事车型

十一、政策法规解读

57 车检新规6年免检能节省多少时间与费用？

很多有车族都有这样的经历，遇到车辆年检，不光要担心堵车，碰到车检高峰有可能要等上一天，非常费时费力。车检新规出台后，从9月1日起6年内私家车免上线检验，那么到底能节约多少时间与费用呢？

车检新规对我们车主有哪些实际意义

非营运车辆 6年内免检

- 2014年9月1日起，试行6年以内的非营运轿车和其他小型、微型载客汽车免检制度，符合条件的，你就不需要每年上线检测了

推行机动车 异地检验

- 取消之前的事先在登记地车管所便利委托检验的环节
- 今后会推出跨省的异地检验工作

推行机动车 预约检验

- 通过互联网、电话等方式预约检车
- 车主可自主选择检车时间，减少排队等候

简化检验工作 的流程

- 公开检验的流程和收费的标准
- 调整检测工位和车辆在等候排队的路线
- 增加相应工作人员和免费导办人员

延时服务 /验车提醒

- 周六日包括节假日不停休
- 实行延时服务
- 通过电话、短信、邮件等方式开展验车的提醒服务

看看你的车在免检范围内吗

哪些车可享受免检
- 2010年9月1日（含）之后注册登记的车辆
- 非营运轿车和其他小型、微型载客汽车

哪些车不享受免检
- 面包车和7人座（含）以上车辆
- 发生过造成人员伤亡交通事故的车辆
- 2010年8月31日之前注册登记的车辆

算一算6年内免检可节约多少时间与费用

车主年检每次需花195元

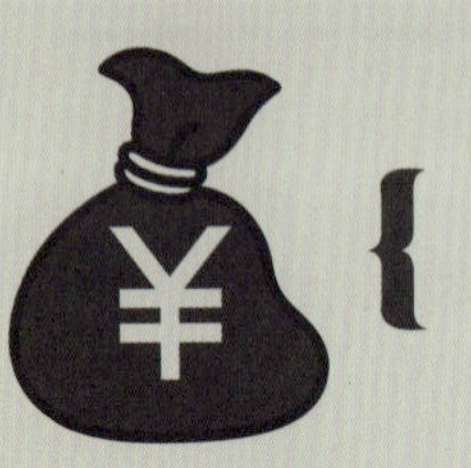

70元 轻型车工况法排气污染检测费

125元 小型机动车检测费

时间上大约需要半天

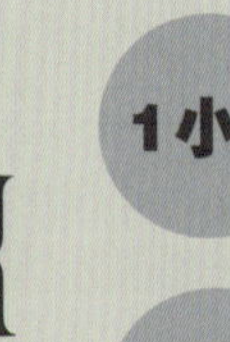

1小时 检验时间快的话一个多小时

3小时 花在路上的时间及等待时间

6年内私家车可**减少**

2次 年检时间与费用

至少节约

390元与一天时间

应对年检，车主往往还要保养、洗车，如果车辆设备不全还要补全设备，新政节省了不少隐性成本：

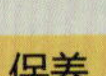

保养	洗车	设备	代检费	误工费
保养车辆价格 200~1000元/次	洗车价格 15~50元/次	灭火器（约80元） 三角架（约35元）	为省时省力找人代检 400~600元/次	部分检测场周末休息 需工作日去车检 产生误工费200元/天

58 权威发布　解读我国驾驶人培训考试制度全面改革

经国务院常务会审议通过，国务院办公厅于2015年11月30日印发《关于推进机动车驾驶人培训考试制度改革的意见》，公安部、交通运输部联合出台了6个方面、27项措施推动我国驾驶人培训考试制度全面改革。

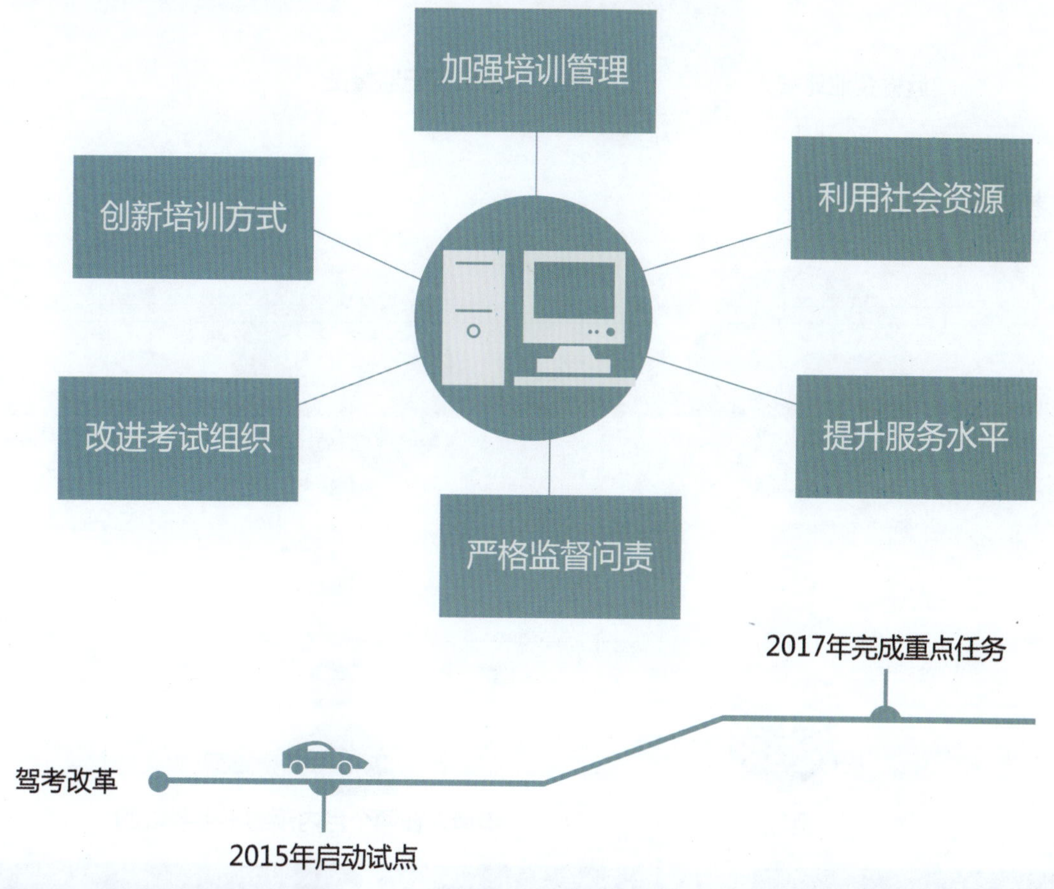

利用社会力量 → **解决考试供给能力不足，缓解考试积压**

2010年以来，受警力和场地限制，各大城市不同程度地积压了大量驾考。

全国年均3300万人申请驾驶资质

36个大城市中有17个存在考试积压

推行兴建使用社会考场

考试员选用渠道

优化考试资源配置和布局

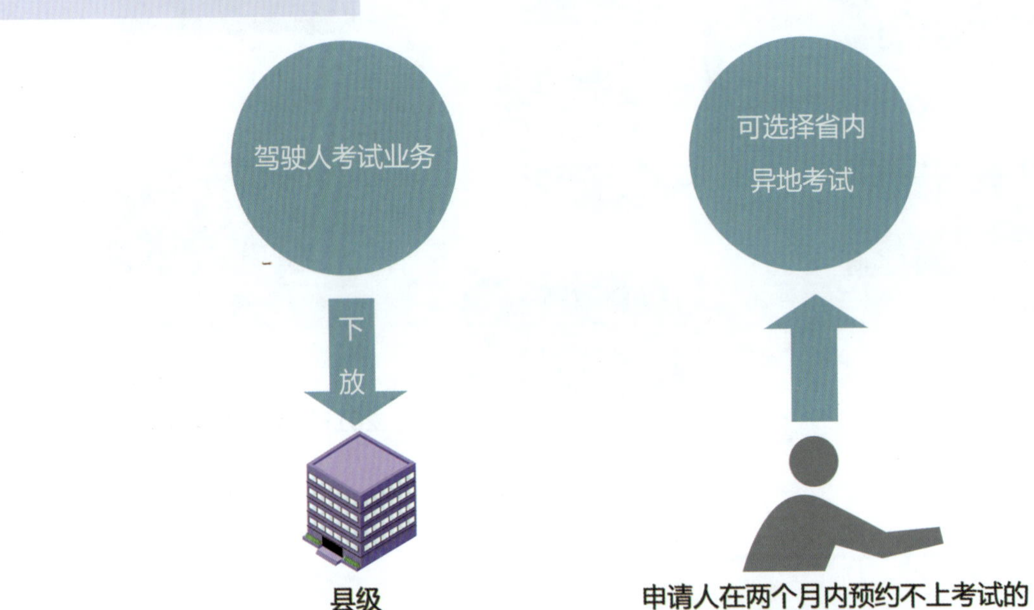

县级

申请人在两个月内预约不上考试的

试点小汽车自学直考 → **探索改变传统驾培模式，激发市场活力**

逐步推进“小汽车”自学直考

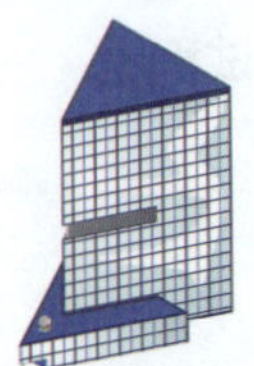

部分城市试点“自学直考”

仅限于“小型汽车”

非经营性培训

明确训练车辆和指导人员条件

经机动车安全技术检验合格

加装安全辅助装置：副制动装置、辅助后视镜等

按规定投保机动车保险

必须取得相应或者更高准驾车型驾驶证五年以上

未发生造成人员死亡的交通责任事故或造成人员重伤负主要以上责任的交通事故

没有吸毒记录

没有记满12分或者驾驶证被吊销记录

严格管理保障道路交通安全

指定训练路线

公安交管部门将指定训练路线、时间，并设置标志标牌。

严格资格管理

学员需取得驾驶证明

训练车粘贴学车专用标识

学车中违法或出事故，指导员担责

未取得驾驶证明视为无证驾驶

优化考试组织

实现考试全程公开公正，压缩寻租空间

自主报考，剪断“利益链条”

考试预约服务平台

实现

自主约考

随机排考，防止“人情考试”

随机

考试员

考生分组

考试员和考生信息、驾校信息互相屏蔽

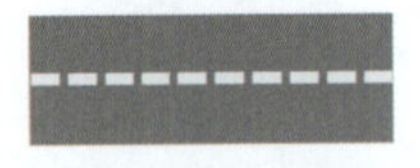

选取考试路线

优化程序，提升管理效能

一次性预约、连续考试场地驾驶、道路驾驶考试

合格后可直接参加安全文明常识考试

小型汽车夜考

在白天，采用模拟灯光考试

考务公开，接受社会监督

考试信息：通过互联网向社会公开

考场、考试车：安装使用监控设备

候考场所、办事大厅：直播考试视频

允许考生免费进入考场熟悉环境，了解场地设施布局、考试路线和流程。

考试前

对评判结果有异议的，考生可以查询自己的考试视频资料。

考试后

改革培训管理 → 促进驾培行业健康发展，提高服务水平

实行分类教育培训

对不同车型驾驶人实行“差异化培训”

大型客货车

试点在大专院校开展培训教育

小型汽车

优化培训学时

推行先培训后付费

一次性收费

先收费后培训

改革后

分科目分学时收费

先培训后付费

驾校统一安排培训时间，统一指定教练员

改革后

学员可以根据自己意愿自主预约培训时段、自主选择教练员。

规范驾培机构发展

严格依法实施驾校准入许可：
符合条件的，不得拖延或者禁止准入，不得增设额外条件，提高培训供给能力。

建设行业诚信体系：
公布培训质量等信息，引导学员选择质量高、服务好的驾校学习。

理论和实践培训：
编制统一的机动车安全文明驾驶操作规范，优化理论培训内容和方式，促进理论知识培训与实际操作训练交叉融合。

教练员：
加强教练员队伍管理，提高驾培机构选用教练员条件，提升教练员队伍素质和教学水平。

严格监督问责  **健全内外监督机制，确保规范廉洁**

严格刚性执法，确保结果公正

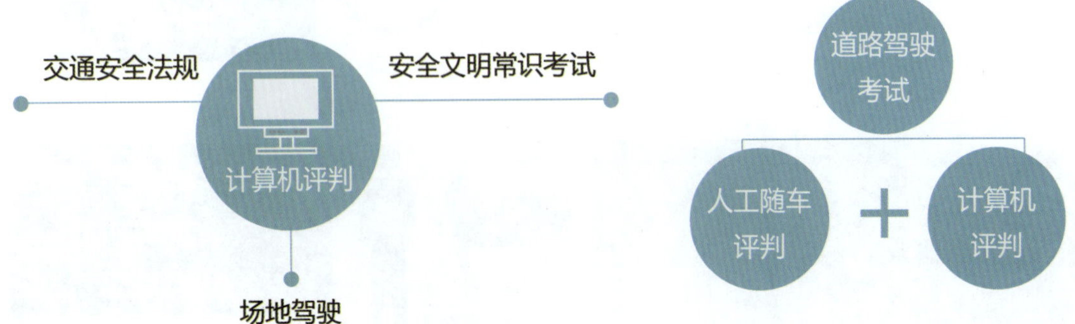

全程科技监管，完善监督机制

驾驶人考试

全国统一的考试评判和监管系统

全程使用执法记录仪

监管手段

考试音视频

指纹认证

人像识别

卫星定位系统

监督机制

考试回访调查

音视频档案抽查

举报投诉核查反馈

严格责任倒查，强化违规问责

驾驶人：取得驾驶证后三年内发生死亡事故负主要以上责任的 → 倒查考试发证过程 → 发现违规问题，考试员终身不得参与考试工作

考场和考试设备：监管违规的 → 取消考场资格和考试设备供货资格，依法追究责任

彻底脱钩清退，落实政企分离

国家机关以及驾驶培训和考试主管部门不得举办驾校

公安交管部门、道路运输管理机构工作人员及其配偶、子女禁止经营或者参与经营驾校

坚持便民利民 → **方便群众学驾领证，增加人民福祉**

完善驾驶人体检管理制度

分车型设定体检标准

提高大中型客货车驾驶人身体条件要求。

优化、简化小型汽车驾驶人体检项目和方法。

调整老年驾驶人体检年龄
由60周岁调整为70周岁

因逾期未体检被注销驾驶证的
体检合格后恢复驾驶资格，不再参加有关考试。

允许全国异地考领、审验驾驶证

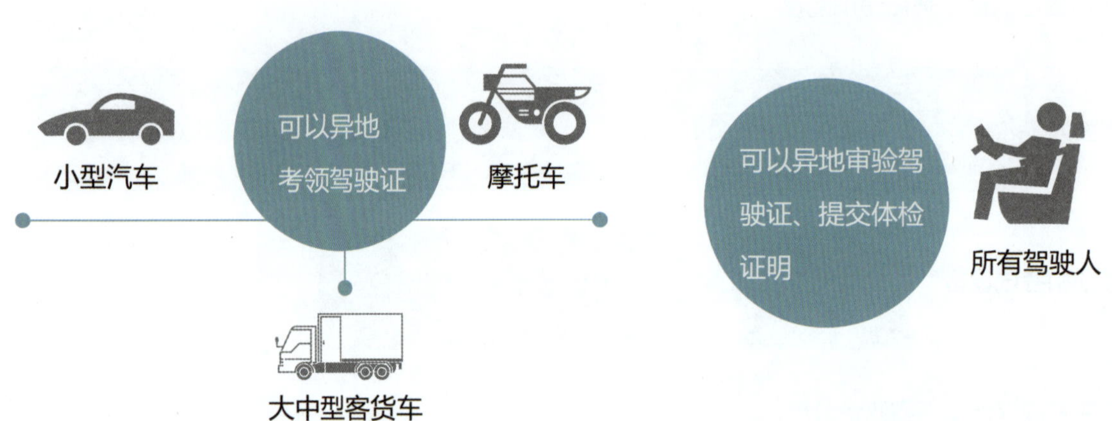

逐步放宽残障人士驾车条件

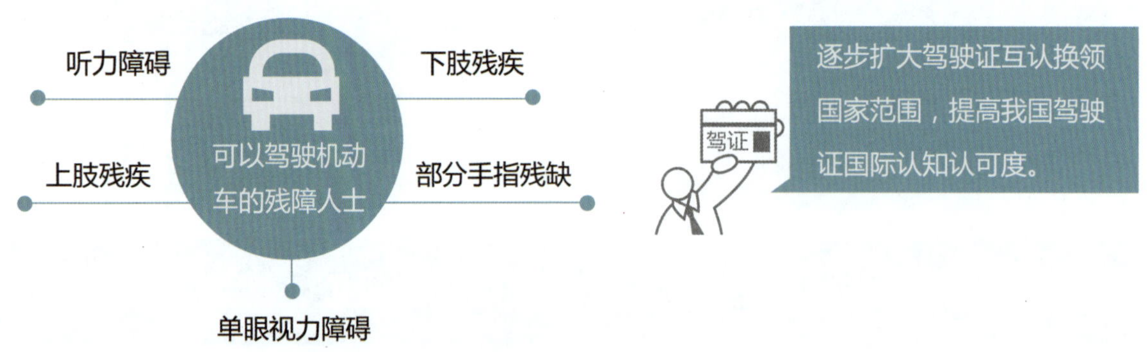

提高我国驾驶证“含金量”

逐步扩大驾驶证互认换领国家范围，提高我国驾驶证国际认知认可度。

此外：
驾驶证被注销等有驾驶经历的人员，年龄、身体条件等符合重新申领驾驶证法定条件的，可以不经培训直接申请考试。

59 一图看懂《刑法修正案（九）》

《中华人民共和国刑法修正案（九）》（后简称《刑法修正案（九）》）已由中华人民共和国第十二届全国人民代表大会常务委员会第十六次会议审议通过，于2015年11月1日起施行。《刑法修正案（九）》对刑法第一百三十三条之一的危险驾驶罪和第二百八十条的伪造、变造、买卖国家机关公文、证件、印章罪作出了修改完善。

《刑法修正案（九）》新增了“危险驾驶罪”条文

一、将“从事校车业务、旅客运输严重超员、严重超速”、“违反规定运输危险化学品危及公共安全行为”和“机动车所有人、管理人对前两者负有直接责任的行为”按照危险驾驶罪定罪处罚。

从事校车业务、旅客运输严重超员、严重超速危险驾驶行为

违反危险化学品运输管理规定运输危险化学品，危及公共安全

机动车所有人、管理人对上述行为负有直接责任的

二、将伪造、变造、买卖驾驶证等行为入罪。

伪造、变造、买卖驾驶证

使用伪造、变造的或者盗用他人的驾驶证情节严重的

对于伪造、变造、买卖机动车驾驶证行为："处三年以下有期徒刑、拘役、管制或者剥夺政治权利，并处罚金；情节严重的处三年以上七年以下有期徒刑，并处罚金"的刑事处罚。

对于使用伪造、变造的驾驶证或盗用他人的机动车驾驶证，情节严重的行为："处拘役或者管制，并处或者单处罚金"的刑事处罚。

《刑法修正案（九）》为什么要对超速超员等违法行为的处罚进行修改?

一、从事校车业务、旅客运输超员、超速行为性质特别恶劣、危害性极大。

- 从事校车业务、旅客运输超员载客的危害：

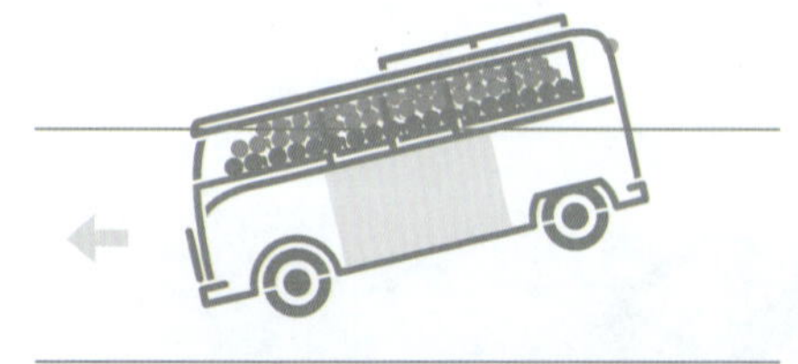

增加了行车不稳定性

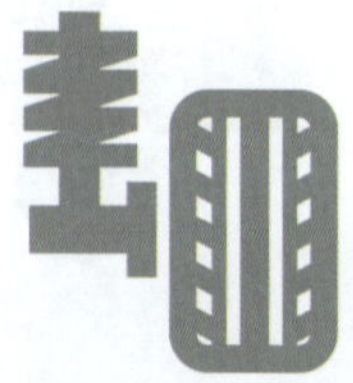

易引发爆胎、偏驶、制动失灵等危险

易造成群死群伤的重特大交通事故

会加大事故的伤亡后果

2011年至2014年：

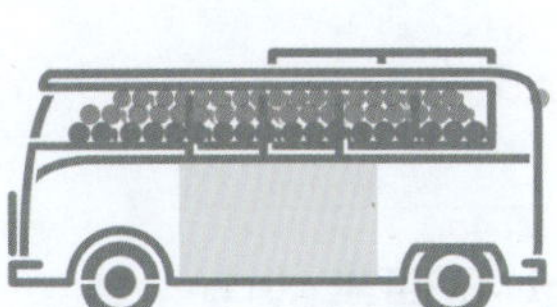

营运客车超员事故1946起

死亡1289人

受伤6173人

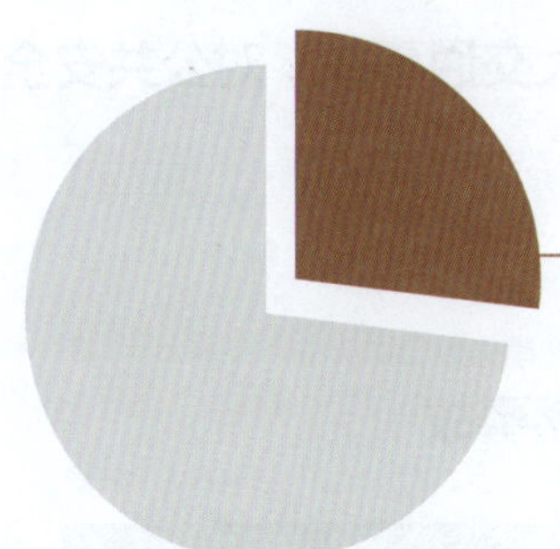

客运车辆超员占 27.2%

全国一次死亡10人以上的重特大道路交通事故中

● 从事校车业务、旅客运输超速行驶的危害：

减弱驾驶人的感知力和判断力

易使驾驶人判断失误

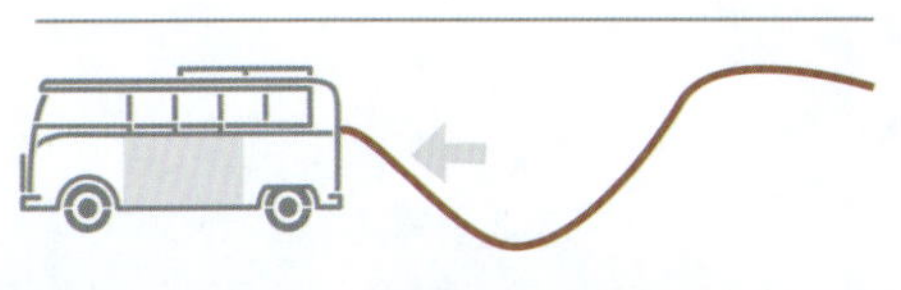

降低车辆的行驶稳定性

极易导致人员死亡或者重伤

2011年至2014年：

全国校车、营运客车超速违法导致交通事故：6649起

死亡2891人

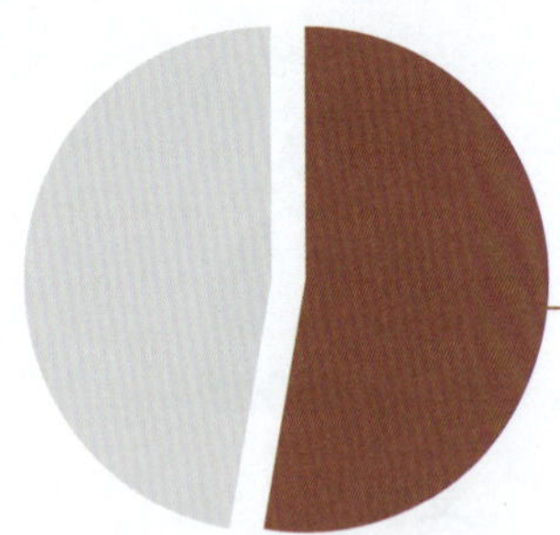

校车、营运客车“负有责任”且由于“超速行驶”导致的占53%。

全国一次死亡10人以上的重特大交通事故中

二、违反规定运输危险化学品：极易引发群死群伤的重特大交通事故，对公共安全构成严重威胁，社会危害极大。

案例：

沪昆高速湖南邵阳段“7·19”特别重大道路交通危化品爆燃事故

事故简介：

2014年7月19日凌晨，沪昆高速湖南邵化段1309公里处，发生一起车辆追尾后燃烧事故，一辆轻型货车运载液体酒精在上述路段行驶中与一辆大客车发生追尾后引起燃烧，先后造成多车烧毁，共造成54人死亡、6人受伤。

事故直接原因：

轻型货车 追尾 大客车 致使 5吨乙醇泄漏燃烧

三、伪造、变造、买卖机动车驾驶证和使用伪造、变造的或者盗用他人的驾驶证行为具有较大社会危害性，且易发多发，侵害群众合法权益。

据统计，近年来全国公安机关平均每年查处伪造、变造及使用伪造、变造机动车驾驶证违法行为2万余起。

● 伪造、变造、买卖机动车驾驶证等行为的危害：

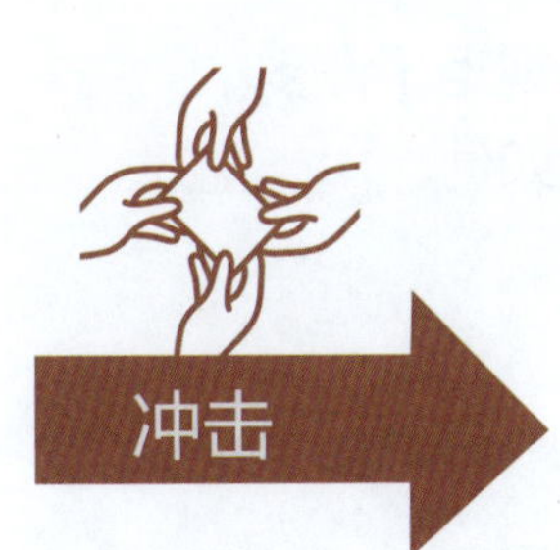

社会诚信体系建设和交通安全管理秩序

公安机关在驾驶证管理过程中难以及时发现违法犯罪人员

危害社会管理秩序和公共安全

60 史上最严交规实施一年效果如何？

被称为“史上最严交规”实施已满一年，司机的驾驶行为规矩了许多，违法行为也在减少。我们选取几项数据，来看新交规效果究竟如何。

各地2012年及2013年涉牌违法次数

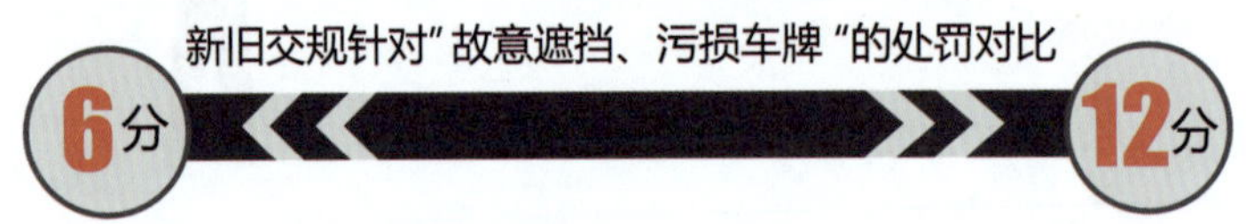

地区	2012年涉牌违法次数	2013年涉牌违法次数
海南	14250起	8200起
辽宁	45000余起	16620起
浙江(高速)	10106起	637起
湖南(高速)	9056起	450起
天津	37000余起	10500余起
南京	4500余起	2700余起
苏州	3497起	598起
上海(徐汇区)	6156起	2922起

各地2012年及2013年机动车闯红灯次数

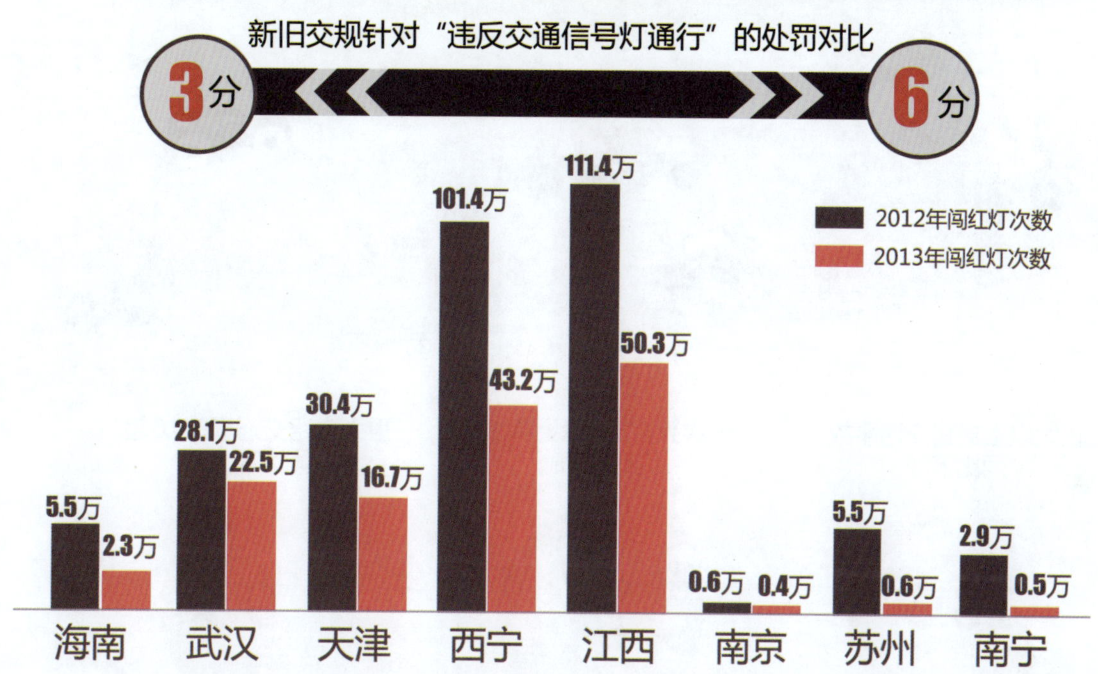

各地2012年及2013年查处超速次数

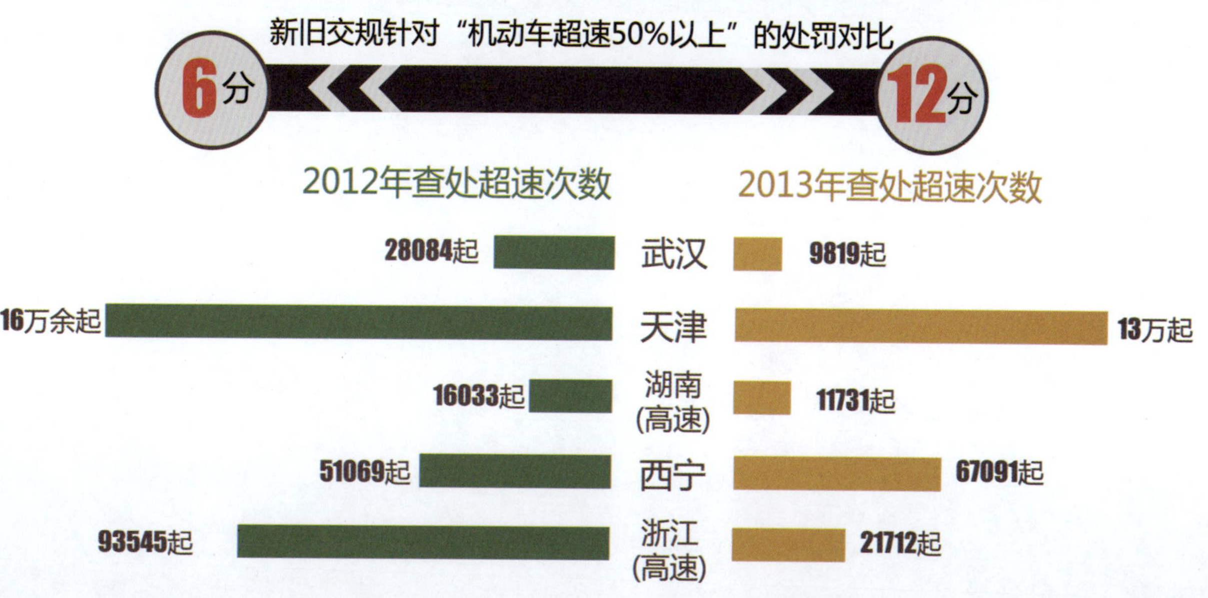

各地2012年及2013年交通事故数据

较大以上道路交通事故
同比下降

18.3%

一次死亡5人以上事故
同比下降

15 %

重大道路交通事故16起
同比减少

9 起

江苏省的郭先生是个老司机了，谈起"新交规"的影响，他觉得这一年自己更"胆小"了："因为一不小心 12 分就被扣完，我现在开车更加谨慎了。"在新手黄小姐看来，"新交规"让车技不咋样的她心安了许多："以前开车会很紧张，现在觉得秩序好多了。"

61 应对重污染天气　看全国哪些地方在限行

面对雾霾，很多城市出了汽车限行的法宝。为了应对重污染天气，国务院于2013年9月12日公布了《大气污染防治行动计划》，随后，各地结合实际情况，纷纷出台《空气重污染应急预案》，均将“机动车限行”写入了预案当中。

哪些地方应对雾霾出台了限行方案？

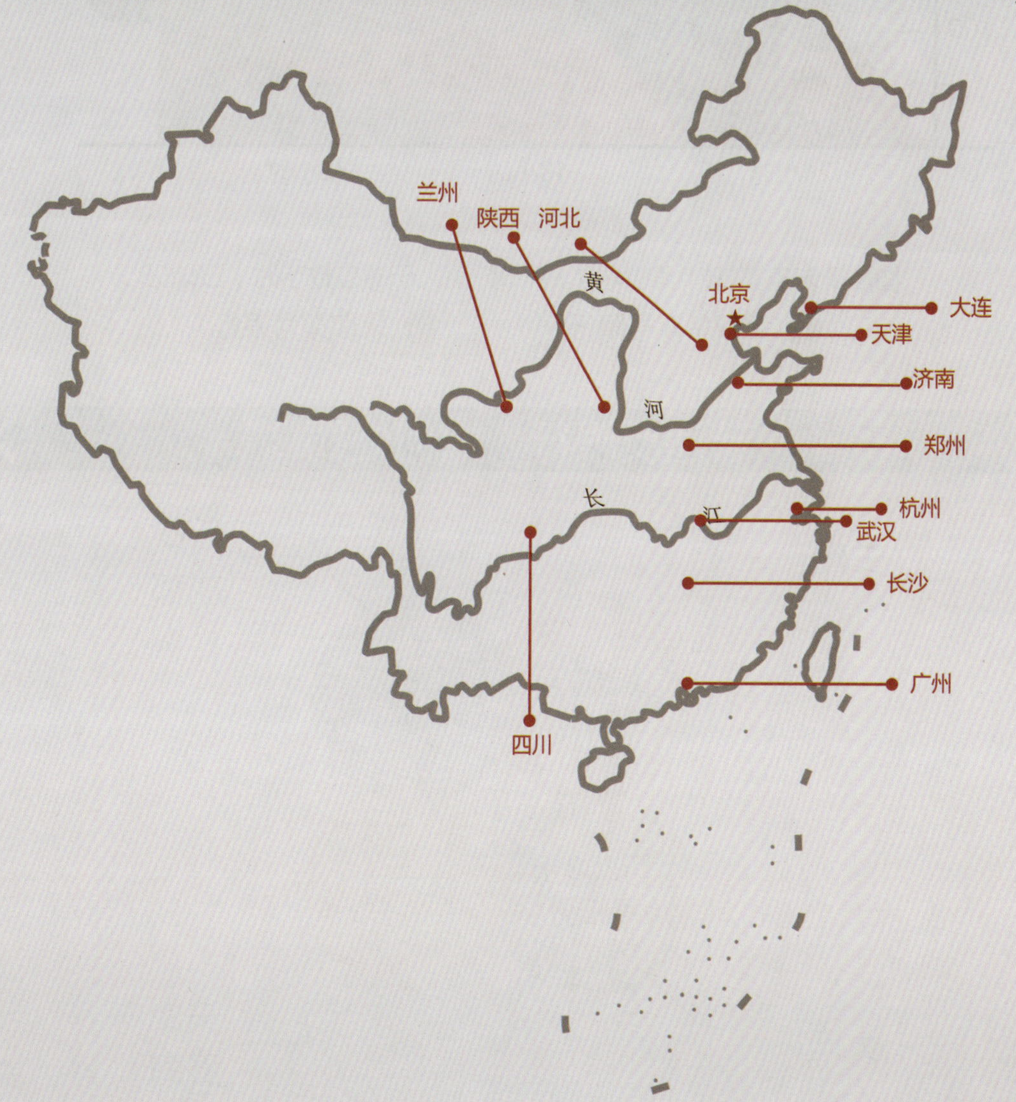

各地限行如何规定？

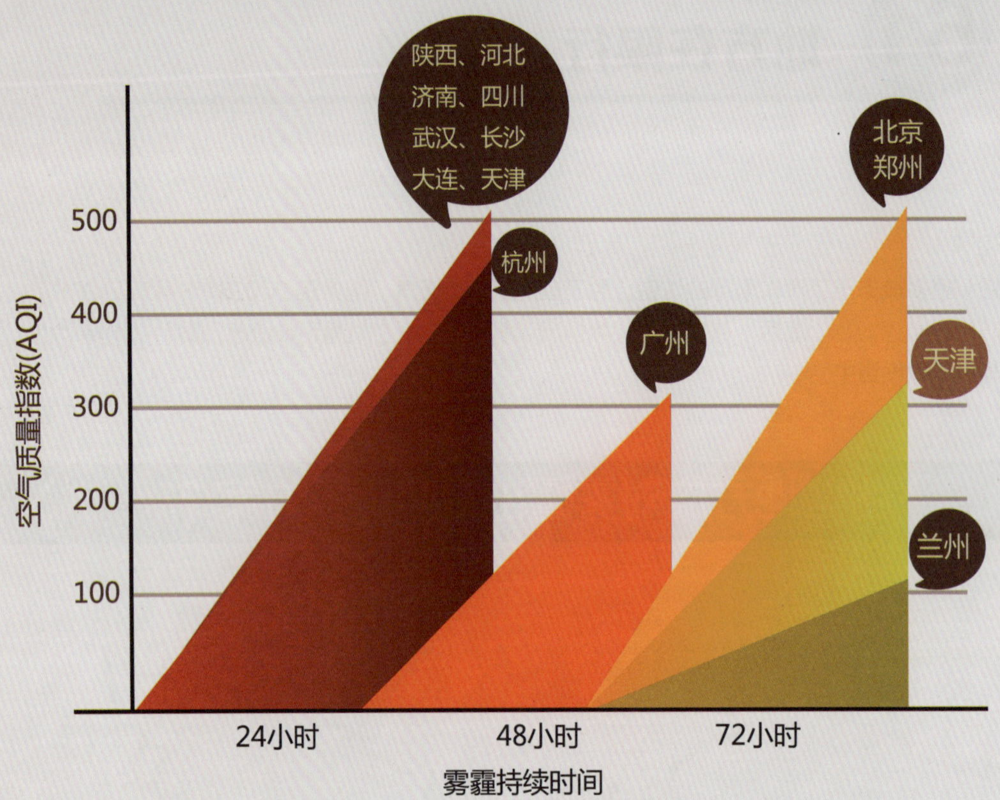

图注：未来雾霾持续时间内，AQI数值大于对应数字时，该地区

采取单双号限行　　采取尾号限行

若违反限行，如何处罚？

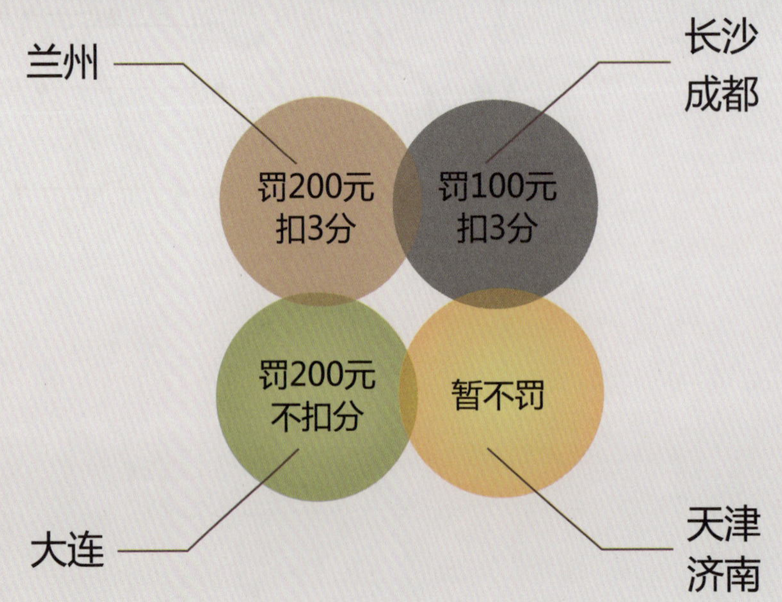

车主如何获知限行信息？

收听当地交通类广播

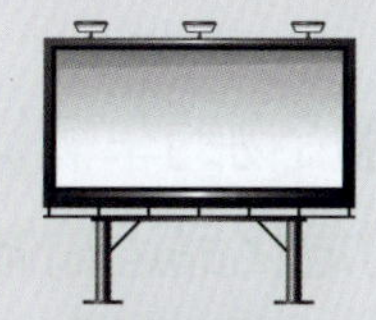

留意观察电子显示装置

关注当地交管部门微信

如何及时知道限行信息？

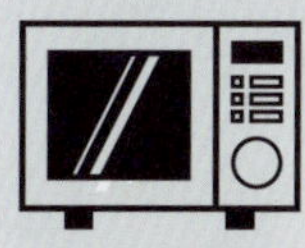

电视

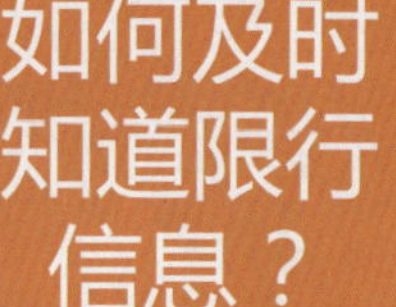

关注当地交管部门微博

及时更新联系方式、限行信息会通过手机短信公布

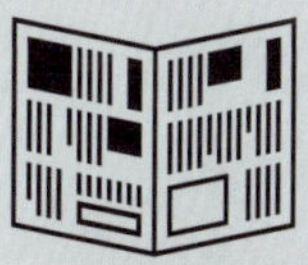

看报纸

122交通网、交管网、环保局网站、各地新闻网站等

单双号限行信息将提前至少12小时通过电视台、广播电台、报纸、政务微博、微信、短信、手机应用软件、电子显示屏等平台发布。市民请关注上述方式，及时了解限行信息，以免违反限行规定受罚。

62 驾驶危化品运输车上路，这些基本的规定要知道

在道路交通中，运输危险化学物品（后简称危化品）等货物的车辆，一旦发生事故，其后果就难以控制和估计。所以，国家相关部门专门对危化品运输做了详细规定。

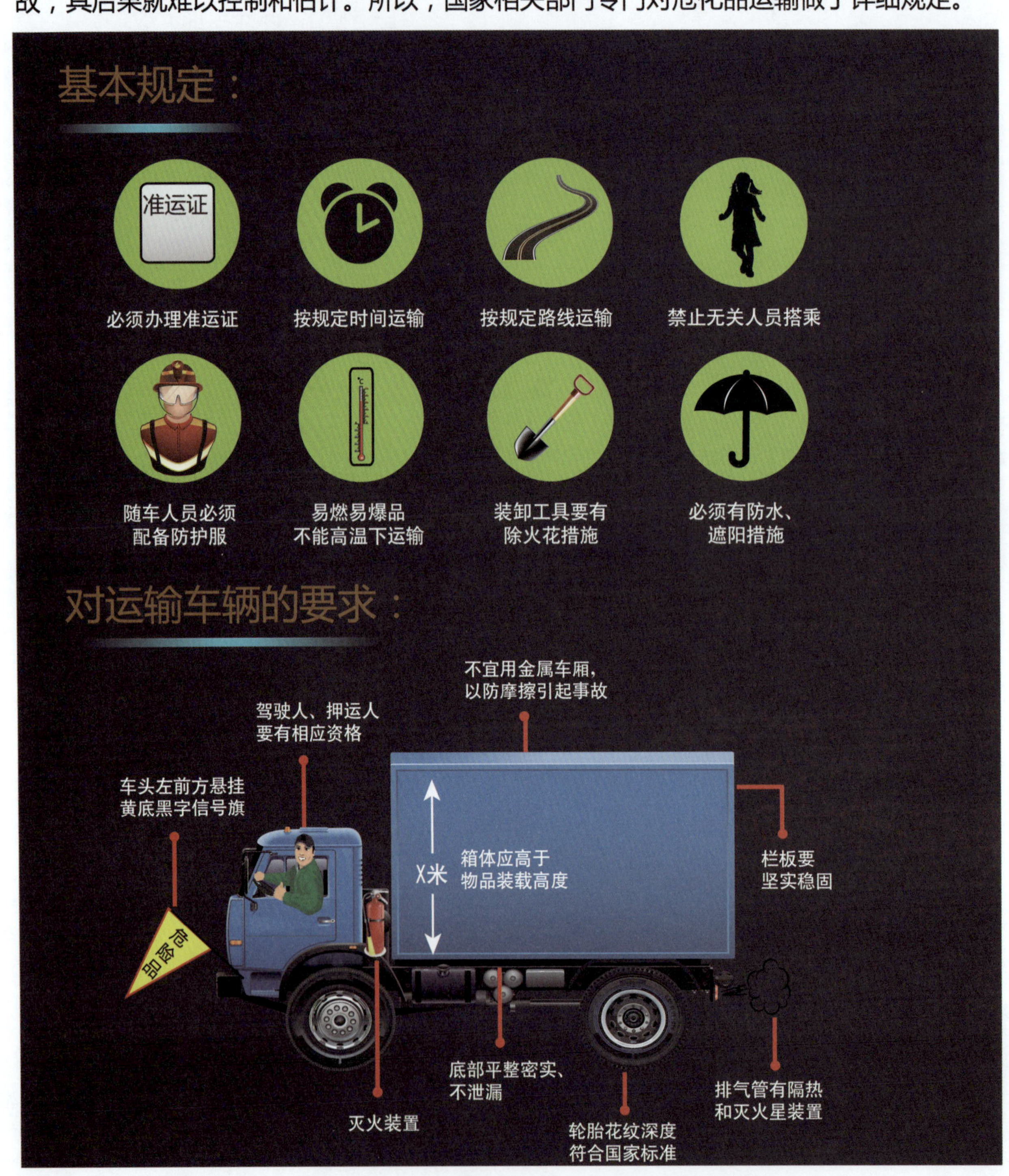

此外，运输液化石油气等的槽罐车，还要配有：

压力表

液位计

积漏器

除静电设备

一些常见的危险化学物品：

液氨　液化石油气　天然气　汽油　甲醇　乙烯

硝基苯　二氧化硫　二甲胺　乙烷　磷化氢　丙烯酸

乙醛　二硫化碳　硫化氢　甲醚　氯乙烯　乙酸

曾经的惨痛教训：

2012年8月26日凌晨2点多，包茂高速一辆大客车追尾一辆甲醇运输车，甲醇泄漏燃起大火，酿成36人死亡的惨痛悲剧。

死亡人数：36人

遇见带有这些标志的车辆要注意：

爆炸品

易燃品

有毒品

感染性物品

腐蚀品

放射性物品

危化品运输途中，不仅本车驾驶人要安全行驶、规范操作，其他社会车辆在见到悬挂有危险品运输标志的车辆时，也应小心驾驶，并与其保持安全的横向间距和前后车距。

63 中美汽车召回的差异你一看便知

最早实行汽车召回的国家是美国，早在1966年，美国就开始对有缺陷的汽车进行召回了。那么我们就以美国为例，来说一说我国的汽车召回和美国汽车召回有何差异。

中美汽车召回在制度上差异很大

美国实施汽车召回比中国早38年

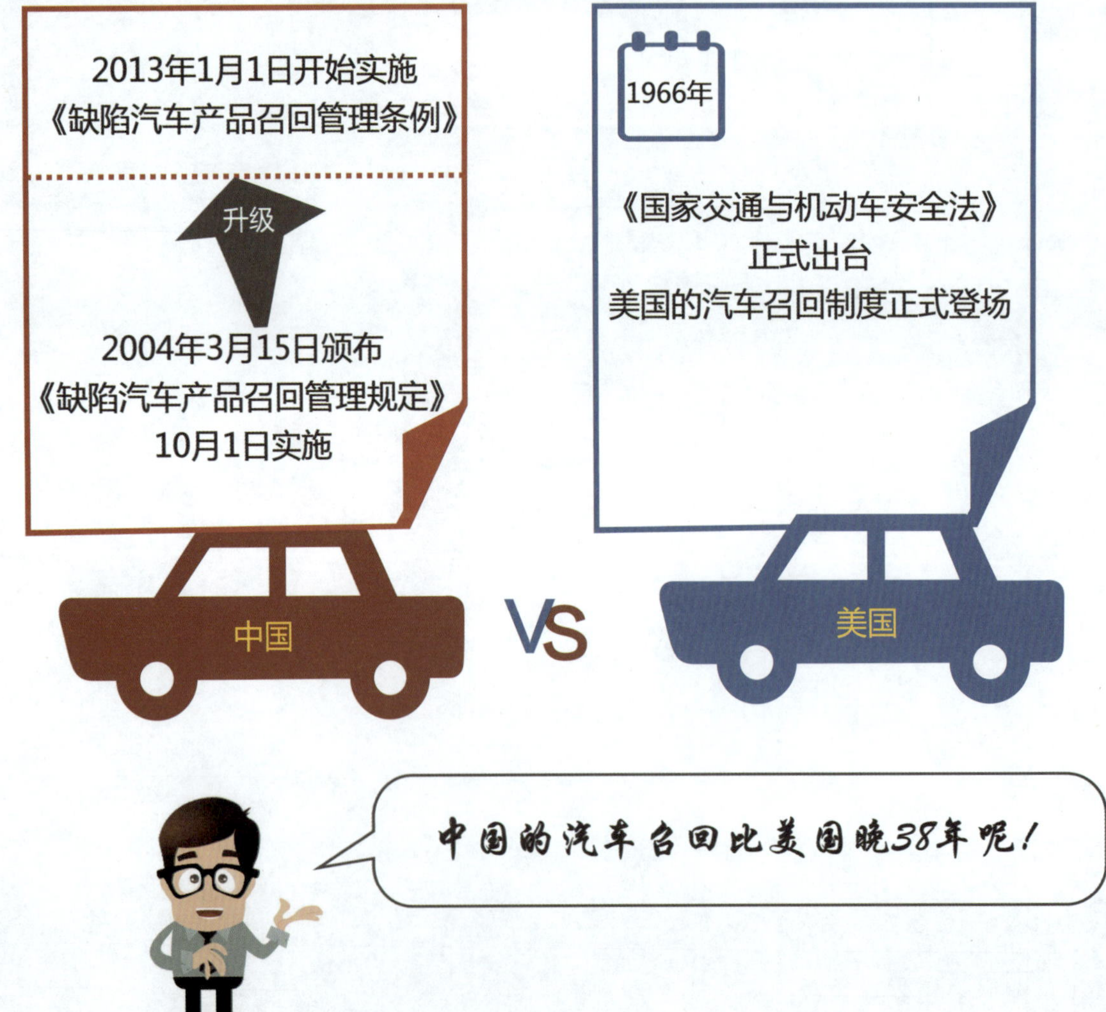

中国主管汽车召回的部门是国务院直属机构

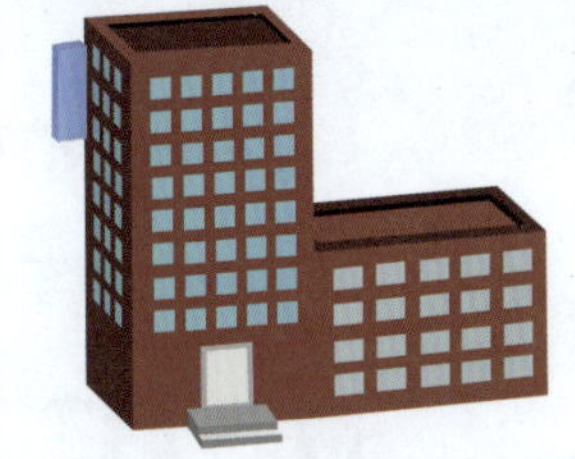

国家质量监督检验检疫总局

国务院的直属机构

国家公路交通安全管理局

美国政府的行政主管部门，隶属于交通部

我国主管部门层级比美国的高哦！

在美国，汽车有环保问题也属存缺陷

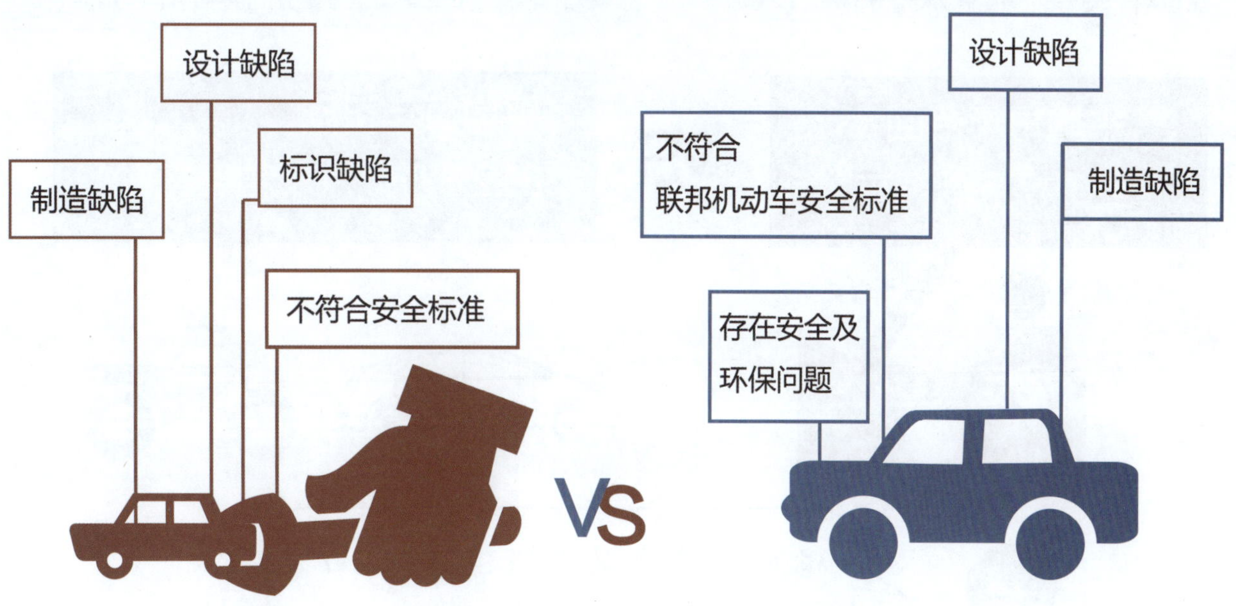

在美国车辆有环保问题也属缺陷哦！

在美国，载货汽车、摩托车也在召回的范围之列

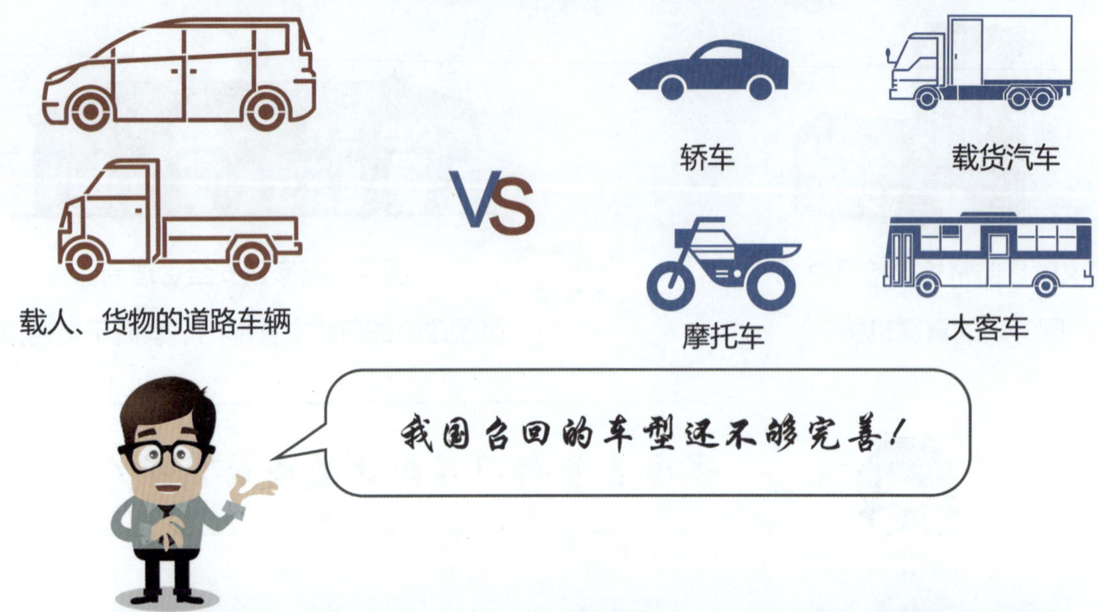

从召回数量上看，中美的差异有多大

10年共召回1470万辆汽车

48年共召回3.9亿辆汽车和摩托车

平均每年召回
约147万辆汽车

VS

平均每年召回
812.5万辆汽车和摩托车

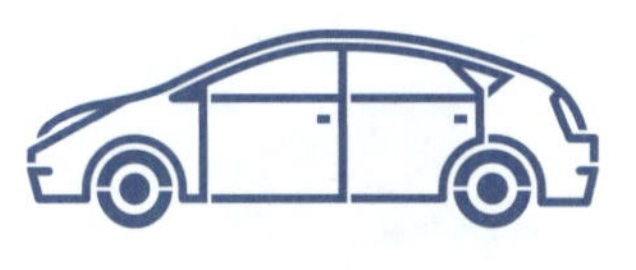

结语： 尽管国情不同，社会制度也不同，但缺陷产品召回制度毕竟是来保障消费者权益的。因此，我国在完善消费者权益保护制度上还要继续努力。

天价停车费　你还停得起车吗？

随着城市机动车数量的迅速增加，不仅出现了各种堵车奇观，而且导致了许多“天价”停车位的出现。如果你运气好，找到了一个免费停车位，这样相对其他人，差不多就拿了半个月工资！

天价停车费屡被曝光

上海出现"天价"停车位，挂牌价100万元

北京现60万元天价车位，网友惊呼变车奴

天价车位只售不租，天津最高32万元一个

京津沪广，哪里停车更贵？

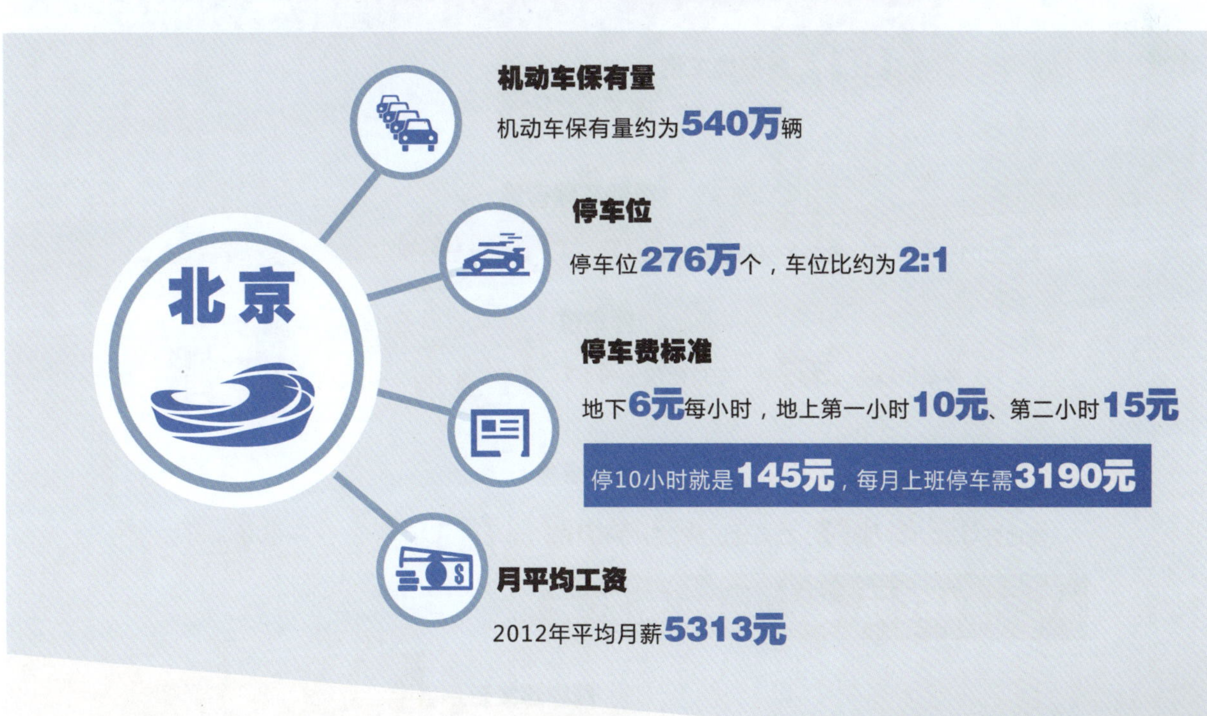

天津

机动车保有量

机动车保有量约为**260万**辆

停车位

公共停车泊位只有**20余万**个，车位比约为**10：1**

停车费标准(一类地区)

日间收费**4元/半小时**，夜间收费**4元/次**

停10小时就是**80元**，每月上班停车需**1760元**

月平均工资

2012年平均月薪**3872元**

上海

机动车保有量

截至2013年年底，机动车保有量约为**280万**辆

停车位

停车位约**97万**个，车位比约为**3：1**

停车费标准(内环重点区)

停车首小时**15元**，1小时后**每半小时10元**

停10小时需**190元**，每月上班停车需**4180元**

月平均工资

2012年平均月薪**4692元**

广州

机动车保有量

截至2013年11月，机动车保有量约为**248 .7万**辆

停车位

停车位**64 .5万**个，车位比仅为**4:1**

停车费标准

一类地区**5元/半小时**，二类地区**4元/半小时**

停10小时需**160元**，每月上班停车需**3520元**

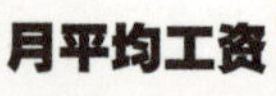

月平均工资

2012年平均月薪**5313元**

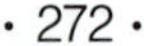

看看国外怎么收停车费？

法国 巴黎

收费分三个区

每小时3欧元递减到1欧元

1欧元≈RMB 8.5元

美国 纽约

25美分/10分钟

停车场接受网上预订车位

25美分≈RMB 1.5元

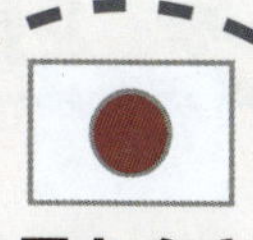

日本 东京

白天：100日元/15分钟

晚上：100日元/1小时

100日元≈RMB 6元

65 驾照可以“自学直考”了，你准备好了吗？

好消息！申领C1和C2驾驶证不再强制必须去驾校学习啦，从2016年4月1日起，我国在南京等16个城市试点小型汽车、小型自动挡汽车驾驶证自学直考，只要符合相关的条件，学员就可以通过自学交通法规和驾驶技能等知识后直接参加驾驶人考试。

究竟什么是驾照“自学直考”呢？

驾照“自学直考”是指申请小型汽车、小型自动挡汽车驾驶证的人员，使用加装安全辅助装置的自备机动车，在具备安全驾驶经历等条件的人员随车指导下，按照公安机关交通管理部门指定的路线、时间学习驾驶技能，直接申请驾驶证考试。

自学人员
只能申请C1、C2

随车指导人员
必须满足一定条件

自备车辆
加装安全辅助等装置

指定的时间

指定的道路

注意：能够通过自学的方式获得驾驶证的类型只有小型汽车（C1）和小型自动挡汽车（C2）两种。

驾照“自学直考”首先在哪些城市开始试点？

首批“自学直考”的试点城市：天津、包头、长春、南京、宁波、马鞍山、福州、吉安、青岛、安阳、武汉、南宁、成都、黔东南、大理、宝鸡

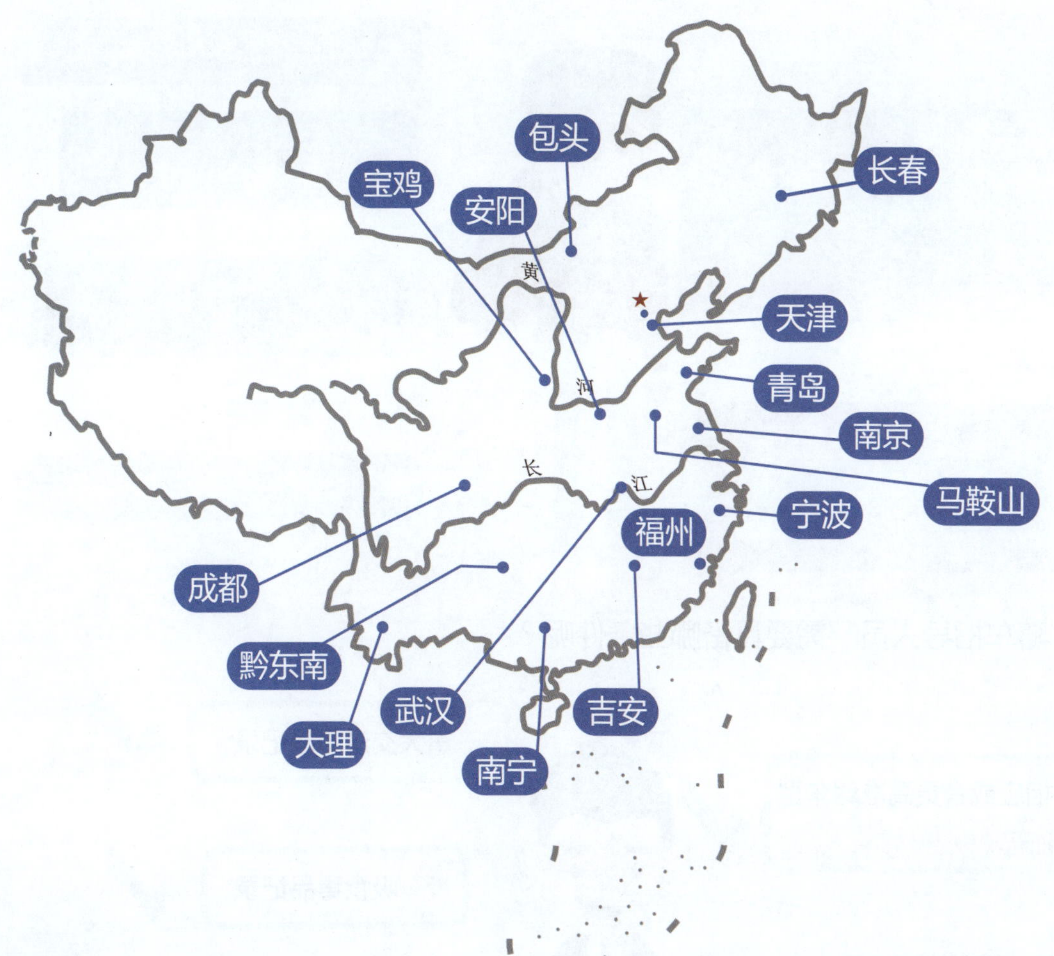

试点城市什么时候开始实施驾照“自学直考”？

学员需要满足哪些条件才能开始“自学”相关驾考知识和驾驶技能呢？

- 学员自身需要满足相应的年龄和身体条件

在18周岁以上、70周岁以下。

上肢：双手拇指健全，每只手其他手指必须有三指健全，肢体和手指运动功能正常。但手指末节残缺或者左手有三指健全，且双手手掌完整的。

视力：无红绿色盲，单眼视障人员应该符合相关要求。

听力正常，有听力障碍人员应佩戴助听设备。

下肢：双下肢健全且运动功能正常，不等长度不得大于5厘米。但左下肢缺失或者丧失运动功能的。

躯干、颈部：无运动功能障碍。

● “随车指导人员”需要具备哪些条件呢？

无重大交通事故记录

取得相应或者更高准驾车型驾驶证五年以上

没有吸食毒品记录

没有记满12分或者没有驾驶证被吊销记录

没有违规随车指导行为记录

● 什么样的车可以作为“自学用车”来使用呢？

注册登记

在自学直考申请地注册登记

非营运

非营运小型汽车或者小型自动挡汽车

加装装置

加装副制动装置、辅助后视镜等安全辅助装置

投保险

投保交强险等相关保险

检验合格

完成加装后经机动车安全技术检验合格

自学人员如何才能领取“学习驾驶证明”和“学车专用标识”呢？

● 符合下列相关条件的，车管所免费发放学习驾驶证明和学车专用标识

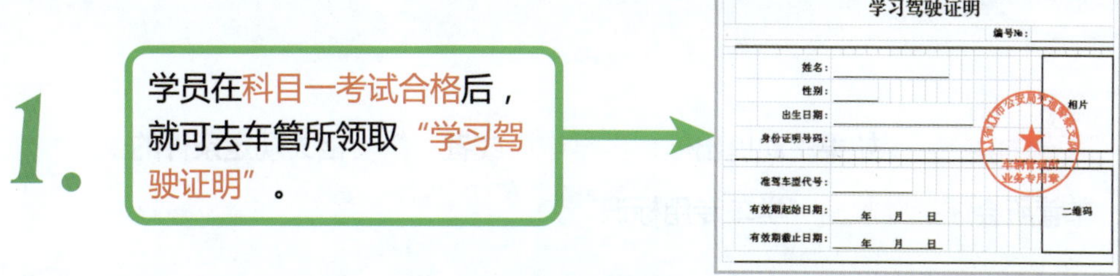

● “学车专用标识”在使用时要注意这几点

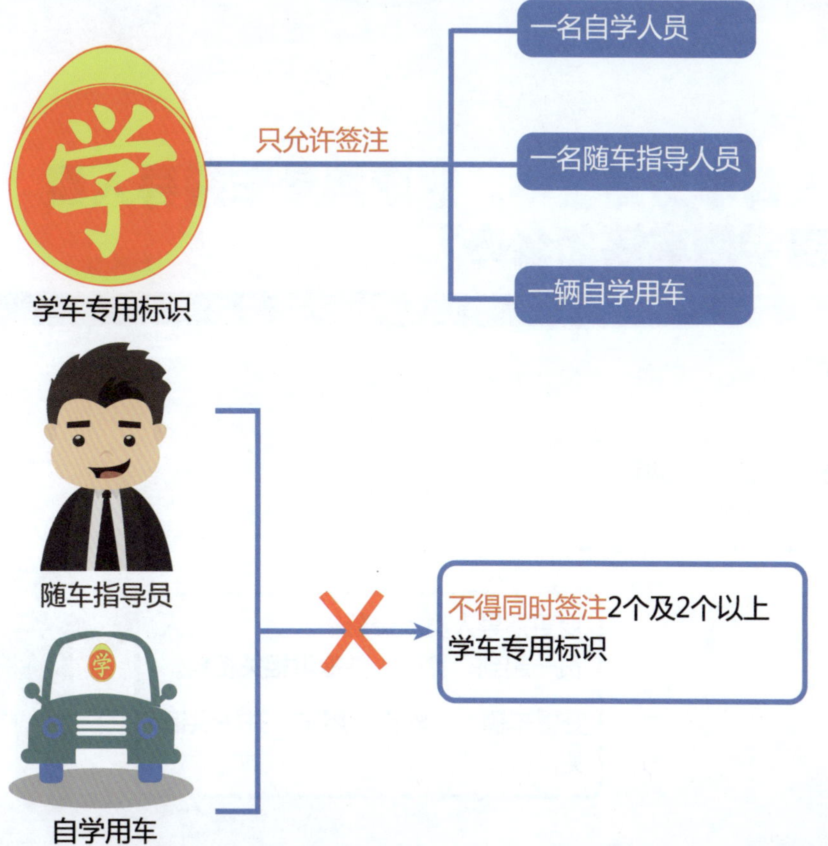

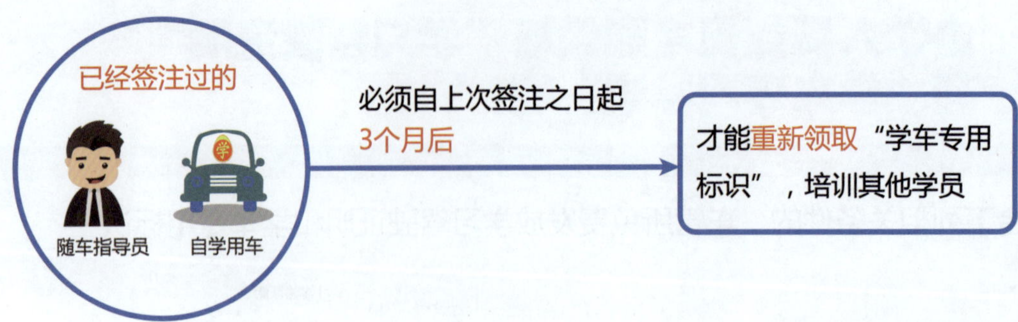

需要注意的是：如果主动提出停止自学申请或者不符合相关规定条件的，车管所会注销并收回“学车专用标识”。

● “学车专用标识”遗失或者损毁了怎么办？

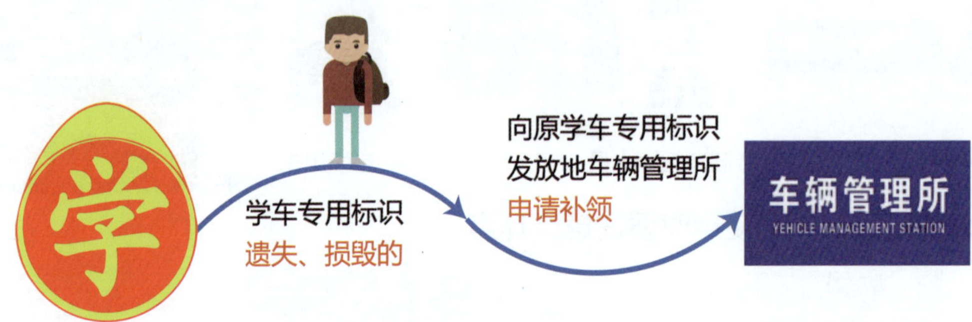

? 自学人员学习驾驶中，想更换随车指导人员或者自学用车该怎么办?

我想换人指导，也想换辆车来学，怎么办？？

变更指导人员：带着新的随车指导人员一起到车管所，并提供相关资料。

变更车辆：交验自学用车，并提供相关资料凭证。

自学人员在道路上学习驾驶技能时需要注意什么？

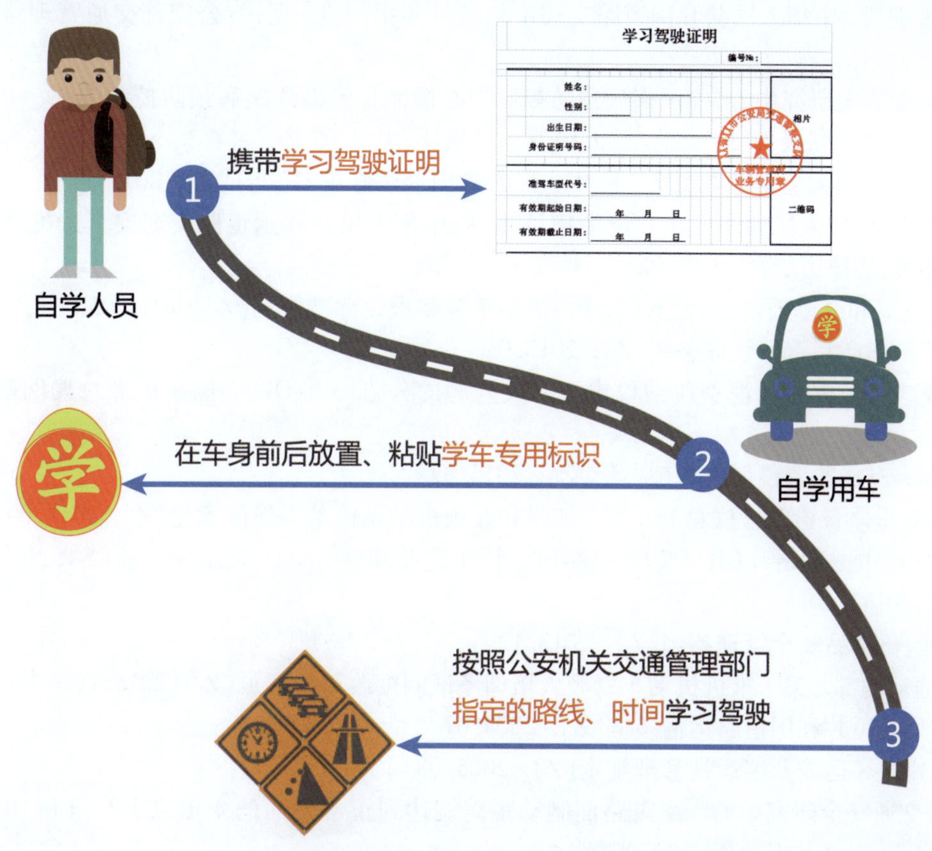

注意：正在学习驾驶的自学用车不得搭载随车指导人员以外的其他人。自学用车暂不用于学习驾驶上路行驶时，要去除学车专用标识。

学车时发生交通事故了谁来赔偿？

自学人员在具备资格的人员随车指导下，使用符合规定的自学用车学习驾驶中发生交通事故谁来赔偿？

由随车指导人员承担责任，保险公司按照保险合同约定予以理赔。

参 考 文 献

[1] 公安部交通管理局. 中华人民共和国道路交通事故统计年报[R]. 无锡:公安部交通管理科学研究所,2014.06

[2] 公安部道路交通安全研究中心,中国疾病预防控制中心慢性非传染性疾病预防控制中心. 中国儿童道路交通伤害状况研究报告[M]. 北京:人民卫生出版社,2014.07

[3] 十二届全国人民代表大会常务委员会. 中华人民共和国刑法修正案(九)[Z]. 2015.11

[4] 罗震雷,傅卫卫. 中华人民共和国法律配套解读系列:中华人民共和国道路交通安全法配套解读与实例[M]. 北京:法律出版社,2012.02

[5] 商务部,国家发展和改革委员会,公安部,等. 机动车强制报废标准规定[Z]. 2013.05

[6] 国务院. 缺陷汽车产品召回管理条例[Z]. 2013.01

[7] 国家税务总局. 关于成品油消费税纳税申报有关问题的公告[EB/OL]. 国家税务总局网站,2015-01-29

[8] 国家税务总局. 车辆购置税征收管理办法[Z]. 2015.02

[9] 公安部,国家质量监督检验检疫总局. 关于加强和改进机动车检验工作的意见[Z]. 2014.09

[10] 中华人民共和国国家标准. GB/T 2978—2014 轿车轮胎规格、尺寸、气压与负荷[S]. 北京:中国质检出版社,2014

[11] 国务院. 危险化学品安全管理条例[Z]. 2013.12

[12] 公安部,交通运输部. 关于推进机动车驾驶人培训考试制度改革的意见[Z]. 2015.11

[13] 国务院. 中华人民共和国道路运输条例[Z]. 2004.07

[14] 交通部. 道路旅客运输及客运站管理规定[Z]. 2005.08

[15] 公安部道路交通安全研究中心. 冰雪路面制动距离能达到正常路面的 4 倍以上? [EB/OL]. 122 交通网,2014